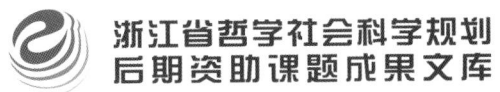

浙江省哲学社会科学规划
后期资助课题成果文库

合法性双元、资源获取与成长绩效：
商业集团从属企业成长的合法性机制研究

Hefaxing Shuangyuan Ziyuan Huoqu Yu Chengzhang Jixiao:
Shangye Jituan Congshu Qiye Chengzhang De Hefaxing Jizhi Yanjiu

郑小勇　著

中国社会科学出版社

图书在版编目(CIP)数据

合法性双元、资源获取与成长绩效：商业集团从属企业成长的合法性机制研究／郑小勇著.—北京：中国社会科学出版社，2016.4
ISBN 978-7-5161-8167-6

Ⅰ.①合… Ⅱ.①郑… Ⅲ.①商业集团－企业成长－研究 Ⅳ.①F717

中国版本图书馆 CIP 数据核字（2016）第 102057 号

出 版 人	赵剑英
责任编辑	宫京蕾
责任校对	秦 艳
责任印制	何 艳

出 版	中国社会科学出版社
社 址	北京鼓楼西大街甲 158 号
邮 编	100720
网 址	http://www.csspw.cn
发 行 部	010-84083685
门 市 部	010-84029450
经 销	新华书店及其他书店
印刷装订	北京市兴怀印刷厂
版 次	2016 年 4 月第 1 版
印 次	2016 年 4 月第 1 次印刷
开 本	710×1000 1/16
印 张	16.25
插 页	2
字 数	275 千字
定 价	65.00 元

凡购买中国社会科学出版社图书，如有质量问题请与本社营销中心联系调换
电话：010-84083683
版权所有 侵权必究

目　录

第一章　绪论 …………………………………………………… (1)
　第一节　研究背景 …………………………………………… (1)
　　一　现实背景 ……………………………………………… (1)
　　二　理论背景 ……………………………………………… (3)
　第二节　研究问题 …………………………………………… (8)
　第三节　研究框架与章节安排 ……………………………… (13)
　　一　研究框架 ……………………………………………… (13)
　　二　技术路线 ……………………………………………… (14)
　　三　章节安排 ……………………………………………… (15)
　第四节　研究方法 …………………………………………… (16)
第二章　文献综述 ……………………………………………… (18)
　第一节　商业集团理论研究综述 …………………………… (18)
　　一　商业集团的概念与类型 ……………………………… (18)
　　二　商业集团的形成原因与后果 ………………………… (27)
　　三　商业集团研究的范畴、方法及其趋势 ……………… (36)
　　四　商业集团研究领域的未来研究展望 ………………… (46)
　第二节　组织合法性研究综述 ……………………………… (47)
　　一　组织合法性的概念界定与维度划分 ………………… (48)
　　二　组织合法性的前因与后果 …………………………… (53)
　　三　组织合法性的获取策略 ……………………………… (58)
　　四　组织合法性领域的未来研究展望 …………………… (61)
　第三节　基于资源观理论的企业成长研究综述 …………… (62)
　　一　企业成长的内涵解析 ………………………………… (62)

二　企业成长的研究视角 ………………………………………… (63)
　　三　资源基础观的企业成长逻辑 ………………………………… (65)
　　四　知识基础观的企业成长逻辑 ………………………………… (69)
　　五　关系观的企业成长逻辑 ……………………………………… (71)
　　六　本节小结 ……………………………………………………… (72)

第三章　子研究一：从属企业的资源获取与成长绩效 ……………… (75)
　第一节　问题的提出 ………………………………………………… (75)
　第二节　理论框架 …………………………………………………… (77)
　　一　资源观视角下的商业集团从属关系对从属企业的意义 …… (77)
　　二　从属企业资源获取与成长绩效的主效应关系 ……………… (78)
　　三　从属企业资源获取对成长绩效的作用机制 ………………… (80)
　第三节　研究方法 …………………………………………………… (87)
　　一　样本和数据 …………………………………………………… (87)
　　二　变量测量 ……………………………………………………… (91)
　　三　数据分析方法 ………………………………………………… (95)
　第四节　研究结果 …………………………………………………… (95)
　　一　测量工具的检验 ……………………………………………… (95)
　　二　描述性统计分析 ……………………………………………… (103)
　　三　多元回归分析 ………………………………………………… (103)
　　四　多层回归分析 ………………………………………………… (109)
　第五节　结果讨论 …………………………………………………… (112)
　　一　从属企业内外部资源获取与成长绩效的关系讨论 ………… (112)
　　二　网络资源异质性的调节作用 ………………………………… (112)
　　三　资源整合能力的中介性调节作用 …………………………… (114)
　　四　结构性效应讨论 ……………………………………………… (115)
　第六节　本章小结 …………………………………………………… (116)
　　一　理论贡献 ……………………………………………………… (116)
　　二　现实意义 ……………………………………………………… (117)

第四章　子研究二：从属企业合法性与资源获取的关联机制 ……… (118)
　第一节　问题的提出及与子研究一的关系 ………………………… (118)
　第二节　理论框架及假设提出 ……………………………………… (119)
　　一　从属企业合法性与资源获取的关系 ………………………… (119)

二　从属企业合法性与资源获取的关联机制分析 …………… (121)

第三节　研究方法 ………………………………………………… (131)
　　一　研究取样 …………………………………………………… (131)
　　二　变量测量 …………………………………………………… (131)
　　三　数据处理方法 ……………………………………………… (135)

第四节　研究结果 ………………………………………………… (135)
　　一　测量工具的检验 …………………………………………… (135)
　　二　合法性的二阶因子分析 …………………………………… (145)
　　三　描述性统计分析 …………………………………………… (148)
　　四　分层回归分析 ……………………………………………… (148)

第五节　结果讨论 ………………………………………………… (152)
　　一　从属企业合法性与资源获取的关系再讨论 ……………… (152)
　　二　制度距离对合法性传递效应的调节效应 ………………… (153)
　　三　经营环境对合法性与资源获取关系的调节效应 ………… (155)
　　四　结构性影响讨论 …………………………………………… (156)

第六节　理论贡献与实践意义 …………………………………… (157)
　　一　理论贡献 …………………………………………………… (157)
　　二　实践意义 …………………………………………………… (158)

第五章　子研究三：从属企业合法性对成长绩效的作用机制研究 ……………………………………………………… (160)

第一节　问题的提出及与其他子研究的关系 …………………… (160)

第二节　理论框架 ………………………………………………… (162)
　　一　从属企业的合法性与成长绩效的关系 …………………… (162)
　　二　资源获取对合法性与成长绩效的中介作用分析 ………… (165)

第三节　研究结果 ………………………………………………… (168)
　　一　同源偏差的检验 …………………………………………… (168)
　　二　描述性统计分析 …………………………………………… (168)
　　三　多元回归分析 ……………………………………………… (169)

第四节　结果讨论 ………………………………………………… (172)

第五节　理论贡献与实践意义 …………………………………… (173)
　　一　理论贡献 …………………………………………………… (173)
　　二　实践意义 …………………………………………………… (173)

第六章 子研究四：从属企业合法性双元、资源获取与成长绩效的关联机制 (175)

第一节 问题的提出及与子研究三的关系 (175)
第二节 组织双元性研究回顾 (177)
一 双元性研究的基本问题 (177)
二 双元性与组织绩效的关系 (178)
三 双元性研究的简要述评 (179)
第三节 从属企业合法性的双元属性分析及概念界定 (180)
一 从属企业合法性的双元属性分析 (180)
二 从属企业合法性双元的概念界定 (183)
第四节 从属企业合法性双元与资源获取的关系 (184)
一 合法性双元与资源获取的基本关系 (184)
二 环境不确定性的调节效应 (186)
三 环境包容性的调节效应 (189)
四 结构性影响分析 (190)
第五节 从属企业合法性双元与成长绩效的关系 (191)
一 从属企业合法性双元对成长绩效的主效应 (191)
二 合法性双元对成长绩效的作用机制分析 (192)
第六节 研究结果 (194)
一 描述性统计分析 (194)
二 合法性双元与资源获取：主效应及调节变量 (194)
三 合法性双元与成长绩效：主效应及中介变量 (197)
第七节 结果讨论 (198)
一 合法性双元的资源获取效应 (198)
二 合法性双元的绩效效应 (199)
第八节 理论贡献与实践意义 (200)
一 理论贡献 (200)
二 实践意义 (202)

第七章 研究结论与未来展望 (203)

第一节 研究结论 (203)
一 从属企业资源获取与成长绩效的关联机制 (204)
二 从属企业合法性与资源获取的关联机制 (205)

三　从属企业合法性对成长绩效的作用机制 …………………… (207)
    四　从属企业的合法性双元、资源获取与成长绩效的
　　　关联机制 ……………………………………………………… (207)
  第二节　理论贡献 ……………………………………………………… (209)
    一　对商业集团领域的贡献 …………………………………… (209)
    二　对合法性领域的贡献 ……………………………………… (211)
    三　对组织双元性领域的贡献 ………………………………… (212)
    四　对资源管理理论的贡献 …………………………………… (213)
  第三节　实践启示 ……………………………………………………… (213)
    一　在商业集团层次上的实践启示 …………………………… (213)
    二　在商业集团从属企业层次上的实践启示 ………………… (215)
  第四节　局限与展望 …………………………………………………… (216)
参考文献 ……………………………………………………………………… (220)

第一章

绪　　论

第一节　研究背景

一　现实背景

1. 商业集团是新兴经济体中最为盛行的组织形式，在中国经济发展中有着重要的地位和作用

新兴经济中最为盛行的组织形式就是商业集团（business group，简称为 BG）[姚等（Yiu et al.，2005）；米什拉和阿克巴（Mishra & Akbar，2007）；加格和德里斯（Garg & Delios，2007）]，这是除市场或层级组织之外的一种新的组织形式，在新兴经济中有着重要意义并成为促进这些国家经济发展的主导力量[齐、兰和江（Qi、Lan & Jiang，2008）；凯迪、慕克吉和拉希里（Kedia、Mukherjee & Lahiri，2006）]。在我国商业集团中谈论最多的是企业集团，因此本书也从企业集团说起。我国企业集团兴起于 20 世纪 80 年代初期，至今约有 30 年历史，先后经历了孕育期（以 1980 年国务院颁布的《关于推动经济联合的暂行规定》和 1986 年国务院颁布的《关于进一步推动横向经济联合的若干问题的规定》为阶段性标志）、萌芽期（以 1987 年国家体改委和原国家经委联合颁布的《关于组建和发展企业集团的几点意见》及 1989 年国家体改委颁布的《企业集团组织和管理座谈会纪要》为阶段性标志）和发展期（以 1991 年国务院颁布的《批转国家计委、国家体改委、国务院生产办公室关于选择一批大型企业集团进行试点的请示和通知》为阶段性标志）之后逐渐形成了一大批大型的企业集团。这些大型企业集团在国民经济的发展中起到举足轻重的作用，因此也比较多地受到人们的关注。但实际上在这些大型企业集团之外，更多地还是一些"隐性企业集团"。这些集团要么规模比较小，子公司数量不足以达到 5 家以上的规模；要么集团内部联系的纽带比较复

杂，或者并非以资本为纽带而形成的集团形式等。这些形式的集团并不符合企业集团的标准，但他们与企业集团在结构和运作上有很多相似之处，为此本书将其称为隐性企业集团。本书研究的对象既包括企业集团，也包括隐性企业集团，两者共同构成了商业集团的范畴（有关商业集团和企业集团的辨析详见第二章相关分析）。无特殊说明的情况下，本书所称的"集团"或"集团化"均指的是商业集团的概念。

2. 集团化是企业发展的重要方式，研究集团企业的成长问题具有重要的现实意义

集团化是企业发展的重要方式之一。在意大利制造业当中，小型制造企业集团化的现象十分普遍。亚科布奇（Iacobucci，2002）考察了马尔凯（Marches）地区的小型集团之后发现这些小企业通过集团化的方式实现企业成长。因此，集团化是企业成长策略的结果，是企业家创业的持续性和动态性体现。在中国制造业的中小型企业当中，集团化的现象也是广泛存在的。如中国液压气动门户网站2011年报道了奉化气动产业集群示范基地正在改变增长方式，实现从集群化到集团化的转变；台州社会科学院在《台州大趋势》中指出台州各个行业中的企业逐渐向现代企业组织演进，呈现出规模化和集团化发展的新趋势。特别是在台州具有一定产业基础的汽车摩托车及其配件产业、医药化工产业、模具塑料行业产业集群、服装机械行业、食品加工行业产业集群及鞋帽服装行业产业集群中均表现出集团化发展趋势。集群内的中小企业通过新建或并购重组等方式逐渐成长为一些主导企业，通过主导企业在产业链上的领导作用深化集群内中小企业纵向上的分工联系，这是集群升级中的一种组织结构性升级机制（王珺，2006），是集群走向成熟的标志之一。可见，研究集团企业的成长问题具有重要的现实意义。

3. 商业集团中从属企业的成长问题对理论提出了新的挑战

在上述集团化发展的过程中，以往的学者们比较多地关注了主导企业的发展壮大，而很少把焦点放在那些从属企业上。而事实上，只有这些从属企业能够更多地实现成长，才能真正体现出集团化发展的意义和价值。在现实中，从属企业成长表现出巨大的差异。一些从属企业能够借助集团网络成功实现成长，而另一些从属企业则即便是有集团网络的支持却一直不温不火，甚至走向衰亡。这与从属企业的行为差异有很大关系，如一些从属企业因为有了依靠，有了"兄弟"单位的支持之后，便不注重自身

能力的培育，结果往往不能充分地发挥集团应有的积极效应。而有些从属企业则背靠大树，赢得生存机会之后，苦练内功，里外逢源，最后实现自我突破，赢得更大的发展。在本书的调研中，从属企业这种成长差异颇为多见。根据朱等（Choo et al., 2009）及希尔、李和王（Seo, Lee & Wang, 2010）等人的观点，相对于市场制度而言，企业层次的因素对于解释中国 BG 绩效变化更为重要。因此，选择适当的视角，研究从属企业层次上哪些因素有助于解释从属企业的成长差异，以及它们是如何解释从属企业成长差异问题的，即这些因素导致从属企业成长差异的机制是怎样的？这些都是具有迫切现实需求的研究问题。

不仅如此，在调研中本书还发现不同的从属企业从集团网络中获益的程度是不同的，有些企业能够更多地享受这种利益，而有些从属企业则获利程度比较小。本书在调研精功等集团的过程中，发现从集团角度来讲，对于从属企业的支持力度也是因企而异的，会有一定程度上的偏爱。与此相对应地，就是这些集团的不同从属企业从集团网络中受益程度也就有了差异。那么，从从属企业的层次来看，造成不同从属企业之间这种利益差异的因素是什么？以及这些因素又是如何影响从属企业成长的？这些问题均有待于学术界进行研究，对其做出理论解释，并对从属企业的发展给予理论支持。特别是那些跨区域的集团，从属企业所处的制度环境往往与主导企业或其他成员企业有较多的差异，在这种情形下，从属企业的成长问题就会变得愈加复杂。在我国，由于国家鼓励区域合作和东部产业向西部转移，因此跨区域的商业集团也就比较常见。在本书的调研中也不乏此例，如绍兴红绿蓝印染公司不是选择在绍兴本地新建或收购纺织企业，而是收购了安徽一家濒临倒闭的纺织企业，并在绍兴本地新建了进出口公司，三家共同组建成了一个小集团（small business group，简称 SBG）；天翔集团成员企业中有 8 家在浙江，另外还有 2 家是在重庆，从而形成一个跨区域的集团。显然，由于不同地区制度环境和人文环境的差异，使得这部分与集团核心企业处于不同区域的从属企业就会面临多重的合法性挑战。在这种多重合法性挑战下的从属企业成长机制又是如何的呢？这些都是现实经济生活中迫切需要解决的问题。

二 理论背景

1. 商业集团领域的研究视角和研究层次逐渐发生转变，商业集团从

属企业的成长问题缺乏研究

商业集团理论是本书的重要理论背景之一，主要体现出三大特征。第一，国际上商业集团理论的研究热潮正在兴起。在国外，近十年来有关商业集团的研究呈现出逐年增长的态势，特别是最近的几年里，国外学术界对于集团从属关系（affiliation）与从属企业绩效之间关系的研究一直保持着极高的热情［辛格、尼加马来里和马瑟（Singh, Nejadmalayeri & Mathur, 2007)］。近些年来，国际上有关商业集团的文献增长速度逐年递增，大量文献不断涌现，足以说明商业集团理论的研究正处于成长阶段，商业集团的研究热潮正在逐渐兴起。因此，在这样一个国际大背景下开展商业集团的相关研究正当时。

第二，国内集团理论研究存在的缺陷与不足。虽然国际上商业集团研究的热情持续高涨，但国内却表现出疲软的态势。本书在关注国内的相关研究之后，发现近十年来一直处于不温不火的状态，甚至略显下降的趋势。由此不免让人产生了一个疑惑，即为什么在国外以 business groups（以下简称为 BG）为对象的研究如火如荼的背景下，国内相关的研究数量却在不断下降，甚至有很多研究方向在国内几乎找不到与之相对应的研究？仅仅是因为研究进程落后呢？还是因为有其他的原因掺杂其中？通过反复比较与思考，本书逐渐意识到造成这种现象的一个极为重要的原因是由于国内相关研究对于 business groups 的误解所致。国内学者一直将 BG 视为企业集团来研究，但 BG 的内涵与外延与国内所谓的企业集团实则有很大的出入，而与由关联企业所构成的联合体（团体）却十分相似。并且本书还注意到企业集团是关联企业联合体的一种具体形式之一。由此不难推断，国内目前研究所关注的企业集团实际上要远远小于国际上相关研究所指的 business groups 的范畴，两者并非是完全一致的。由此可以推测，某些国外 BG 研究的主题难以在国内找到对应的研究是因为两个研究对象本身存在的差异所造成的，即国内的研究对象范畴要小得多，也正因如此，国内此类相关研究的空间相对局限较大，并且随着研究的深入，难度也越来越高，由此造成了后续的研究不断减少。

第三，研究视角和层次正在发生转变。在研究视角上，逐渐由单一的理论视角走向整合的理论视角。较早的文献中比较多见的单一理论视角下的研究，如卡纳和帕利普（Khanna & Palepu, 1997）基于交易成本理论（transaction cost theory）的分析；吉伦（Guillen，2000）基于企业资源观理论的研究；基斯特（Keister，2000）基于交换理论（exchange theory）的研究等。随着理论研究的深入发展，学者发现整合理论视角有助于更好地理解新兴市场的 BG［耶普雷克和卡拉德姆（Yaprak & Karademir，2010）］。为此，整合理论视角下的 BG 研究成为时下的热点，相关的研究如骆和钟（Luo & Chung，2005）从嵌入视角［格兰诺维特（Granovetter，1985）；乌兹（Uzzi，1996，1997）］、新制度学［迈耶和罗恩（Meyer & Rowan，1977）；迪马乔和鲍威尔（DiMaggio & Powell，1983）；鲍威尔和迪马乔，1991；斯科特（Scott，2003）］和制度经济学［诺斯（North，1990）］三个视角下进行的研究，提出关于新儒家关系在特定的市场中是如何影响 BG 绩效的问题［萨克斯和沃纳（Sachs & Warner，1995）；格玛沃特和卡纳（Ghemawat & Khanna，1998）］就属于此类研究的典型之一。从研究的层次看，正在逐渐由 BG 整体层次上的研究转向于从属企业层次上的研究，或者跨集团和企业两个层次的研究。我国是在 20 世纪 90 年代才初步形成了以组织网络理论、产权理论和企业兼并理论为三大研究导向的中国企业集团理论（周少岐，2000）。到目前为止，对于企业集团的大量研究仍然停留在集团层次，把集团作为一个整体来研究（蓝海林，2004）。近年来，一些学者逐渐开始尝试从从属企业的层次上讨论集团从属企业成长差异的问题，如伯特兰德等（Bertrand et al.，2002）和姚等人（2005）的研究就属于此类，但这样的研究数量上还非常有限。事实上，在企业层次上开展商业集团从属企业的成长研究是商业集团领域内现在研究当中存在的一个明显不足之处，需要加大对商业集团从属企业成长问题的研究力度。特别是在 BG 领域研究层次逐渐发生转变的背景下，开展企业层次的研究或是多层次研究，深入探讨从属企业成长的机制问题对于推进商业集团领域的理论研究就显得非常有必要。本书就是在这样的理论背景下，针对商业集团从属企业成长理论的不足所进行的一项研究。

2. 战略管理视角下组织合法性研究的推进与发展，为商业集团从属企业的合法化成长论奠定了理论基础

组织合法性的研究主要有两大视角，一是制度理论的视角，二是战略管理的视角。追溯合法性研究的缘起会发现，它兴起于制度理论，因此制度理论是研究合法性的传统视角。但制度理论视角下的合法性研究很多的

不足之处，特别是就旧制度理论而言更是如此。旧制度理论的研究人员认为合法性并不是企业运营的资源，而是把它看做企业遵守基本信仰的一种压力（迪马乔和鲍威尔，1983）。因此，在这种情况下，企业的合法性并没有得到很高的重视。相应地，对于如何运用战略行为来获取合法性也就没有得到研究人员的广泛讨论［菲利蒲、劳伦斯和哈代（Phillips，Lawence & Hardy，2000）］。

近些年来，一些战略管理领域的学者加入了组织合法性研究的行列，将合法性的概念引入到战略管理的研究当中来，这使得组织合法性的研究向前大大的迈进了一步。战略管理视角下的合法性不再是企业所面临的压力，而是组织的关键性资源之一。这种关键性资源可以帮助企业获得发展所需的其他关键性资源。这是战略管理视角区别于以往制度理论视角的根本之所在，正是因为这一重要的思想转变，使得组织合法性的研究得到了积极地发展。其中，吕夫和斯科特（Ruef & Scott，1998）对于医院的管理和技术合法性与医院生存与发展的关系研究，以及齐默曼等（Zimmerman et al.，2002）关于合法性与新创企业成长的关系研究等均属于此类中有代表性的成果。因此，可以说合法性研究在战略管理视角下得到了发展，同时，这也促使了制度理论对合法性的重新认识，从而也推动了制度理论的发展。

当把目光聚焦到商业集团领域，会发现基于资源观的企业成长论和基于网络化的企业成长论受到了学者们较多地关注，而基于合法性的企业成长问题相对较弱。企业的合法化成长论还没有引起学者们的足够重视（杜运周等，2008）。从组织合法性理论已有的研究基础来看，将合法性理论引入到商业集团研究领域，探讨商业集团从属企业成长的合法性机制是完全可行的。而且，这一研究成果将有助于弥补商业集团和组织合法性两个领域研究中的不足。

3. 组织双元性研究的发展，为本书研究从属企业合法性双元问题提供了范式借鉴

组织双元性作为一种新的管理研究范式［雷斯和伯金肖（Raisch & Birkinshaw，2008）；希姆塞克、海威、唯嘉和苏德（Simsek、Heavey、Veiga & Souder，2009）］在国际上越来越受到重视。组织双元性的概念提出之后，经由马奇（March，1991）及利文索尔和马奇（Levinthal & March，1993）等关于开发性学习和探索性学习双元关系的讨论之后逐

渐成为管理学研究当中一种新的研究范式。随后，在技术创新领域中引发了渐进性创新和突破性创新［史密斯和塔什曼（Smith & Tushman, 2005）］、内部技术知识源和外部技术知识源［罗瑟米尔和亚历山大（Rothaermel & Alexandre, 2009）］等双元关系讨论；在组织设计领域中引发了柔性与效率［阿德勒、哥德夫泰斯和莱文（Adler、Goldoftas & Levine, 1999）］、搜索（search）与稳定（stability）［里夫金和西格尔考（Rivkin & Siggelkow, 2003）］等双元关系的讨论；在组织战略领域内引发了获利与增长的战略双元性（strategic ambidexterity）的讨论。这些学者的研究揭示了两个重要的结论：其一，现实中的组织往往是处于多重目标的指引下运作，由于不同任务环境对组织的具体要求存有差异，甚至在一定程度上对组织的要求是相互冲突的，因此，以双元性的逻辑来思考组织及组织行为更符合现实的情境。其二，不同领域内有关组织双元性的研究表明，以双元性的逻辑更有利于解释组织长期竞争优势的形成和来源问题［吉普森和伯金肖（Gibson & Birkinshaw, 2004）］，这些理论背景为本书以双元性逻辑来解释从属企业的成长差异提供了理论支持。

基于以上分析，本书认为以双元分析的逻辑来分析从属企业的合法性问题是合乎情理的。从属企业合法性有两个维度，一个是它作为商业集团从属企业而需具有的内部合法性；另一个是它作为独立的法人而需具有的外部合法性。从属企业的内部合法性指的是从属企业的行动在集团网络内部其他成员企业的标准、价值观、信仰和定义系统中是令人满意的和合适的，特别是在网络主导型企业或核心企业看来至少如此。而将外部合法性定义为从属企业在所在区域内非集团网络成员的其他组织、机构、团体或个人所共同建构的标准、价值观、信仰和定义系统中是令人满意的和合适的。在很多情况下，集团内部的规制、规范和认知与从属企业所处当地社会的规制、规范和认知并不完全一致，从而导致从属企业对内部合法性的诉求和外部合法性的诉求也不一样。这就需要从属企业对内外部合法性进行权衡和协调。为便于分析，本书提出了合法性双元的概念。由以上相关理论背景的分析可知，界定和解构从属企业合法性双元，讨论合法性双元与从属企业成长的关系等问题都具有重要的理论意义。

第二节 研究问题

以往 BG 领域内大量的研究都是将 BG 成员企业与独立企业进行比较研究，将 affiliation 作为一个哑变量，通过实证研究证明从属关系或成员资格对企业绩效的影响。但研究的结果却存在较大的争议，一些实证研究表明，相对于独立企业而言，新兴经济中商业集团的从属企业往往具有更高的绩效［卡纳和帕利普，1997；佩罗蒂和格尔费（Perotti & Gelfer, 2001）］。而针对发达经济中的企业的相关研究则表明，同一产业中的大企业的从属企业的绩效要差于独立企业的绩效［兰和斯塔尔兹（Lang & Stulz, 1994）；蒙哥马利（Montgomery, 1994）］。鉴于前一部分学者的研究是以新兴经济中的企业为对象的，而后一部分学者的研究则是以发达经济中的企业为对象的，两种经济环境中制度发展的水平不同。为此，有学者认为商业集团从属关系对从属企业绩效的积极效应受制度环境的影响。商业集团本身就是为回应一些经济中存在的制度缺失而出现的，它们的作用受到市场制度发展水平的约束格［格马沃特和卡纳（Ghemawat & Khanna, 1998）；卡纳和帕利普，2000a；拉波塔等（La Porta et al., 1999）］。越是在制度发展水平低的新兴经济背景下，商业集团越能发挥其积极效应，而在发达经济背景下，制度发展水平较高，商业集团的积极效应就难以得到有效发挥，甚至会出现一些负面影响，从而使得从属企业的绩效反而不如独立企业。

在以上的研究中，制度发展水平的差异可以很好地解释对商业集团从属关系绩效效应的权变影响。但本书通过对比一些专门针对新兴经济中商业集团的研究之后，发现商业集团从属关系的绩效效应仍然是有争议性的。如卡纳和亚费（Khanna & Yafeh, 1999）曾对十个新兴市场国家与地区进行过此类实证研究，结果表明巴西、印度、韩国、中国台湾和泰国的 BG 从属关系与从属企业绩效之间都存在不同程度的负相关关系；而卡纳和里夫金（2001）以包括巴西、印度、韩国、中国台湾和泰国等在内的 14 个新兴市场中的 BG 为样本检验了 BG 的经济绩效效应，结果发现其中 12 个市场中 BG 从属关系对从属企业有积极的绩效效应。这种冲突性的研究结论意味着除了制度情境对 BG 从属关系的绩效效应有影响之外，还有其他因素在发挥着影响作用。这些因素是什么呢？

近年来的研究有了新的突破，正如金、霍斯金森和王（Kim，Hoskisson & Wan，2004）所指出的那样，商业集团成员资格（即商业集团从属关系）所产生的利益会因不同的成员企业而有所不同。也就是说，研究商业集团从属关系对从属企业绩效的影响也会因企业而异。因此，更值得我们关注的是"谁，如何，为什么一些企业能从集团从属关系中受益？"卡尼、夏皮罗和唐（Carney，Shapiro & Tang，2009）在文中明确指出上述这一问题需要更好地研究。

要回答上述卡尼、夏皮罗和王（2009）所强调的这个有研究价值的核心问题，会衍生出一些子问题。具体包括：（1）商业集团从属关系或成员资格对从属企业到底意味着什么？它是如何引发从属企业绩效差异的？（2）商业集团从属关系对不同从属企业所产生的利益差异的前因是什么？（3）这些因素又是如何导致从属企业成长绩效差异的？

基于理论背景的分析，可知整合理论视角有助于更好地理解新兴市场的商业集团问题（耶普雷克和卡拉德姆，2010）。因此，本书采用整合资源观和合法性两个视角的方式，设计层层递进的四个子研究对上述问题加以具体分析。

1. 子研究一：从属企业资源获取与成长绩效：以资源整合能力与资源异质性为调节

要回答为什么一些从属企业能从集团从属关系中受益更多的问题，我们首先会想到的是商业集团从属关系（或从属企业所拥有的商业集团成员资格）对于从属企业来讲到底意味着什么，然后再分析它是如何导致这种绩效差异的。子研究一在张和洪（Chang & Hong，2000）的研究基础上发现资源观是研究商业集团从属企业成长的一个重要且可行的理论视角。并且，通过回顾周等（Choo et al.，2009）、姚等（2005）与盖斯特和萨瑟兰德（Guest & Sutherland，2010）等人的一系列研究结果之后，发现资源观视角下商业集团从属关系对从属企业而言所产生的利益主要体现为资源获取上的利益。因此，下一步需要讨论的问题就转为从属企业资源获取与成长绩效的关系问题。并且，在前人研究的基础上，本书从资源观的视角下还识别出了对从属企业资源获取与成长绩效关系具有影响的两个重要变量：一个是商业集团网络资源异质性，另一个是从属企业资源整合能力。前者是商业集团层次上的变量，后者是从属企业层次上的变量。在具体研究时，我们把从属企业资源获取分成了内部资源获取（从商业集团网络内部获取资源)和外部资源获取(从商业集团网络外部获取资源)两个维度进行具体分析。基于以上分析之后,子研究一最终需要解决的就是以下几个具体问题:(1)内部资源获取及外部资源获取与从属企业成长绩效的关系如何?(2)集团网络资源异质性和从属企业资源整合能力分别是如何影响内外部资源获取与成长绩效关系的?(3)内部资源获取或外部资源获取、集团网络资源异质性和从属企业资源整合能力对从属企业成长绩效是否会形成结构性影响?事实上,上述问题在现有商业集团领域内的文献中是没有得到较好回应的,是资源观视角下商业集团理论研究中的理论缺失。因此,子研究一的实施有助于弥补资源观视角下商业集团从属企业成长研究的不足。并且,回答了这两个问题实际上就在一定程度上跨集团和从属企业两个层次回答了为什么某些特定的从属企业能够从集团从属关系中受益,以及如何更多受益的问题。

2. 子研究二:从属企业合法性与资源获取的关联机制

在子研究一中,我们把资源观视角下商业集团从属关系所产生的利益解读为从属企业资源获取上的利益,并依托资源观理论分析从属企业资源获取与成长绩效的关系及影响两者关系的权变因素。但子研究一并没有关注到从属企业资源获取差异的来源。事实上,正如金、霍斯金森和王(2004)所指出的那样,商业集团成员资格的利益会因不同的成员企业而有所不同。也就是说,同属于从属企业,有些从属企业资源获取就要优于其他一些企业。那么,在从属企业的层面来看是什么原因导致了这种差异?回答了这个问题,才能更深一层地回答从属企业成长绩效出现差异的原因。这是子研究一和 BG 研究领域内现有文献中都没有得到很好回答的一个问题,也正是子研究二所需要探讨的主要问题。

通过回顾迪马乔等(1983)、哈奇(Hatch, 1997)、迈耶等(Meyer et al., 1977)、斯科特(2001)、齐默曼和蔡茨(Zimmerman & Zeitz, 2002)等人的研究之后,本书发现制度理论是解决上述问题的一个比较理想的理论视角。基于制度理论的视角,本书认为可以从从属企业合法性来看从属企业资源获取差异的来源问题。并且,在前人已有研究的基础上,本书识别出了对从属企业合法性与资源获取关系具有重要影响的两个环境变量,即环境不确定性和环境包容性。由于从属企业的合法性既有因商业集团内部其他成员企业的认可而获得的内部合法性,又有因从属企业所在地除本商业集团成员之外的其他机构或组织的认可而获得的外部合法性。

因此，我们需要把从属企业合法性分成内部合法性和外部合法性两个维度分别进行讨论。基于以上分析，子研究二需要解决的就是以下几个具体问题：(1) 内部合法性或外部合法性与从属企业资源获取的关系如何？(2) 环境不确定性和环境包容性分别是如何影响从属企业合法性与资源获取关系的？(3) 内部合法性或外部合法性、环境不确定性和环境包容性对从属企业资源获取是否会形成结构性影响？(4) 内部合法性与外部合法性的关系如何？子研究二将围绕这些具体问题展开论述，这些问题的解决有利于进一步回答为什么一些从属企业能更多地从商业集团从属关系中受益。

3. 子研究三：从属企业合法性对成长绩效的作用机制研究

子研究三的主要任务是在前两项子研究（子研究一和子研究二）的基础上，讨论从属企业合法性与企业成长绩效的关系，并在此基础上探讨从属企业成长的合法性机制，即从属企业合法性对成长绩效的内在作用机制问题。具体而言，就是要分析商业集团从属企业合法性的内部合法性或外部合法性两者分别与从属企业成长绩效的关系如何？是否会导致从属企业成长绩效差异，以及它们是如何导致从属企业成长绩效差异的？事实上，由于企业的合法化成长论还没有引起学者们的足够重视（杜运周等，2008），在商业集团领域内对于从属企业成长的合法性机制的讨论也很少有。因此，子研究三的实施有助于弥补上述研究的不足。同时，由于这一子研究的目标就是要深入剖析并找出内部合法性或外部合法性对从属企业成长的具体作用路径，这对于回答从属企业是如何从商业集团从属关系中受益的问题很有帮助。研究结果可以为商业集团从属企业通过合法化实现成长提供理论支持。

4. 子研究四：从属企业合法性双元、资源获取与成长绩效的关联机制

子研究三探讨了从属企业合法性对成长绩效的作用机制。但紧接着就有另一个问题是值得继续思考的，即从属企业内外部合法性的协调与权衡问题。商业集团从属企业的内部合法性来源于商业集团内部成员企业的认可，而从属企业的外部合法性来源于其所处当地社会的其他组织、机构和企业的认可。显然，商业集团内部成员企业的标准和价值观不可能会与从属企业所在地的集团之外的其他组织机构的标准和价值观完全一致，两者之间总会或多或少存在着差异。这种差异使他们对从属企业的合法性要求

也就不同。因此，从属企业不可避免地会遇到如何协调和权衡内外部合法性以利于更好地实现成长的问题。

特别是如果从属企业所在地与集团主导企业或核心成员企业所在地之间的制度距离较大时，上述这个问题就显得更加突出。因为制度距离大就意味着从属企业所在地的组织、机构、社会团体及个人所建构的标准、价值观、信仰和定义系统与主导企业或核心成员企业所在地的组织、机构、社会团体及个人所建构的标准、价值观、信仰和定义系统存在着很大的差异。所以，在这种情形下，被从属企业所在的当地组织机构和社会成员看来是令人满意的或合适的行为，在集团主导企业或核心成员企业看来却未必同样会认为是令人满意的或合适的。这两者之间有时候甚至是会相互冲突的，这就需要从属企业能够妥善地协调和权衡两者的关系才能更好地实现成长。而这是子研究二和子研究三均没有涉及的问题。本书通过回顾双元性相关研究的文献，认为对这一问题的分析适合用双元性的逻辑（具体原因在子研究四中有详细阐述）。因此，子研究四将运用双元分析的逻辑进一步审视从属企业的合法性问题，提出合法性双元的概念用以表示从属企业通过协调和权衡内部合法性和外部合法性，实现内外部合法性均衡的程度。具体而言，它包含了两个维度，一是内外部合法性的平衡维度，二是内外部合法性的联合维度。因此，子研究四就需要在前面三项子研究的基础上，讨论从属企业合法性双元对从属企业成长绩效的影响及其影响机理问题。具体包括：讨论内外部合法性的平衡对从属企业成长绩效的影响及其内在影响机理；内外部合法性的联合对从属企业成长绩效的影响及其内在影响机理等。可以说，子研究四是对前三项子研究的一个深化，从而使得整个研究向前更为推进了一步。

由以上对研究问题的聚焦和发展过程可见，以上四个子研究的设计是一环紧扣一环的。在研究问题上是层层推进的，逐渐达到寻根问底的目标。具体而言，子研究一和子研究二构成了子研究三的基础，子研究三对前两个子研究进行了整合，从而形成一个完整的解释链，提出了从属企业成长的合法性机制。在此基础上，子研究四从从属企业具有双重身份的实际出发，进一步考虑了从属企业内外部合法性的协调与权衡问题。在子研究一、子研究二和子研究三的基础上，进一步分析合法性双元与从属企业成长的关系及其内在作用机制。从而比较系统而完整地回答商业集团从属企业成长的合法性机制问题。从子研究的关系上讲，前面三项子研究是子研究四必不可少的研究基础，而子研究四是前面三项子研究的一个深化，从而提升整个研究的深度。研究问题的发展过程可以用图 1.1 简要地示意。

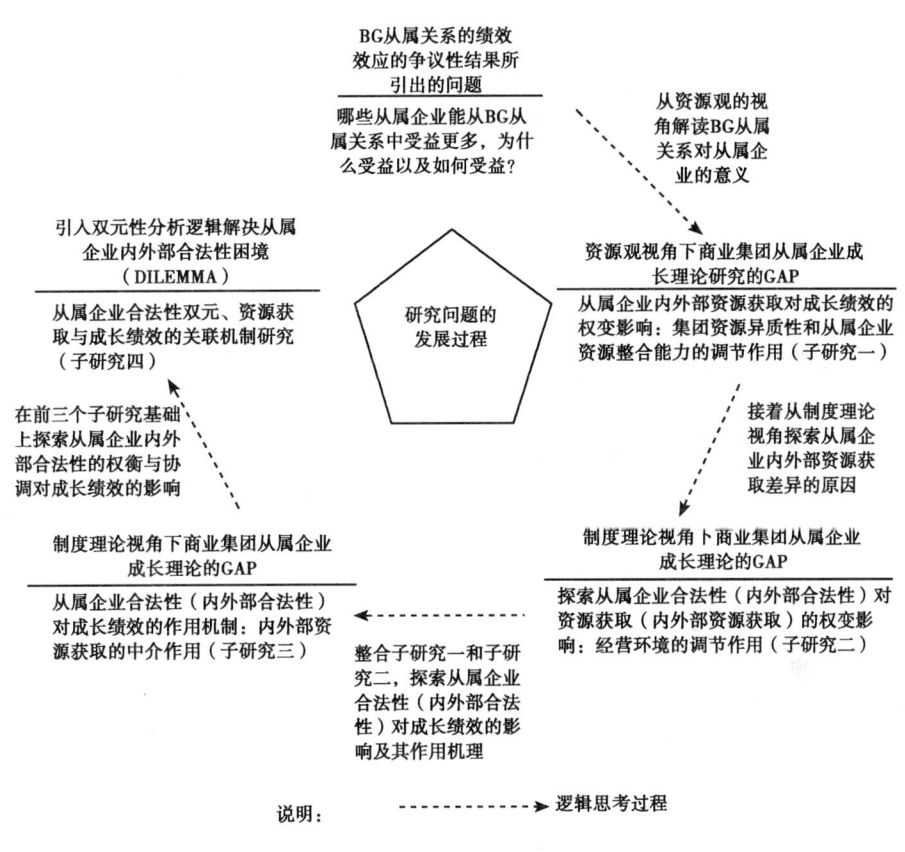

图 1.1　本书研究问题的发展过程

第三节　研究框架与章节安排

一　研究框架

通过前文对于研究问题的聚焦过程和发展过程的阐述，已能初步勾勒出本书的研究框架。在此基础上，将本书的总体研究框架刻画如下。

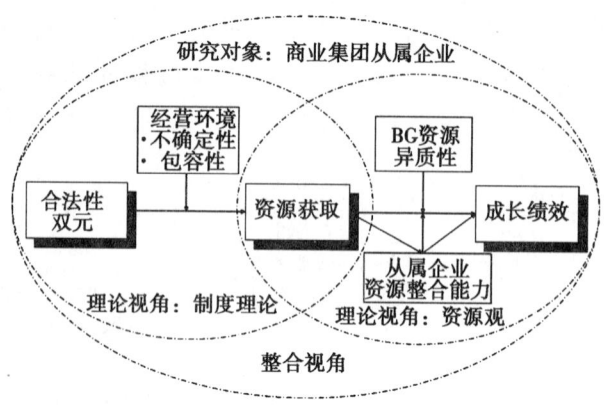

图 1.2　本书研究的逻辑框架

二　技术路线

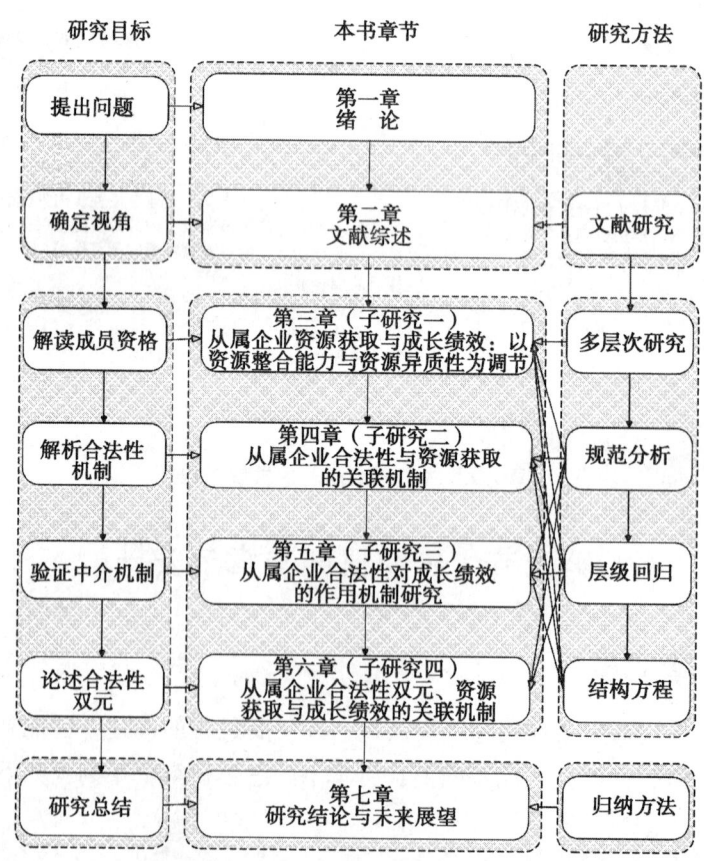

图 1.3　本书的技术路线图

三 章节安排

第一章为绪论。在绪论中，首先阐述研究的现实背景和理论背景，在此基础上提出本书研究的主要问题；其次提出和设计本书研究的逻辑框架，并对全书各章节的主要研究内容进行概述；再次，列举本书研究当中所用到的各种研究方法并对其进行简要说明；最后对本书的主要创新点进行阐述。

第二章为文献综述。文献综述的内容主要包含了两大部分：第一部分对国内外商业集团理论的研究现状进行了回顾，具体包括对商业集团的概念进行界定、商业集团与相近概念之间的辨析、商业集团研究的范畴、研究方法、研究趋势及未来研究方向等。第二部分对组织合法性的相关研究进行了回顾，具体内容包括组织合法性的概念、合法性的维度划分、合法性的前置因素、合法性的后果以及合法性的获取策略等。第三部分对资源观理论视角下的企业成长理论进行了回顾。阿塞多、巴罗索、加朗（Acedo、Barroso & Galan，2006）对 3904 篇文献进行分析之后发现资源观有三个主要的发展趋势：资源基础观（The Resource – based View）、知识基础观（The Knowledge – based View）、关系观（The Relational View）。因此，本书对资源观理论视角下的企业成长理论综述也分别从资源基础观、知识基础观和关系观三个角度展开。具体包括对企业成长内涵的解析、企业成长的研究视角、资源基础观的企业成长逻辑、知识基础观的企业成长逻辑和关系观的企业成长逻辑等。通过系统梳理这些理论，一方面为本书后续研究的深入开展奠定了理论基础，另一方面也便于发现本研究与现有理论的继承和发展的关系。

第三章为子研究一。主要是以资源观为理论视角来解读商业集团从属关系对从属企业的意义，并在此基础上分析其对从属企业成长绩效的影响和作用机制。主要应用跨层次研究的方法，分析集团层次的资源异质性和从属企业层次的资源整合能力对从属企业资源获取与成长绩效关系的调节作用。

第四章为子研究二。在子研究一的基础上，从制度理论的视角分析造成从属企业资源获取差异性的根源问题。具体分析了从属企业合法性的维度、从属企业合法性与资源获取的关系、经营环境不确定性对合法性与资源获取关系的调节作用、经营环境包容性对合法性与资源获取关系的调节作用、合法性溢出的问题以及制度距离对合法性溢出的影响等。

第五章为子研究三。在前面两个子研究的基础上，分析从属企业内外部合法性与其成长绩效之间的关系，讨论内部合法性或外部合法性对从属企业成长绩效的作用机制，具体而言就是要讨论并检验资源获取对内外部合法性与成长绩效关系的中介效应。

第六章为子研究四。引入组织双元性的分析逻辑度进一步探索从属企业内外部合法性的协调和权衡问题，提出从属企业合法性双元的概念并探讨合法性双元对从属企业成长绩效的作用机制。具体包括对双元性研究问题的简要回顾、从属企业合法性的双元属性分析、合法性双元的概念界定、合法性双元与资源获取的关系以及环境不确定性和环境包容性对合法性双元与资源获取关系的调节作用、合法性双元与成长绩效的关系以及资源获取对两者关系的中介效应等。

第七章为结论与展望。主要是对全书的研究过程和主要研究结果进行总结与回顾，并将研究结果与现有理论进行对照报告本项研究的理论贡献和实践意义。同时，报告本项研究的局限性，以利于后续研究的进一步完善。最后，对这一研究问题未来可能存在的研究空间进行展望，以利于后续研究的跟进。

第四节　研究方法

（1）文献分析方法。本书根据卓丹、雷纳、马歇尔（Jourdan, Rainer & Marshall, 2008）提出的文献分析方法的思路与框架，通过文献检索、阅读和分析，对国内外相关研究进行系统地梳理，以期准确把握研究现状，为理论框架构建与实证研究奠定良好的理论基础。在此基础上，结合现实背景提出了本书所要研究的问题。

（2）规范分析方法。基于资源基础理论及合法性理论的研究范式，采用多视角交叉的方式进行理论推导、归纳及比较分析，提出与研究问题相关的一系列研究命题或假设。

（3）多层次研究方法。组织是一个多层次的、层层相扣的系统结构。本书所研究的问题也存在着一个跨层次的问题，适用于科兹洛夫斯基和克莱因（Kozlowski & Klein, 2000）的多层次理论研究方法。在多层次模型的具体选择上，本书主要应用了跨层次调节模型（cross-level moderator models），旨在检验两个较低层次构念之间的关系是如何被高层次的构念所调节的。

（4）统计学定量分析方法。本书采用了大样本问卷调查和统计分析的方法对书中提出的假设进行检验。具体而言，运用问卷设计的技术和方法设计调查问卷，通过问卷发放收集分析所需的数据，运用因子分析、相关分析、多元线性回归分析等统计研究方法，对各个子研究中提出的假设进行统计检验。

（5）结构方程的相关方法。本书运用结构方程方法中的验证性因子分析的技术和方法对测量工具的信度和效度进行验证，以确保定量分析的可靠性。此外，还运用了高阶因子分析的方法，探索了焦点变量的高阶潜在因子及其与低阶因子之间的关系，为本书在变量层次上进行定量分析提供了方法论支持。

第二章

文献综述

第一节 商业集团理论研究综述[①]

一 商业集团的概念与类型

1. 商业集团的概念界定

卡纳(2000)在研究中指出 BG 的定义本身就是一个有趣的却缺乏研究的问题。也就是说,BG 如何界定本身就是一个有意义的研究问题,正因如此,BG 研究领域内的学者们在他们的研究中也都会对 BG 的界定进行一些讨论。笔者认为,BG 界定问题对于本书来讲同样是非常重要的一个问题。因此,本书在回顾现有大量文献的基础上,尝试对 BG 的定义进行界定。

国际上学者们对 BG 内涵与外延的界定存在着较大的分歧,到目前为止,仍然没有形成统一的认识。但本书通过梳理之后,认为基本上可以将现有文献对 BG 的界定分为三个派系。其一,广义派。从事 BG 研究的社会学家和政治学家倾向于给它一个比较宽泛的界定,其中的代表人物为格兰诺维特(1995)和弗赖伊(Frye, 2005)。格兰诺维特(1995)将那些由正式或非正式关系把独立企业联系起来所组成的群体均视为 BG,他是把类似于意大利产业区网络等产业网络也纳入到 BG 研究范畴的少数几个学者之一,他或许也是这一领域当中对 BG 界定最为宽泛的学者。弗赖伊(2005)对 BG 的界定也很宽泛,但他强调了 BG 内部的控制关系,并将这种控制关系的缘由明确为同属于某个控股公司,或者同属于某个金融和产业集团,或者同属于某一行业协会三种关系。其中前两者的控制关系相对比较明确,而行业协会对会员企业是否有控制关系存在着较大的产业差

[①] 部分综述内容已经发表于《外国经济与管理》2011 年第 10 期。

异和国别差异，与前两者并列不一定合适。并且，正是因为这第三种关系类型的存在，使得他所理解的 BG 某种程度上也涵盖了产业网络，进而使 BG 概念界定泛化。

其二，狭义派。一些学者认为 BG 除了内部要有共同的控制权这一共性特征之外，BG 还应该具备一些特定情境下的特点，也就是说它还是一个情境性很强的概念，具有较大的国别差异性。基于此，狭义派的研究人员可以根据特定国家中 BG 的不同特点对其做出差异化的界定，如张和洪（2002）对韩国 BG 的研究及卡纳和帕利普（2000）对印度 BG 的研究都强调其受家庭所控制这一特点；阿根廷的 BG 研究则强调其非相关多元化的特点[卡雷拉等（Carrera et al., 2003）]。受制于这些特点的区别，针对不同国家对 BG 所进行的研究，侧重点就有很多的差异。狭义派这种情境化的界定，一方面对于满足 BG 研究的情境化要求是有利的，对于丰富 BG 相关研究很有益处。但另一方面，由于过多强调各自研究对象的特殊性，使得该领域学者们相互之间对话的平台难以形成。

其三，折中派。他们认为过于宽泛的定义不利于将 BG 与其他类型的企业网络区分开来，而过于狭隘的定义则使 BG 的研究局限于部分对象而有失全面性。为此，折中派的学者们综合考虑前两者的观点之后，提出了 BG 的两个基本特征，即一方面联系这些独立企业的纽带是多种多样的，包括所有权、市场关系和社会关系等[莱夫（Leff, 1978）；格兰诺维特，1994；卡纳和里夫金，2001]，它不局限于某一种纽带，可以是其中的任何一种或者多种联系相结合而将法律意义上独立的企业捆绑在一起；另一方面通过这种或这些纽带联系在一起的企业群体内部存在着共同的控制关系，但这种控制关系不一定是基于所有权的控制，它也可以是基于交易性的经济控制，或者是基于家庭和血缘等社会关系的管理协调[斯特罗恩（Strachan, 1976）；卡纳和里夫金，2001]等。也就是说只要符合以上两个特征就可以作为 BG 来研究，而其他一些狭义上的特点均视为对特定类型 BG 的研究，如家庭所有权特征的 BG，就是以所有权为联系纽带的一种特定所有权形式的 BG；相关多元化还是非相关多元化特征的 BG，就是 BG 成员企业产品所涉及的产业类型多少而已，与 BG 的本质属性及其成员资格无关。

由以上的观点来审视国内的 BG 研究，本书发现一个有趣的现象，国内既存在着狭义上的 BG 研究，同时也存在着折中派观点下的 BG 研究。

狭义视角下的 BG 研究，是将 BG 等价于国内的企业集团。一些学者如基斯特（1998）以及李和金（2009）等在研究我国的 BG 时使用的就是企业集团的称谓，2010 年《管理世界》上的一篇译文也将 BG 译为企业集团［卡纳、亚夫（Yafeh，2010）］。诚然，某些研究中的 BG 确实符合我国对企业集团的界定，但因此就把 BG 的研究对象锁定为企业集团，甚至将两者等同起来显然是不可取的。因为我国企业集团的概念自 20 世纪 90 年代以来出现了明显的背离现象（蓝海林，2007）。具体详见表 2.1 所示，正是由于这种背离使得现有国际上讨论热烈的 BG 概念难以与国内的企业集团较好地对应起来。

表 2.1　　　　　　中国企业集团概念的统一与背离

阶段	措施	特征
统一 （1980s）	（1）企业联合：国有企业横向或纵向的联合； （2）政府重组：由管理着独立法人企业的政府经济部门全建制转为企业集团； （3）多元发展：企业通过多元化投资发展为企业集团	（1）上下级企业之间属行政关系； （2）不作为下属企业产权所有者代表仍属行政关系； （3）对全资企业的管理主要不是依据产权而是依据行政权
背离 （1990s）	（1）授权经营：将国有资产的经营权委托或授予企业集团总部； （2）产权改造：明确企业集团内部的产权关系，建立产权纽带； （3）管理体制：按照母子公司的管理体制，建立母子公司的治理结构	（1）由行政关系转为产权的委托代理关系； （2）企业集团内部关系由基于经营及行政的联系转为产权连接； （3）产权纽带，大企业治理结构

资料来源：本书整理自蓝海林（2007）的研究。

实际上根据我国现阶段对企业集团的规定，企业集团是以资本为纽带，以母子公司为主体[①]的一种组织形式。企业集团的内部关系由基于经营及行政的联系转为产权连接，并以产权为纽带实行大企业的治理结构。也就是说将成员之间连接起来的主要是共同的所有权，这样就把以其他类型纽带连接起来的 BG 排除在外了；同时我国规定企业集团必须至少拥有 5 家子公司，这就会把很多子公司不足 5 家却同样有控制关系的很多独立法人联合体排除在外了。企业集团它只是比较典型的 BG 类型之一，但如果研究人员因此就把 BG 研究仅局限于所谓的企业集团，那就是一种狭隘的观点。事实上，在我国很多企业是除了所有权之外的其他联系，如血缘

---

① 引自 1998 年《企业集团登记管理暂行规定》。

关系或交易关系等，所形成的联合体，在内部同样有着实质性的控制关系。这些联合体由于规模不大（母体公司注册资本及下属公司未达最低标准），连接纽带多样化而未能列入 BG 的研究范畴。折中视角下的 BG 研究，是将 BG 理解为国内的关联企业联合体。虽然这方面的研究很少，甚至几乎还没有用 BG 来指代国内关联企业或关联企业联合体，而一般用"affiliated enterprises"或者"related enterprises"等。但只要我们关注一下国内对关联企业的认定，就会发现由它们所形成的群体与折中派视角下的 BG 具有实质性的内在联系。我国对关联企业认定的规范性文件主要有中国证监会发布的《上市公司章程指引》、国家税务总局发布的《关联企业间业务往来税务管理规定（试行）》以及《公司法》第 217 条的相关规定。其中，国家税务总局对于关联企业的认定是最为全面和翔实的，包含了八个认定标准，一个企业与另一个企业存在八种关系之一即为关联企业[①]。这些条件如下：

（1）相互间直接或间接持有其中一方的股份总和达到 25% 或以上的；

（2）直接或间接同为第三者所拥有或控制股份达到 25% 或以上的；

（3）企业与另一企业之间借贷资金占企业自有资金 50% 或以上，或企业借贷资金总额的 10% 是由另一企业担保的；

（4）企业的董事或经理等高级管理人员一半以上或有一名常务董事是由另一企业所委派的；

（5）企业的生产经营活动必须由另一企业提供的特许权利（包括工业产权、专有技术等）才能正常进行的；

（6）企业生产经营购进原材料、零配件等（包括价格及交易条件等）是由另一企业所控制或供应的；

（7）企业生产的产品或商品的销售（包括价格及交易条件等）是由另一企业所控制的；

（8）对企业生产经营、交易具有实际控制的其他利益上相关联的关系，包括家族、亲属关系等。

这些条件概括起来主要有两层意思：一是连接各个企业的纽带基础是多种多样的，主要有股权、借贷资金、委派高管或常务董事、经营特许权、上下游企业控制、家族和亲属关系等；二是在这种纽带基础上要形成实质性的

---

① 参见国家税务总局 1998 年印发的《关联企业间业务往来税务管理规程》。

控制关系，特别是家庭、亲属关系等。如果若干企业之间只是简单的家庭关系或亲属关系，而并没有因为家庭或亲属关系对企业的生产和经营等有实质性控制，则这些企业之间就并未构成真正意义上的商业集团，不属于本书研究的范畴。其中，委派高管、经营特许权、上下游关系等纽带均直接指向企业生产经营活动。这些企业因为经营需要而紧密联系在一起，所形成的控制关系属于经营性控制关系。综上两点，可以进一步将关联关系细分为股权性控制关系、经营性控制关系和家族性控制关系三种。

对照我国关联企业的认定标准与 BG 的两个特点，很容易发现我国的关联企业群体更符合一般意义上所讲的 BG。如果借用到 BG 的研究，也可以将国内的 BG 分成这样三种具体的类型来研究。而且通过对照关联企业的标准与企业集团的界定，也很容易发现企业集团是主要以股权形式形成控制关系的一种特定类型的关联企业群体。因此，本书认为企业集团是狭义上的 BG，而关联企业所构成的群体则是更为一般意义上的 BG，本书将其称为商业集团。所以，简单地讲，商业集团就是由所有关联企业所构成的联合体。如果要给它下一个具体的定义，商业集团就是指一群法律意义上独立的企业由于股权关系、经营关系及家族关系等一种或几种纽带紧密联系在一起，进而形成控制关系，并由共同的控制者所实际控制着的企业所构成的联合体（郑小勇、魏江，2011）。

行文至此，不免让人生疑：既然 BG 内部关系的特征与关联企业的关联关系特征如此接近，那么直接把 BG 看做关联企业不就行了吗？为什么还有商业集团这一说法？回答这一问题还得从 BG 与关联企业的关系上说起。首先，两者在涉及的企业数量上有差异，关联企业一般指的是由两个企业所组成的一组企业（张国平，2007），而 BG 可以由两个或两个以上的企业所组成，从这一点上讲关联企业只是最小规模的 BG。其次，两者在关注的重心上有差异，根据国家税务总局对关联企业的界定上可以看出关联企业关注的重心是企业，它仍然是个体层面的概念，而 BG 关注的重心是企业所组成的整个群体，它是一个群体层面的概念。从这一点上讲，关联企业是 BG 成员的基本单位。为了避免这些差异可能产生的理解偏误，有必要在称谓上作以区分。

2. 相关概念辨析

（1）商业集团与联合大企业的比较

根据雅各比（Jacoby，1970）的定义，联合大企业（conglomerate）是指生产原材料、产业研发、生产技术或市场渠道等方面不相关的几个行业中的产品或服务的业务公司。一般是通过兼并的方式将两个或两个以上从事不同行业的企业捆绑在一起成为一个实体。从它的界定中可见联合大企业一般会涉足多个产业，并且大多属于不相关的产业，而将它们捆绑起来的主要途径就是兼并，通过兼并实现公司跨行业的扩张和发展。与商业集团相比，两者有共性也有差异。

两者相似之处主要有两个方面：第一，商业集团的组织结构类似于联合大企业（基斯特，2000）。在联合大企业中，往往由决策层控制着若干个业务单元，而在商业集团中，成员企业也有共同的控制者，控制或影响着成员企业的运营和发展。从结构形式上，两者具有相似性，但商业集团的内部关系具有相对排他性，这使得商业集团的结构更加稳定，对重组有较强的抵御能力。第二，两者均会形成一个内部市场。对于商业集团而言，通过这个内部市场可以实现资本在成员企业之间的分配［萨芬撒莱克（Samphantharak，2003）］；而就联合大企业而言，则是通过内部市场使得资本在各个分支机构或是业务单元之间进行分配［拉蒙特（Lamont，1997）］。假设这个内部市场是高效的，那么这两种组织形式均能灵活而有效地对成员进行支持，从而起到促进作用。

两者的差异也很明显，主要体现在以下五个方面：第一，商业集团本身不具有法人资格，而联合大企业是具有法人资格的，这是两者的本质性区别之一。第二，商业集团的成员是独立的法人，而在联合大企业中成员是分支机构或业务单元，不具有法人资格，这是两者的又一本质性区别。正是由于成员的这一本质性区别从而延伸出了其余两个方面的差异，即成员权利和治理结构。第三，商业集团成员由于是独立的法人实体，因此能独立承担民事责任，能以有限责任向外举债，而联合企业的分支机构由于不具备法律意义上独立法人的资格，从而不能单独地向外举债。同时，由于这种差异使得两者的投资战略也表现出较大的差异［李和西格（Lee & Seog，2008）］。第四，在治理结构上，商业集团可以有多个股东大会、董事会和总经理等，而联合大企业只有一个股东大会、董事会及总经理。第五，在业务范围上，联合大企业一般都会涉足不相关的多个产业，这一点从其概念界定上就可以看出来。而商业集团则可能参与多个不相关产业，也可能只涉足相关的产业，甚至在同一价值链上运作（卡雷拉等，2003）。并且，即便两者都涉及多个产业，商业集团很少会出现买卖集团隶属企业[戴维斯等（Davis et al., 1994）]，而联合大企业则比较普遍地存在购买或出售业务的现象。本书将以上相似性和差异性汇总成表2.2，以便更为清晰地展示两者的异同之处。

表2.2　　　　　　　　商业集团与联合大企业的异同点

		business group	conglomerate
相同点		两者都有类似的组织结构（基斯特，2000）	
		都存在着一个内部市场，在企业集团的成员企业之间分配资本（萨芬撒莱克，2003）；如果是大企业，则在各分支之间分配（拉蒙特，1997）	
不同点	本体身份	本体不具有法人资格	本体具有法人资格
	成员身份	成员均是独立的法人企业	分支机构或部门不具有法人资格
	成员权利	独立承担民事责任，可以上市	不能独立核算，不可上市
	治理结构	有多个股东大会、董事会及总经理	只有一个股东大会、董事会及总经理
	业务范围	可能有多个产业，也可能单一产业	一般涉足多个产业

资料来源：本书根据相关文献资料整理而成。

（2）商业集团与战略联盟的比较

战略联盟指的是两个或两个以上的独立企业之间建立起来的一种长期合作关系[马奇，1991；埃利森和米勒（Ellison & Miller, 1995）；张、李和伊拉尼（Cheung、Li & Irani, 2004）]，以此来分享资源和知识，分担风险和损失等。从战略联盟的界定中可见，企业加入战略联盟最为关键的内在动力在于获取和应用核心战略资源（詹也，2008），它可以弥补企业独立行动的不足，通过合作协调行动，在实现共同的目标的同时实现企业自身的目标。与商业集团相比，两者有很多相似之处，也有本质性的区别。

首先，商业集团与战略联盟两者之间具有一定的相似之处：（1）两者均属于一种介于企业与市场之间的中间性组织形式；（2）成员都是具有法人资格的独立企业，是独立法人之间的联合关系；（3）所组成的成员企业有着共同的目标，并为了实现共同目标而协调行动；（4）成员企业之间既存在产权关系，也有非产权关系。特别是产权式战略联盟与商业集团就有很多相似之处，但如果细究起来，商业集团如果仅仅是以股权形式连接起来的，一般要求股权的比例在25%以上，从而在两者之间形成控制与被控制关系。

其次，两者的区别也很明显：第一，在企业集团中存在着一个集团总部或控制者，对成员企业有着较大的控制权力，控制的形式多种多样，可以是行政控制 [盖提格伦和安德森（Gatignon & Anderson, 1988）]、财务控制、战略控制或者文化控制等（霍斯金森等，2004）；而一般的战略联盟中不存在这样的总部和实质性控制者，联盟企业也很少会被总部所实际控制着。在战略联盟中，成员企业是通过合约所规定的联盟条件来约束和协调他们的行为，以实现共同的目标。这是两者最为本质性的区别，即如果某些名义上是企业集团但实际上总部对成员没有或缺乏实质性的控制权，这种形式的企业集团就属于战略联盟性质。例如，日本的企业集团（keiretsu）是由互惠的持股及所属公司主席之间的非正式会议两种方式联系在一起的，如果是后者则它与韩国的企业集团（chaebol）就明显不同，成员企业不是由集团总部牢牢控制的。日本的这种企业集团就可视为战略联盟的形式 [格拉克（Gerlach, 1992）]。第二，在商业集团中，从属企业往往通过买卖关系、股权关系、董事关系及家族关系等多种纽带同时联系在一起，而一般的企业联盟网络中，成员企业比较典型地是由单一的某种关系联系在一起的。由于商业集团从属企业之间联系纽带的多样性，嵌入在这些关系（特别是家族关系）中的共享标准和道德规范大大降低了交易成本，从而很大程度上促进了集团内部的资源转移。这些特征使得企业集团区别于战略联盟，在战略联盟中的企业是通过合约来相互协调，因此会发生高额的交易成本。

3. 商业集团的类型分析

卡纳和亚夫（2007）提出了一个商业集团的分类方法，他们认为可以基于三个维度进行划分：（1）集团结构：水平多元化的程度；垂直整合的程度；涉足金融产业的程度。（2）集团所有权和控制：集团在多大程度上是金字塔结构的；家族控制的程度。（3）集团与社会的互动：BG 与政府互动的性质；集团发挥垄断力量的程度。本书认为，尽管卡纳和亚夫（2007）提出的三个维度具有新颖性，但这些维度的具体内容有些不在同一层面，如集团结构中，垂直与水平的程度就较好地反映了这一维度，而加入了涉足金融产业的程度之后，这一维度的内涵反而变得模糊了；有些内容则是可以交叉或者是不全面的，如集团所有权和控制维度，金字塔结构反映了集团的控制，而家族反映的是所有权性质，如果这样，还可以在这一维度上增加国家控制程度等内容，所以维度的具体内容描述是不全面的。并且金字塔结构与家族控制可以交叉，如果金字塔结构和家族控制均有意义的话，那么交叉之后形成的四个类型（高家族控制及金字塔结构、高家族控制及低金字塔结构、低家族控制及高金字塔结构和低家族控制及低金字塔结构）则更具有研究价值。针对以上分类中存在的不足，本书认为以下三种分类方法更为清晰并具有操作意义，即按照成员企业之间联系的纽带类型划分、按照所有权的性质和结构划分及从产业链上的关系来划分。

第一，按照成员企业之间联系的纽带类型划分。在上文中给出了商业集团中把各个成员企业之间关联起来的纽带，因此在商业集团类型划分中也可以根据纽带类型的不同进行命名，如股权型、资金借贷型、董事连锁型、交易型、特许型及家族型六种商业集团。但根据商业集团的特点，这些纽带往往不是单独存在的，而是两两或者更多联系交织在一起，因此在实际操作过程中要想寻找那些由单一类型纽带联系的各种成员企业作为样本来研究是有一定困难的。但也不是说完全不可行，若是在商业集团从属企业层次上的研究，可以尝试性地以此方法对其关联类型进行划分，然后研究不同类型联系纽带对从属企业所产生的影响是有意义的。

第二，按照所有权的性质和结构来划分。首先，根据所有权的性质，可以简单地将商业集团分成国家所有型和民间股份型，对于民间股份型的商业集团可以进一步根据是否具有家族关系分成家族型和非家族型两种。这种分类的意义在于能够研究不同类型所有权可能产生的影响，奎尔沃－卡祖拉（Cuervo－Cazurra, 2006）认为，不同性质的所有权会有不同的代理成本和多元化逻辑。因此，这一分类方法对于研究不同所有权性质对商业集团的治理问题以及多元化问题可能产生的影响是很有意义的。其次，与国内企业集团的分类相类似地，根据集团成员之间的所有权结构进行分类（郭晓利，2002），可以将商业企业集团分为交叉持股型商业集团、纯粹控股型商业集团和母子关系型商业集团三种。所有权结构会对商业集团的创新有影响 [贝兰松和贝尔科维茨（Belenzon & Berkovitz, 2008）]，特别是检验所有权结构对商业集团从属企业创新性的影响。其中张、钟和迈哈姆特（Chang, Chung & Mahmood, 2006）的研究是一项很有前景性的研究。并且所有权结构与商业集团的绩效之间也存在着因果关系（张，2003），这些研究都有再进一步深化的空间，研究不同所有权结构对绩效和创新的作用机制和作用条件等，甚至可以研究不同所有权结构的一些决定性影响因素都是很有价值的。

第三，从产业链的角度所进行的分类，具体的讲又有两分法和四分法两种，后者是前者的深化。首先，两分法 [贝尔德伯斯和斯路威根

(Belderbos & Sleuwaegen, 1996)] 是将商业集团分成水平型和垂直型两种。水平型集团是由独立的企业以大型银行为中心组成的多元化集团。这种集团关系的优势来自于通过长期业务关系而实现的稳定供给与需求, 通过主要银行的监控功能缓解风险投资的资本束缚及新市场和技术的信息交流 [弗拉思 (Flath, 1993); 中谷 (Nakatani, 1984); 后藤 (Goto, 1982)]。垂直型集团是分包商、卫星企业和围绕大规模加工型制造商的贸易企业所构成的集团, 如日本的 Toyota 和 Hitachi 等均属于此类。集团中的领导或核心企业通常会借助于持股、财务关系和派遣经理人等手段, 控制集团中其他企业的管理。最后, 四分法 (姚等, 2007) 在二分法的基础上将垂直和水平视为两个维度, 按照商业集团中成员企业在垂直关系和水平关系上联系的紧密程度将商业集团切分成 M 型 (双紧型)、C 型 (双松型)、H 型 (垂紧水松型) 和 N 型 (垂松水紧型) 四种 (详见图 2.1 所示)。在 M 型 (双紧型) 集团中母公司或核心企业扮演了企业的总部角色, 拥有部分或全部成员企业的所有权。比较典型的代表是韩国的 LG 及三星、拉丁美洲的 Perez – Coampanc 和意大利的家庭控制集团。C 型 (双松型) 集团通常由一个金融机构支撑, 如与一个主要银行的关系, 典型代表是日本的水平型企业集团 (kieretsu) 及俄罗斯的金融产业集团。H 型 (垂紧水松型) 集团比较典型的特征是政府所有权与此类型企业集团密切相关, 企业集团作为政府控股公司来投资和管理国有或国家控制的战略资产。典型代表如中石油、中国银行、中国电信; 中国香港的大企业; 印度的金字塔形有限责任公司; 法国的企业集团。N 型 (垂松水紧型) 集团是由许多企业围绕高科技产业或以出口产品为主的产业中的大型公司而组织起来, 典型代表是中国台湾的关系企业, 如霖园集团等。

二 商业集团的形成原因与后果

(一) 商业集团的形成原因分析

有学者指出市场、文化和制度被认为是理解组织形式, 特别是东亚组织形式的三个最重要的变量 [汉密尔顿和比加特 (Hamilton & Biggart, 1988); 怀特利 (Whitley, 1990)]。本书认为 BG 作为一种中间性组织形式, 同样也可以从这三个方面来理解其形成和盛行的缘由。由此, 本书将现有关于 BG 形成的原因归纳成为三种假说, 即市场失灵说、文化传统说及政治经济说。

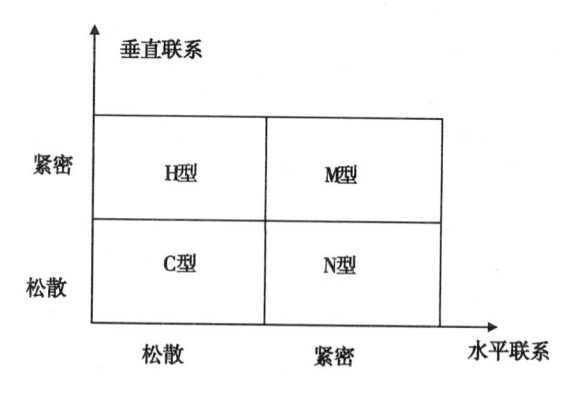

图 2.1　商业集团类型的四分图

资料来源：姚等（2007）。

1. 市场失灵说

市场失灵的正式定义是指在垄断及交易成本相关的外部性条件下，价格偏离由微观经济理论所计算的边际社会成本［汤姆森（Thomsen，2001）］。但新兴经济中市场失灵本质上不是在市场已经高度发育基础之上的内生性或功能性市场失灵，而是市场发育不足，市场经济制度缺失所导致的外生性、制度性"市场失灵"（粟勤，2006）。在这种情况下，就会出现一些问题，如资本短缺、风险降低不足及信息不对称等，而这些都是由于新兴经济国家资本市场欠发达所致［科林（Collin，1998：723）］。市场失灵说认为，BG 的出现就是对这些问题的一种回应。这种观点认为，BG 可以代替新兴经济中不完善的市场制度（莱夫，1978）。这种理论的基础很大程度上在于，假设 BG 是作为企业降低交易成本的方法而存在的。

从威廉姆森（Williamson，1975，1985）的交易成本理论角度来看，转型经济往往会缺乏专业的中介机构（intermediary）和促进高效交换的有效市场规制。在这种制度缺失的情况下，契约和信息问题就更加容易滋生，从而导致更高的不确定性和交易成本（卡纳和帕利普，2000）。为克服这种制度缺失，一些企业就组织起来形成 BG。BG 的规模足以建立一定规模的内部劳动力市场、生产要素市场和资本市场［张和蔡，1988；温斯坦和亚夫（Weistein & Yafeh，1988）］。这些内部市场可以为成员企业提供较低的交易成本，从而使 BG 成员企业受益。在市场不能有效地配置现有资源的情形下，BG 充当了动员投资资源的组织机制，作为成员企业的内部资本分配中心，从而提高资源配置效率。这个理论得到一些发展中国家研究的支持［乔根森等（Jorgensen et al.，1986）；卡纳和帕利普，1997，1998，1999］。

一些学者针对韩国 BG（张和蔡，1988）、印度 BG 和智利 BG（卡纳和帕利普，1997；卡纳和帕利普，2000a，2000b）形成原因的分析中均得出类似的结论。这些证据可以说明市场失灵说对于解释 BG 的形成具有重要的意义。但这一假设也存在着明显的不足之处，即这一理论过于强调了 BG 的功能价值，属于功能主义思想（钟，2001）。顺从这一理论的逻辑，BG 的形成和存在是弥补市场发展不完善的缺陷，那么它就难以解释发达资本经济如日本、韩国和西欧一些国家中 BG 持续存在的原因。这也正是后来格兰诺维特（1994）对此种解释逻辑提出批评的重点之所在。

2. 文化传统说

有学者认为，应该将家族、继承系统、价值观和信仰系统等文化方面的因素与 BG 的出现建立起联系（威尔金森，1996）。特别是对于东亚国家和地区中 BG 的形成而言，文化传统有重要的解释力，本书将这些文化细分为关系文化和家族文化两种之后再来阐述它们对 BG 形成的解释。

首先，关系文化的影响。比较典型的是中国，在中国关系文化盛行，个体关系网络成为社会活动和业务活动的框架［雷丁（Redding，1990）；考（Kao，1993）；韦登鲍姆（Weidenbaum，1996）；骆（Luo，2000）］。学者们应用这个概念来解释组织行为和结构、领导行为、企业国际化和创业等问题［汉密尔顿，1996；辛和皮尔斯（Xin & Pearce，1996）；杨（Yeung，1998）；骆（Luo，1997）］。类似地，除中国大陆之外，中国的台湾、香港和东南亚其他一些国家和地区具有相近的关系文化，研究人员也可以用个体关系网络发展的力量来解释 BG 的形成［肯尼迪（Kennedy，1997）；汉密尔顿和考，1990；朗玛扎奇（Numazaki，1996）；王，1996］。这一观点通过聚焦于关系的力量，认为人际网络对于创业和集团的出现是必需的也是充分的。前期关于关系文化说这一观点是有明显不足之处的，即持这一观点的学者们往往过于强调 BG 形成中人际网络的力量，而没有对其他因素如创业者个体的特点或者情境特点等的影响进行讨论，甚至认为这些因素是不重要的。直到后来创业研究的深入，才逐渐完善这一观点。

创业领域的研究认为 BG 的形成是企业家创业的结果，因此它离不开创业过程相关的行动及创业过程嵌入的情境［歇尔（Chell，1985）；加特纳（Gartner，1988，1990）］。创业的可能性和创业的结果是一个创业者和情境互动的过程［布希基（Bouchikhi, 1993）；歇尔，2000］。所以，不能将创业者个体因素和情境因素撇开来谈BG的形成过程，而应该将创业者、创业者的行动及情境联系起来融入一个整合的框架中，而个体关系网络是实现这一整合的重要机制［雷诺兹（Reynolds, 1991）；马蒂内利（Martinelli, 1994）；奥尔德里奇（Aldrich, 1999）；桑顿（Thornton, 1999）］。在这种观点下，个体网络不再是BG形成的充分必要条件，而仅是必要条件。也就是说，关系文化或作为关系文化结果的个体关系的发展都不足以解释新企业的创建和BG的形成，而要与创业者特点及情境等其他因素结合起来才更具有解释力。

其次，家族文化的影响。东亚国家中的BG与西方国家相比，有一个显著的差异在于西方国家BG成员企业的股份会比较少的集中在家族中，机构投资者往往会持有很高比例的公司股份［阿金凯、波雅和森古普塔（Ajinkya, Bhojraj, & Sengupta, 2005）］，而东亚很多国家和地区则不同，BG成员企业的股份高度集中在家族成员中的BG普遍存在。其中一个重要的原因就是这些国家和地区BG形成过程中家族文化传统起着重要的推动作用。如在中国，有着家庭财产平等继承的文化传统，即创业者为了给他的后代们，特别是男性后代们留下一份财产时往往要考虑财产继承的平等性。因此中国的企业家往往会选择分别创建几个企业的方式以便于实现平等继承，而不是创建一个企业。并且，由于中国文化中非常强调家庭的重要性，BG的创始人往往会让他的家庭成员在集团中任重要职位，这样就会构成一个家族型的BG。同样地，中国台湾BG的形成也比较明显地嵌入在中国传统文化情境中，因此中国台湾的BG也有家族控制的特点。拥有类似的文化情境的还有韩国、中国香港和新加坡等，不同的是韩国是基于同一个家长的家族关系，而不是大家族的概念奥鲁等（Orru et al., 1997），这一点比中国台湾对家族的界定更为严格。鉴于这些国家和地区也不同程度地强调中国的儒家文化（怀特利，1991），因此，在这些国家和地区，家族文化对BG的形成也具有很强的解释力。

尽管有很多学者致力于从文化的角度来解释BG形成的原因，特别是东亚国家和地区BG的形成中文化的重要影响。但文化传统说也有其缺陷的地方，因为文化是一个几乎无所不包的概念，文化似乎可以解释一切，所以就会让人质疑文化的解释力。

3. 政治经济说

这种解释认为BG的出现与盛行与政府和社会之间存在的关系类型有

关系。在每个东亚国家，国家追求相似的政策以促进产业化（汉密尔顿等，1990）。然而，政府与社会的关系类型却有很大的不同。一些研究企业集团的学者发现在中国和韩国，国家积极参与公共和私营经济领域。政府干预对于新兴经济中 BG 的最初形成和发展尤其重要［迈哈姆特和鲁芬（Mahmood & Rufin, 2005）］。因此，可以说像中国［查德和鲁（Child & Lu, 1996）；基斯特（Keister, 2000）；姚等，2005］和韩国（张和蔡，1988）的 BG 很多是政治过程的结果。在这些国家中，BG 形成是作为政府实现政治或经济目标的工具之一（格玛沃特和卡纳，1998；吉伦，2000；姚等，2005），是政府政策的直接产品。也正因如此，这些国家中的 BG 与政府往往有着紧密的政治连带，可以为 BG 提供政治资本，而这些是独立企业可望而不可即的［阿姆斯登（Amsden, 1989）；埃文斯（Evans, 1979）；彭等（Peng et al., 2005）］。与东亚这些国家不同的是，在日本或者西方国家中，政府一般只针对公司发展制定相关政策，或是推动市场中介机构的发展，国家或政府从中只扮演协调者和中介者的角色，而不是直接干预 BG 的组建。西方发达国家中的 BG 往往有很大的自治性，更多地需要从公司创业过程、创业者个体特点和情境因素等方面或者说从权贵资本主义的视角（crony capitalism）对 BG 的成因和存续进行解释。

从以上解释 BG 成因的三种假说中可以看到每种假设对于 BG 的形成都具有一定的解释力，但都不能单独对所有 BG 的成因做出解释。事实上不存在一种单一理论能够解释所有 BG 的出现缘由［马曼（Maman, 2002）］。到目前为止，关于 BG 的形成仍然是一个非常有趣而有待继续探索的领域，可以作为未来理论研究和实证研究的一个重要的研究方向（卡纳和亚夫，2007）。而未来我们所要做的就是不断丰富对 BG 成因的解释，并在可能的情况下对各种解释进行整合，提出综合性解释框架。

（二）商业集团产生的后果分析

现有 BG 文献中对于集团形成之后对企业所产生的影响，主要集中在从属关系或成员资格对成员企业绩效的影响。特别是从事管理学研究的学者，尤其关注集团从属关系的绩效效应，这或许是因为解释企业之间的绩效差异是战略管理领域中主导的理论和实践问题［哈瓦维民、苏布拉马尼安和维尔丁（Hawawini、Subramanian & Verdin, 2003）］的缘故。因此，本书也主要以回顾集团从属关系的绩效效应为主。

本书首先观察了学者们对不同国家 BG 从属关系与成员企业绩效之间

关系的研究结论及对其结果的解释,并整理了一些具有代表意义的研究结果,如表2.3所示。整理的结果显示,从属关系与绩效之间的关系是具有争议性的。佩罗蒂和格尔费(2001)、张和蔡(1988)等人的研究表明从属关系具有积极的绩效效应,而凯夫斯和尤库萨(Caves & Uckusa, 1976)、中谷(Nakatani, 1984)以及卡纳和亚夫(1999)的研究中均发现了从属关系不利于企业绩效的一面。甚至有研究表明从属关系与绩效是无关的,如卡纳和帕利普(2000)以及席尔瓦等(Silva et al., 2004)。在他们的研究中比较了从属企业和独立企业,结果发现,从属关系对绩效没有任何的影响。但总体而言,大多数学者基于不同视角认为BG从属关系对绩效是有影响的,或有积极影响或有消极影响,两种观点并存,可见BG对绩效的影响在理论上还是模棱两可的。以下本书将对从属关系的积极效应和消极效应分别进行阐述。

表2.3　　从属关系与绩效(affiliation-performance)的关系

作者	样本来源	关系描述	解释逻辑
Perotti & Gelfer (2001)	俄罗斯	集团成员公司比独立公司具有更高的Tobin's Q	商业集团(Commercial groups)明显较多地投资于新技术或者新模式的生产,并且常常会有更高的产出和销售,因此提高财务绩效,从而优于非成员企业
Chang & Choi (1988)	韩国	集团从属企业的收益往往要高于那些独立的企业	集团有着能降低交易成本和提供规模/范围经济的多部门结构(multidivisional structure)。集团所属公司广泛分享技术技能和广告(Chang & Hong, 2000: 445)
Carney, Shapiro & Tang (2008)	中国	集团从属关系可以提高企业绩效	基于制度空缺假设,BG通过填补制度空缺而发挥作用,所以它的积极影响要随着市场制度质量的提高而下降
Caves & Uckusa (1976); Nakatani (1984)	日本	日本Keiretsu的从属企业往往具有较低的回报	相互保险的功能,这使得他们出于低风险的考虑而牺牲部分回报;在银企关系中银行掌握了更多的议价权力而使得从属企业获得的利益较少(Cable & Yasuki, 1985; Weinstein & Yafeh, 1995, 1998)
Khanna & Yafeh (1999)	包括巴西等10个新兴国家和地区	巴西、印度、韩国、中国台湾、泰国存在不同程度的负相关关系	BG的绩效与特定的制度环境有关。在一定的条件下BG会起着正向的积极作用,而在其他条件下则没有这种积极影响

资源来源:本书根据相关文献整理所得。

首先，BG 从属关系的积极效应及其原因分析。基斯特（2001）基于交易理论（exchange theory），格兰诺维特（2005）基于嵌入性理论，卡纳和帕利普（1997）基于交易成本理论，吉伦（2000）基于企业的资源观理论等对集团从属关系与绩效之间的关系展开了讨论，其结果是每个视角下得出了 BG 从属关系对绩效具有积极效应的结果，表明从属关系会提高企业绩效。本书也试图对学者们解释从属关系具有积极效应的原因进行整理，在席尔瓦、梅吉拉夫和帕雷德斯（Majluf & Paredes，2006）的基础上，本书认为从属关系对绩效的积极影响主要是由于以下三个原因：首先，从制度理论的视角看，新兴国家中普遍存在着制度缺失或者市场不完善的问题，很多在发达国家有的机构在发展中国家不存在，或者即使存在也运行的很糟糕，在这种制度不完善和广泛市场失灵的情况下，BG 可以在某种程度上弥补或替代制度缺失，能使从属企业更好地接触高级技术、低成本的融资、复杂的管理知识及其他生产要素。从而有利于从属企业的运作，提高企业绩效。这一观点与 BG 成因分析中的市场失灵说是对应的。其次，从交易成本理论的视角看，BG 是作为对市场低效率的一种回应，这也是研究 BG 的经典视角之一。他们认为通过市场机制进行的外部市场交易与依赖于层级性而进行的内部市场交易相比，往往具有更高的交易成本［张和洪，2000；蔡等，1999；霍斯金森等，1993；卡纳和帕利普，1997；希尔（Hill，1995）；威廉姆森，1975］。BG 的形成将外部交易内部化了，并且由于集团成员之间存在着各种各样的控制关系非常有利于成员之间的协调行动，因此可以有效地降低交易成本，从而为成员企业创造价值。最后，从资源观理论的视角看，集团从属企业通过与其他成员企业分享无形资源和金融资源可以从集团成员资格中获利（张和洪，2000）。只要政治经济条件允许，为更好地获取和保持整合国外和国内资源（包括投入、加工和市场等方面）的能力，新兴经济中企业家就会创立 BG 以不断进入新产业实现多元化。但多元化的企业家或企业很少会为取得跨产业协同而建立整合的组织结构［钱德勒（Chandler，1990）；希尔和霍斯金森，1987；霍斯金森，1987］。因此，多元化的逻辑是接触国际国内的各种资源，而不是为了范围经济和最小化交易成本。集团通过相关和非相关多元化来集中和分配异质性的资源从而使成员企业价值增值［张和洪，2000；吉伦，2000；鲁尼恩、赫德尔斯顿和斯威尼（Runyan、Huddleston & Swinney，2006）］。尤其是有组织共同知识存在的时候［津加莱斯（Zingales，2000）]。卡纳和帕利普（1997）认为，发展中国家大型和多元化的 BG 的成功，就是因为这些原因。

其次，BG 从属关系的消极效应及其原因分析。一方面，尽管很多实证研究的结果支持集团从属关系有利于提高企业绩效的假设，但另一方面，一些研究也发现了它的负面作用 [伯特兰、梅塔和穆来纳森（Bertrand, Mehta & Mullainathan, 2002）；张，2003]，除了表 2.3 中所列成果之外，还有卡纳和里夫金（2001）所做的一个跨多个新兴经济国家所做的比较研究，他们以 14 个国家和地区的 BG 为样本检验了集团从属关系对公司盈利性的影响，发现只有少数几个国家中有积极效应。越来越多有关集团从属企业负面属性的研究形成了 BG 的阴暗面视角 [沙尔夫斯泰因和斯坦（Scharfstein & Stein, 2000）]。在这种视角下，BG 不被认为是对市场失灵的有效反应，而是为掠夺少数股东，掠夺从属企业资产所形成的联合体 [莫克尔等（Morck et al., 2005）]。

一般而言，从属关系的消极影响可以从以下两个方面得到解释。首先，从制度理论视角来看，BG 的出现是作为对制度缺失或制度欠发达的一种回应，顺从这一逻辑，那么随着新兴经济国家制度建设的推进，制度环境逐渐得到改善之后 BG 弥补制度缺失的功能就相应受到弱化。特别是那些针对同一新兴国家不同时期 BG 从属关系绩效效应的研究，较早时期的样本显示集团从属关系对绩效有积极影响，而近期样本的数据找不出从属关系有积极影响的证据，甚至某些还呈现出相反的结论。李、彭和李（Lee, Peng & Lee, 2008）运用韩国 BG 的数据对集团的绩效效应开展的纵向研究，结果发现集团和绩效的关系随着时间的推移而变化，在市场条件不够透明的时候是正向的，而在市场失灵减少后则是负向的，他们的研究结果可以很好地说明这一点。其次，从 BG 的内部治理视角看，主要有两个可供选择的解释：第一，BG 中存在的各种关系常常使得成员企业的主要所有者照顾彼此的利益，包括拯救那些绩效糟糕的企业（张和洪，2000）。从属企业的管理者们知道如果他们一旦陷入困境，主导企业或者其他从属企业会迫于社会压力会帮助他们摆脱困境。因此，这些企业在面临竞争压力或盈利性下降时也不积极采取有效措施，而是等待其他企业的协助，其结果是拖累了其他从属企业的发展。第二，由于隧道效应（tunneling）而致使从属关系成了包袱。杰姆逊等（Jameson et al., 2000）的研究表明，集团成员利益趋向于集团中核心或最有权力的企业，而会损害其他企业的利益。很多有关集团隧道效应的文献也表明，家庭控制的企业集团会转移资源的方式没收少数股东的权力，即从他们拥有较低现金流权力的企业转移到他们拥有较高现金流权力的企业（伯特兰、梅塔和穆来纳森，2002；约翰逊等，2000），从而使这些成员企业的发展受限。因此，近年来有一些学者致力于研究提高集团治理以确保管理层尽最大努力服务于股东利益，并且使小股东的利益也能够得到保护。

近年来，随着 BG 研究的不断推进，学者们发现集团从属关系的绩效效应是个复杂的问题，除了制度情境和集团治理之外，还有很多集团层面的协变量有助于解释从属关系的绩效效应。如张和蔡（1988）的研究显示，韩国最大的四个集团的从属企业比其他企业的绩效都要好，包括那些小型集团的从属企业和非从属企业，这说明集团规模是集团层面的一个重要的协变量。卡纳和帕利普（1999a）运用印度集团的数据，企业绩效与集团多元化之间呈现出曲线关系，在超出特定的门槛之后集团多元化边际递增会导致企业绩效边际提高。其他一些有关集团多元化的研究结果也证实了从属企业较之其他企业有更高的 Tobin's q 值，这说明集团多元化水平也是集团层面一个重要的协变量。以这样的逻辑，可以推测在从属企业层面上同样也存在着一些重要的变量可以帮助解释从属关系的绩效效应。特别地，金、霍斯金森和王（2004）曾经指出成员资格的利益会因不同的成员企业而有所不同，这就意味着从企业层面寻求解释成员资格利益差异的影响因素将是一个很有前景的方向。但到目前为止，这方面的研究依然很少，而本书就属于在这方面所做的一个尝试，以此丰富 BG 文献。

为保证本书所用的文献质量，外文文献主要来源于 SCI、SSCI 及 A&HCI 三大检索数据库，以 BG 为主题进行检索，共得到文献 449 篇。除去书评、编辑材料及新闻共计 46 篇，剩余 403 篇。中文文献主要来源于 CSSCI 期刊数据库，由于该库不具备主题检索条件，因此改用题名或关键词含有企业集团或关联企业这一检索条件，得到企业集团相关文献 302 篇，关联企业相关文献 28 篇。限于资源可获性，中文 CSSCI 数据库只能得到 2001 年至 2009 年的数据，对应于这一期限的外文文献减为 320 篇。

三 商业集团研究的范畴、方法及其趋势

（一）国内外相关研究的总体研究趋势的比较

从总量上可以看到外文 BG 研究与中文企业集团研究比较接近，而关联企业的研究则明显落后于两者。从研究趋势上来看，外文 BG 研究、企业集团研究及关联企业研究呈现出三种迥然不同的态势，详见图 2.2 所示。

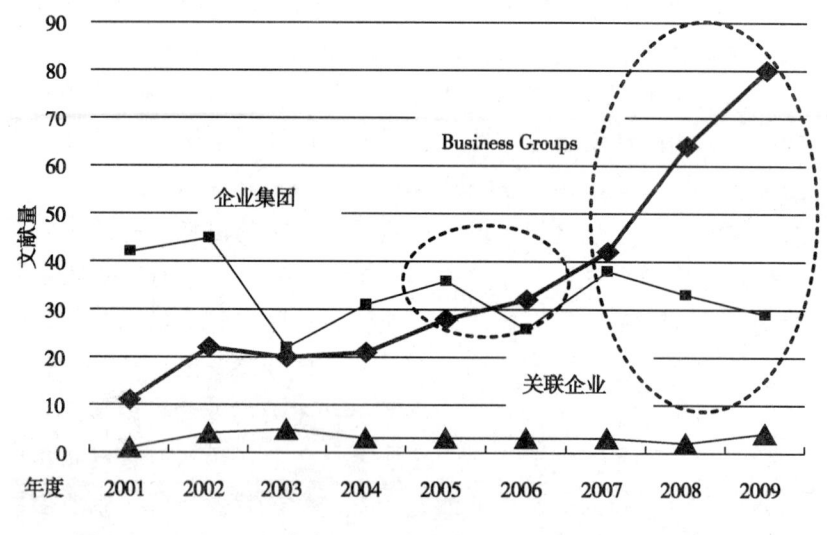

图 2.2 2001—2009 年间 BG、企业集团、关联企业研究趋势比较

近九年的数据表明外文 BG 的研究呈现逐年增加的态势，2001—2009 年间平均增幅达 28.15%。特别是在近两年里，研究数量有了很大程度的增长，2008 年最高增幅达 52.38%。而国内企业集团的相关研究则总体上呈现出下降态势，并且这九年间研究数量起伏波动性较大，很不稳定。与 BG 研究趋势相比，形成了两个阶段的背离：一是 2005 年至 2006 年间出现第一次背离，BG 研究数量小幅平稳增长，而企业集团的研究数量却出现锐减，减幅达 27.78%；第二次背离出现在 2007 年至 2009 年间，BG 研究数量大幅增长，两年平均增长 38.01%，而企业集团研究数量再次呈现出锐减势头，两年平均减幅达 12.64%，这两者一上一下拉开了 50 个百分点的距离。本书认为研究数量总体下滑的态势及这两次显著的背离很大程度上是由于 BG 与企业集团的理解偏差所造成的，显然国内研究太过局限于企业集团这样一种单一类型的研究，而忽略了其他类型 BG 的研

究。随着单一类型研究的不断深入，研究热点不断减少，研究难度也在不断加大，进而导致研究数量下降，特别是最近几年的背离很能说明这一问题。更进一步，从关联企业研究数量变动的趋势可以加强说明以上观点。与前BG和企业集团研究趋势均不同的是关联企业研究数量在近九年时间里不仅数量极少，而且几乎没有明显的变化。由此可以推测在国外BG研究不断升温的过程中，国内与之相对应的关联企业相关研究却一直没有得到重视，严重制约了这一领域的发展，当然也会因此影响作为关联企业团体类型之一的企业集团研究的发展，从而容易使人产生前文所述及的疑惑。

（二）国内外相关研究的研究范畴与研究主题的比较

不仅在总体趋势上三者表现出明显的差异，在研究主题的侧重点方面也有较大的偏颇，为进一步呈现这种差异，本书根据质性研究中三级编码的思想来操作。首先根据文章要解决的具体问题不同，把文章编码成一条初始范畴记录；其次根据初始范畴的类属特点，将若干条初始范畴记录编成一条核心范畴（本书所称的研究主题）记录；最后在研究主题的基础上，根据核心范畴记录的类属特点将若干条核心范畴记录编成一条主范畴（本书所称的研究范畴）记录。在比较对象上，首先是对BG的外文文献进行了分析，然后再分别对企业集团和关联企业相关的中文文献进行分析，因此，后两者在核心范畴及主范畴的归属上主要参考BG文献分析的结果，这主要是考虑到可比性的需要，三者在范畴的命名上保持一致性才更具可比性。通过以上流程的操作，本书将BG、企业集团和关联企业的研究主题、研究范畴及其研究趋势等情况整理如表2.4。

表2.4 BG、企业集团及关联企业相关研究的主范畴及研究主题的比较

类别	主范畴	研究主题（核心范畴）	合计	趋势
1	BG与绩效	多元化与绩效（13）；内部市场与绩效（32）；内部治理与绩效（55）	100	↗
	BG与创新	技术创新（8）；市场创新（1）；知识创造或分享（4）	13	↗
	BG与国际化	进入方式（14）；竞争策略（17）；跨国治理（2）；人力资源管理（1）	34	↗
	BG与环境	政治环境（27）；经济和市场（33）；社会环境（6）；法律环境（5）；税务环境（1）；一般制度环境（27）	99	↗
	其他类型	并购&重组（7）；成因（4）；人力资源（2）；社会责任（1）；数据库（1）；投资活动（2）；内部治理（24）；组织变革（4）；综合性（29）	74	↗

续表

类别	主范畴	研究主题（核心范畴）	合计	趋势
2	集团与绩效	多元化与绩效（4）；内部市场与绩效（17）；内部治理与绩效（9）	30	↗
	集团与创新	技术创新（14）；知识创造与分享（6）	20	↗
	集团与国际化	进入方式（2）；跨国治理（1）	3	↘
	集团与环境	政治环境（2）；经济与市场环境（12）；法律环境（13）；税务环境（8）	35	→
	其他类型	财务管理（38）；多元化（3）；并购&重组（2）；成因（6）；电子商务（1）；人力资源（2）；统计建设（2）；投资活动（6）；危机管理（1）；物流管理（2）；内部治理（26）；文化管理（2）；业绩管理（8）；营销管理（2）；组织变革（23）；综合性（90）	214	↘
3	关联与绩效	——	——	
	关联与创新	——	——	
	关联与国际化	竞争策略（1）	1	——
	关联与环境	法律环境（13）；税务环境（9）	22	→
	其他类型	财务管理（1）；综合性（4）	5	↘

注：类别1为BG（n=320）；类别2为企业集团（n=302）；类别3为关联企业（n=28）。核心范畴一栏中的数字表示该范畴被编码的频次。

从BG的外文文献中提取的核心范畴可以简单地归为四个主范畴：一是BG与绩效，主要解释的是BG从属关系及其特征对从属企业或整个团体财务绩效的影响；二是BG与创新，主要解释的是BG从属关系及其特征对从属企业或整个企业团体创新活动和创新绩效的影响；三是BG与国际化，主要解释的是BG从事国际扩张、跨国经营和跨国治理等问题；四是BG与环境，主要解释的是BG所处的外部环境对BG及其从属企业的影响及它们对外部环境的反作用等问题；而对于研究主题相对比较单一，而又难以合成稳妥的主范畴的均列入其他类型。

通过对三者的核心范畴及主范畴的比较，至少可以得到以下几点认识：

首先，研究的侧重点存在着显著的差异。表2.4数据已经充分显示了BG外文研究的两个极为重要的方面，一是研究BG与财务绩效的关系，二是研究BG与外部环境特别是其与制度环境的关系，这两类研究占样本总量的62.19%。这两个范畴在国内有关企业集团的相关研究中也得到了一定程度的体现，但研究力度明显不如前者，两类研究只占样本总量的21.52%，只有前者的三分之一。在关联企业的相关研究中两类研究之和占了78.57%，但这一高比例的贡献完全来自于关联企业与外部环境的关系研究，而涉及关联企业与绩效的研究为0，这也就意味着关联企业在这一领域有影响力的研究几乎是空白。同样处于真空地带的还有关联企业的关联关系与创新方面的研究。进一步地观察BG与外部环境这一主范畴下各个核心范畴的特点，还会发现一个非常明显的差异：那就是在BG的相关研究中对于外部环境比较多的关注政治环境、经济/市场环境及一般性制度环境，而国内企业集团及关联企业的研究则比较多的关注经济/市场环境、法律环境及税务环境等，特别是在研究关联企业的学术文献当中，只涉及了法律和税务两个方面，这种差异表现得更加明显。

其次，研究主题范围的聚合度上存在着显著差异。企业集团相关研究的核心范畴是最为广泛的，不仅涉及BG研究的各个核心范畴，而且还有很多BG文献未曾涉及的其他研究主题，如财务管理和业绩管理等。虽然企业集团与BG的样本总量相当，但企业集团文献的核心范畴的聚合度不如BG高，也就是说国内有关企业集团的研究主题比较散乱，这也昭示着那些国际上讨论热烈的重点主题（如前一条所述的两个主范畴中的某些主题）的研究深度远非国内现有研究所能及的，国内研究在这些主题上仍有进一步深挖的空间。再加上为数不少的企业集团文献的研究问题并不是很聚焦，如一些关于企业集团组建问题、价值创造问题及发展问题等，这些研究阐述的内容往往涉及企业集团的多个方面，从而只能将这些研究归为综合性一类，这类文献占到了企业集团文献样本的三分之一强。企业集团中文文献体现出的这一特点更进一步弱化了BG重点主题在国内的研究力度。导致这一现象的主要原因是国内往往将企业集团作为一个整体来研究（蓝海林，2007），而忽略了企业集团是由众多企业所构成的联合体这一特性所致，以至于很多企业层面的问题难以得到深入研究。好在这种以企业集团整体为对象的综合性研究总体趋势呈现出下降态势，而与BG研究重点领域相吻合的文献呈现出明显的上升态势，这样至少会逐渐缩小两者在研究热点上的差异性。

最后来看关联企业，关联企业研究主题的聚合度高，研究的重点似乎只有前文所提的法律和税务两个讨论热点，而BG和企业集团文献中的很多热点问题根本没有在关联企业相关研究中展开，这是一个值得深入思考的问题。为什么从内涵与外延上讲国内所称的关联企业与外文文献中的 BG 是极为吻合的两个研究对象，却在研究主题上存在着如此巨大的差异？归结起来是由以下两个方面的原因所致。

其一，外文中的 BG 与国内的企业集团已有的对应关系先入为主，干扰了关联企业在相应领域内的研究工作。从现有的 BG 文献中可以看到，基斯特（1998）及李和金（2009）等将中国情境下的企业集团作为 BG 的具体对象之后，已经在 BG 与企业集团之间建立了一定的对应关系，从而使得国际上有关 BG 的讨论热点移植到国内就成了企业集团层面的研究主题。在这种情形下，自然很少会有学者将其置入关联企业的研究领域。但实际上，我国企业集团的概念经历了几次变动，与最初的本义已有较大的背离（蓝海林，2007）。现在的企业集团完全可以视为关联企业的一种具体的形式之一，虽然具有一定的典型性和代表性，但它始终只是关联企业的一个子集，不能等同于关联企业的概念。与 BG 的关系上，企业集团也只能视为狭义上的 BG，或者只能是中国情境下 BG 的一种具体形式之一，而不是全部。从这个意思上讲，将国际上 BG 研究的热点问题引入到除企业集团之外的其他形式的关联企业或一般意义上的关联企业群体层次上展开讨论或将有新的更有意义的发现。

其二，与两个概念存续的历史时长及社会地位有关。企业集团这一概念在改革开放之初就已经广为流传，国内企业集团相关的理论研究在 20 世纪 80 年代就已为学者们所关注（黄平，2001），而学术领域对关联企业的关注相对较晚，关注度也相对较低。这一方面是因为企业集团的概念在国内出现要早于关联企业，对于两个概念的国家规范性文件也有明显的前后，前者始于 1987 年《国家体改委、国家经委关于组建和发展企业集团的几点意见》，后者始于 1991 年《中国外商投资企业和外国企业所得税法》，前后相隔有 4 年之久；另一方面是因为企业集团这一概念自改革开放以来在我国政治经济中一直扮演着重要的角色，有很高的历史地位。鉴于以上两点，国内学者对企业集团的研究起始时间要早，并且关注度高，所以相对来讲研究比较充分，而对于关联企业的研究则无论是在广度上还是力度上均有很大的局限，由此引发了上述的困惑问题。本书相信随着 BG 研究的推进，国内学者观念的调整和对关联企业及企业集团的再认识，表 2.4 所显示的这种核心范畴上的显著差异会得到一定程度上的修正。

（三）商业集团研究的方法及其变化趋势

管理研究中的研究方法很多，斯坎杜拉和威廉姆斯（Scandura & Williams，2000）将其分为理论分析/文献综述、抽样调查、实验室实验、实验模拟、一手数据现场研究、二手数据现场研究、现场实验、行为评价和计算机模拟九种研究策略。但在实际的研究当中，研究人员往往会对研究方法有更为细致的描述，对方法的命名也更加具体。为充分体现 BG 这一研究领域所运用的研究策略特点，本书认为应该在参考斯坎杜拉和威廉姆斯（2000）研究策略的基础上，结合 BG 研究中作者的描述来命名并分类更为妥当。本书以上文中所检索得到的文献为基础，对其进行整理、分类与统计分析，结果如表 2.5 所示。

表 2.5　　　　　　　　研究方法比较

研究方法	2001	2002	2003	2004	2005	2006	2007	2008	2009	合计
理论/综述	2, 38, 1	9, 41, 4	5, 22, 5	3, 30, 3	10, 35, 3	7, 24, 3	9, 33, 3	25, 25, 2	26, 21, 4	96, 269, 28
统计：一手	1, 0, 0	1, 0, 0		1, 0, 0	0, 1, 0	2, 0, 0	1, 1, 0	2, 2, 0	3, 0, 0	11, 4, 0
统计：二手	4, 0, 0	13, 0, 0	6, 0, 0	12, 0, 0	10, 0, 0	11, 1, 0	12, 4, 0	31, 6, 0	42, 6, 0	141, 17, 0
案例：单案	0, 1, 0	0, 2, 0		1, 1, 0	1, 0, 0	0, 1, 0		1, 0, 0	3, 2, 0	6, 7, 0
案例：多案					1, 0, 0		1, 0, 0	2, 0, 0	1, 0, 0	5, 0, 0
计算机模拟							1, 0, 0		1, 0, 0	2, 0, 0
民族志				1, 0, 0						1, 0, 0
社会网络							1, 0, 0			1, 0, 0
元分析									1, 0, 0	1, 0, 0
质性研究							1, 0, 0		1, 0, 0	1, 0, 0
准实验									1, 0, 0	1, 0, 0

注：第一个数值为 BG 值，第二个为企业集团值，第三个为关联企业值。

首先，从类型数量上看，BG 研究所使用的方法类型是最多的，包括了理论推导（综述）、一手数据的统计实证、二手数据的统计实证、单案例研究、多案例研究、计算机模拟、民族志方法、社会网络、元分析方法、质性研究和准实验 11 种具体的方法，但从文献颁布数据可以看出前 5 种是 BG 的主流研究方法，占到了总数的 97.37%，后面 6 类文献之和只占 2.67%，只能算是一些方法上的尝试，并非 BG 研究中的主流方法。其次，从方法偏好上看，以基于二手数据的统计实证分析最为盛行，其次是理论推导，而基于一手数据的统计实证方法居第三位，却只有二手数据统计实证文献量的十四分之一。本书分析个中主要原因是由于 BG 研究所涉及的企业多为上市公司，上市公司有关数据比较容易通过公共渠道如交易所数据库、公司公开发布的公报和年报、国家统计机构或信息服务机构获取，更何况基于这些公共二手数据的研究，其客观性和公信力更强，更具有说服力。因此就没必要再自行收集一手数据。只有当研究对象为非上市公司或者公共信息渠道很有限的情况下，如于、范毅斯和伦辛克（Yu、Van Ees & Lensink，2009）所研究的国有企业的从属企业及其绩效的问题；或者当研究的问题比较独特，仅有的公共数据和信息不足以满足研究所需的情况下，如萨卡和萨卡（Sarkar & Sarkar，2009）所研究的多重董事会身份的问题，以及李和麦克米伦（Lee & MacMillan，2008）所研究的管理知识分享问题等，才借助访谈或调查问卷的方式来获取研究所需的一手资料。最后，从趋势上看，理论推导和基于二手数据的统计实证两类方法呈现出明显的上升趋势，根据近九年的统计数据计算，平均增幅分别达到了 37.80% 和 34.17%，而基于一手数据的统计实证方法和单案例方法则呈现出较弱的上升态势。与 BG 研究相比，国内企业集团和关联企业的研究方法无论是方法数量上、方法偏好上还是未来走势都有很大的不同。第一，在方法数量上，国内企业集团和关联企业研究所涉及的方法种类远远少于前者。企业集团文献只运用了理论推导、基于一手数据的统计实证、基于二手数据的统计实证及单案例四种研究方法，而关联企业文献则更为独特，所有文献所应用的方法全部都可归属于理论推导这一种类型，研究方法非常单一。第二，在研究方法偏好上，国内企业集团和关联企业的研究方法最为主流的是理论推导（综述），特别是关联企业相关文献，全部属于此类研究。即便是研究相对成熟的企业集团文献中这一类研究方法也占了绝对的优势，占总量的 90.57%，由此可见，这也是企业集团研究中的主流方法。其次才是基于二手数据的统计实证研究，这种研究方法偏好结构与 BG 研究的方法偏好刚好相反。事实上，国内研究企业集团的文献虽多，但大多数没有采用计量经济学等定量分析的方法（西、李和王，2010），这是国内现有相关研究中存在的一个极为严重的不足之处。第三，在未来趋势上，企业集团研究中理论推导方法呈现明显的下降趋势，九年平均降幅达 7.15%，关联企业研究中此类方法基本上呈水平走势，波动很小。另外，企业集团研究中基于一手数据的统计实证和基于二手数据的统计实证两类方法均表现出微弱上升的趋势，这将意味着在未来的研究当中这两类研究方法将逐渐占据主导地位,从而接轨国际上的BG研究。

(四) 商业集团的研究范畴与研究方法的匹配

通过前两节的比较,已然可以发现BG、企业集团和关联企业三者在研究主题和研究方法上的一些共性和差异。由于这两部分都是单独进行分析,所以研究主题与研究方法之间并没有交点。本节将对这两者进行交叉分析,进而对BG、企业集团和关联企业三块文献中各个研究主题与研究方法之间的匹配状况进行纵向分析,并对三块文献中相同主题所用研究方法的匹配状况进行横向比较。

表2.6　　　　　研究主题与研究方法的匹配状况

方法/主题	BG与绩效	BG与创新	BG与国际化	BG与环境	综合性	其他
理论/综述	13, 15	4, 20	8, 3, 1	45, 34, 22	20, 141, 4	6, 53, 1
实证:一手	6, 1	1		1	3, 3	
实证:二手	68, 12	6	13	26, 1	17, 3	11, 1
案例:单案	1, 2		1	1	2, 3	1, 2
案例:多案		1	1	2	1	
计算机模拟		1				1
民族志					1	
社会网络				1		
元分析	1					
质性研究				1		
准实验			1			
无全文	11		10	22	9, 4	2, 1

注:第一个数值代表BG,第二个数值代表企业集团,第三个数值代表关联企业。

首先,在BG的研究中,BG与绩效、BG与创新及BG与国际化三个主题所使用的方法均以基于二手数据的统计实证为多,特别是在BG与绩效的研究当中,此类方法占到了76.40%。结合前两节数据分析的结果,即这三个研究主题呈现出上升趋势,且基于二手数据的统计实证也呈现出明显的上升趋势,因此可以预见未来仍将有一大批基于二手数据统计实证分析的此类研究会出现。但在国内的研究当中,只有讨论企业集团绩效相关主题时较为常用这一方法。

其次,在BG与环境这一研究主题及一些综合性研究当中最为主导的方法是理论推导。这或许是因为这一主题中很多外部环境如政治环境、法律环境或是一般意义上的制度环境等，以及公司内部的治理问题与委托代理问题等都是难以量化处理的，也没有现成的数据库可以获得直接的数据而只能借助理论推导的方法。因此这类研究的特点是通过理论梳理和逻辑推理的方式建立概念模型或者提出理论命题等，如迈邦和惠廷顿（Mayer & Whittington, 2004）、奇图尔、雷和奥拉勒等（Chittoor, Ray, Aulakh et al., 2008）、斯坦纳（Steier, 2009）和阿尔布开克和王（Albuquerue & Wang, 2007）等就是比较典型的此类研究。

与 BG 研究形成鲜明对比的是国内企业集团和关联企业的研究所有的主题对应的主导方法均为理论推导方法，只有企业集团文献中少量涉及企业集团与绩效、企业集团与环境以及部分综合性研究中运用了 BG 研究中最为主流的二手数据统计实证方法。因此国内相关研究在研究方法与研究主题的匹配上仍有很大的空间可以挖掘，国内研究人员可以借鉴 BG 研究中的主流匹配，尝试在我国特定情境下的类似研究。但本书也注意到这一空间有逐渐变小的趋势。因为本书通过计算各年份企业集团研究所用方法的比例及其变化情况后，发现历年来 BG 各主流方法上文献分布的比例虽波动较大，但总体上属于水平波动，而企业集团研究中，理论推导方法上文献分布比例呈现出明显的下降趋势，从 2001 年的 97.44% 逐渐降至 2009 年的 72.41%，降幅在 25 个百分点以上。同时，基于二手数据的统计实证方法的比例呈现出明显的上升趋势，从 2006 年至 2009 年短短的四年里，由 3.85% 升至 20.69%。随着企业集团研究中这两个趋势的延续，它与 BG 研究在方法匹配方面的差异应该会变得越来越小。

最后，值得一提的是基于一手数据的统计实证方法，虽然目前只有在 BG 与绩效的相关研究中相对比较多见，在其他主题的研究上应用较少。然而本书认为随着 BG、企业集团和关联企业研究的深入，应用这一类方法的研究将会不断增加。譬如血缘关系、传承传统和职业伦理对 BG 形成及特点的影响［布伦（Buillen, 2000）］；研究公司战略及管理特点对 BG 重组的影响（霍斯金森等，2004），以及 BG 从属企业整合与共享资源的过程与机制［摩西塔玛（Mursitama, 2006）］等这样一些有待于进一步研究的方向，都将不可避免地需要 BG 层次或者 BG 从属企业层次上的更为隐性的数据，甚至有些是主观认知方面的数据等，这些数据往往不像面上数据有统一的统计口径，难以从数据库或其他二手材料中获取充分信息，因而实地收集数据的方法及基于此的统计实证将显得必要。目前，运用基于一手数据的统计实证方法开展上述问题的研究仍然具有相当的前瞻性。

通过前文对 BG、企业集团及关联企业三者内涵与外延、研究主题、研究方法及主题方法匹配状况的比较，本书认为有两个基本认识是成立的。其一，国内企业集团的概念不能等同于 BG 的概念，国内所指的企业集团属于狭义上的 BG，而由关联企业所组成的联合体则对应于一般意义（折中派观点）上的 BG。这一认识对于推进 BG 的研究非常重要。因为在我国存在着大量的小规模企业联合体，或存在着股权控制关系、经营性控制关系和家族控制关系中的一种或两种，也或者三者兼而有之。这些联合体的存在不仅对个体企业的成长有影响，而且对其所在的集群发展，甚至区域经济均有一定的影响作用。而目前国内研究只将视线聚焦于主要以股权为联系纽带的大型企业集团，忽略了其他两种类型。所以，作为未来的 BG 研究理应重点关注后面两种类型的讨论。在命名上，为避免与原有企业集团的概念混淆，可以将 BG 译为商业集团，用来指代国内关联企业联合体，并对其进行具体的界定或加注说明，以区别于国内的企业集团概念。其二，国内对企业集团的研究相比于关联企业而言要充分的多，虽然企业集团相关研究在研究主题和研究方法等方面与 BG 有量的差异，但总体框架还是比较相似。而关联企业则不同，不仅在研究主题的框架上有很大差异，所使用的研究策略和方法也非常单一。如果真如前文所发现的那样，即关联企业的联合体（本书称之为商业集团）对应于一般意义上所讲的 BG，那么未来的研究就可以在企业集团和国外已有的 BG 研究主题及其匹配的研究方法的基础上开展所谓的商业集团的研究。这将是一个有很大发展空间的研究领域。

以上比较存在着以下几个不足的地方有待于下一步研究加以完善：（1）受数据库建设程度的限制，一些文献因无法获取全文而未能对其所运用的研究方法进行分析，可能会在一定程度上影响研究策略分析这一环节数值的准确性。但由于缺失文献比例较小，不会对总体结论造成重大影响。未来的此类研究可以在有条件的情况下开展更为精确的对比分析，分析的内容也可以再进一步地进行扩展；（2）对研究的核心范畴与主范畴编码分析缺乏信度检验。由于此项研究涉及的工作量大而相关领域的研究人力又极为有限，编码工作仅由本书作者自行完成，由此可能会对编码的信度产生影响。如果在条件允许，资源充裕的情况下可以由三人同时进行编码，并进行信度检验，其结果会更加稳健；（3）未能对新兴经济与发达经济条件下的 BG 研究主题进行比较。相比于发达国家而言，BG 在新兴经济或转型经济中更为常见，这主要是因为在新兴经济或转型经济中制度供给相对不足，环境动荡性较强，而 BG 能够从某种程度上克服这种不足。但是，随着新兴经济中的制度建设，制度供给和市场发展日趋完善，BG 存在的价值就会不断地下降，其结果是 BG 的某些特色功能黯然失色〔卡尼（Carney, 2005）〕。但我们也注意到即便是在发达经济中 BG 同样也存在，并未因此退出历史舞台，可见在发达经济中 BG 仍然有其特定的价值。只是由于制度和市场的发展与完善的程度不同，可能会使 BG 在新兴经济与发达经济中有不同的功能与作用。与此相应地，针对新兴经济中的 BG 研究与发达经济中的 BG 研究也可能会存在差异。若能对此进行对比分析，或许能有其他新的发现。

四 商业集团研究领域的未来研究展望

前文中通过科学归纳的方法对 BG 的定义进行了界定，并将其与企业集团、关联企业、战略联盟和联合大企业等相关的概念进行了区分，旨在对本书的研究对象有个比较清晰的认识。之后，本书就 BG 的类型、形成的原因、产生的后果、BG 研究的主题、研究方法以及主题与方法匹配问题逐一进行了回顾。这对于本书研究问题的定位、研究方法的选择及锁定本书研究的主要贡献非常重要。在简要小结前文内容的基础上，本书认为 BG 未来的研究有以下四个有参考价值的方向：

第一，从属于 BG 对企业绩效的影响依然是极具魅力的主流问题。一直以来学者们对 BG 从属关系的绩效效应保持着极高的热情，至今未衰。但随着研究的推进，研究的问题也越来越具体。未来的研究需要更好地回答"谁？""如何？""为什么？"一些企业更能从集团从属关系中受益（卡尼、夏皮罗和唐，2008）。

第二，具有国别特色的制度情境的作用有待进一步检验。尽管总体上现有研究表明新兴市场的制度环境有利于 BG 发挥积极效应，但有些新兴经济中却不是这样。同样是新兴经济国家，但具体的制度环境存在较大的差异。因此，对于集团从属关系与企业绩效或创新之间关系的研究结论需要结合集团所在市场的具体情况，特别是有国别特色的制度情境进行检验。如在卡纳和里夫金（2001）研究的基础上，把 14 个样本国家分成有积极效应和负面效应两组进行组内和组间的对比分析，兴许会有新的发现。

第三，从属关系对创新的影响的相关研究有待加强。集团对于集团层面及产业层面的创新绩效有很大程度的影响（迈哈姆特和李，2004；迈哈姆特和米切尔，2004）。不仅如此，集团从属关系对于从属企业的创新也肯定是有影响的，一些学者在此方面做了些许尝试：张、钟和迈哈姆特（2006）通过比较韩国和中国台湾这两个新兴经济体中企业集团从属企业和独立企业的创新性，发现在韩国企业集团从属企业要优于独立企业；贝兰松和贝尔科维茨（2007）研究了产业性质对集团与企业创新关系的影响；谢、叶和陈（2010）从集团自身的三个特征因素（多元化、家族关系和内部所有权）出发检验了它对企业创新的影响等。但总体上看，相比于企业集团与绩效关系的研究而言，研究企业集团与技术创新之间关系的文献要少得多。未来的研究可以就此再进一步的挖掘从属关系的创新效应。

第四，跨层次的研究将显得特别有意义。从研究的层次上看，特别是实证研究的文献在集团和企业两个层次上的研究都有。在集团层次上，关于企业集团自身的一些特征因素对企业创新的影响仍然处于起步阶段，所做的研究并不多见，因此未来的研究可以从集团层次探讨其作用及作用的机制问题。但从趋势上看，趋向于把 BG 打开，将 BG 视为一种网络或者情境在从属企业层次上研究集团从属关系绩效效应的差异性。从以上可见，集团和企业两个层次均有很大的研究空间，并且把两个层次结合起来开展跨层次的研究在目前这种情形下显得特别有意义。

第二节 组织合法性研究综述

从理论上讲，学者们对组织合法性的研究有两套做法。其一，是遵循原有制度理论的研究传统（如迪马乔和鲍威尔，1983；迈耶和罗恩，1991；迈耶和斯科特，1983a；鲍威尔和迪马乔，1991；朱克，1987），这类研究一般采取超然的立场，不是站在组织的立场来研究组织合法性的问题，而是从产业层面（中观）强调产业结构动态性所导致的制度压力和文化压力，或是从更为宏观的层面强调制度和文化对组织形成压力。其二，另一部分学者的研究则是遵循战略管理研究的传统（阿什福思和吉布斯，1990；道林和普费弗，1975；普费弗，1981；普费弗和萨兰西克，

1978），站在组织的立场来讨论组织如何才能获得社会支持。因此，可以说组织合法性的研究主要有两个研究视角，一个是新制度理论视角，具体而言是社会学新制度理论的视角；另一个是战略管理的视角。这两个视角下的组织合法性研究分别形成了新制度理论学派和战略管理学派。两个视角或学派总体而言，有两个区别是比较明显的：第一，看问题的角度不同。制度理论的学者所采取的角度是从社会向组织内看，而战略管理领域的学者所采取的角度是以组织管理者的身份，由组织内向外看埃尔斯巴赫（Elsbach，1994）。这也是前面所述两套做法的最大区别之所在。第二，制度理论学者讨论组织合法性时比较多地关注制度及制度构建本身的问题，把组织构建合法性看做理所当然的。而战略管理学者则更多地将组织合法性视为组织的一种关键性资源，能够给组织带来良好绩效和竞争优势。所以，在制度理论视角下，组织获取合法性的过程往往是一个被动适应的过程，而在战略管理视角下，组织获取合法性有充足的动力，其合法化过程往往是一个积极作为的过程。

按理说，可以将现有文献分成两个不同的群组，再分别对这两个学派中组织合法性的研究进展进行回顾。但事实上，本书发现这两类文献往往是交叉在一起的，正如萨奇曼（Suchman，1995）所指出的那样，这两类文献往往是相互渗透，而难以完全割裂开来。因此，不是所有问题均能从两个视角分裂开来综述，如合法性的概念问题等往往都是沿袭制度理论的传统，而鲜有从战略管理的角度对其进行重新定义。鉴于此，本书在综述时，就一些有明显视角差异的问题将分视角来加以说明，不加视角说明的均视为两个视角下共性的认识。

一 组织合法性的概念界定与维度划分

（一）组织合法性的概念界定

尽管现有研究中很多研究人员使用了合法性这一概念，但很少会去具体地定义它。从已有的一些研究中可以发现，部分学者对于合法性的理解是片面的，对概念的界定也往往只涵盖了现象的某一个方面而有失全面。为此，本书认为有必要先对于组织合法性的概念进行较为系统性地回顾，这样有利于正确认识组织合法性的问题，也有利于后续研究的开展。

最早提出组织合法性概念的是韦伯（Weber）。韦伯（1958；1968）在讨论官僚行政组织的研究中首先使用了合法性一词，用来表示组织活动与强制性规则和结构的一致性。之后，帕森斯（Parsons，1960）认为合法性的焦点不应只是权力系统，合法性还包括组织价值观与所嵌入社会情境中价值观的一致性。他认为合法性是组织行动为社会系统中共享的或普遍的价值观所认可的程度。新制度主义（neoinstitutionalism）进一步发展了合法性概念，进一步强调了社会认知系统的重要性，认为由于人们决策的有限理性和环境不确定性，人们难以直接判断组织的价值和可接受性，往往依据组织与制度的一致性判断组织合法性。阿什福思和吉布斯（1990）、道林和普费弗（1975）、迈耶和斯科特（1983a）及斯科特（1991）等均将合法性定义为价值观、规范和社会期望与组织活动和产出之间的一致性。

在以往的文献中，合法性的定义常常以这样一些词语来描述它，如可接受性或接受［布朗（Brown，1997，p.664）；诺克（Knoke，1985，p.222）；迈耶和罗恩，1977，p.351］，或者是理所当然［卡罗尔和汉纳（Carroll & Hannan，1989）；迈耶和罗恩，1977］，再或者是合理性、适当性和一致性等（布朗，1998；道林和普费弗，1975；迈耶和罗恩，1977）。在这样一些学者对合法性的认知基础上，萨奇曼（1995，P.573）给出了合法性的一个包容性的定义，即一个实体的行动在一些社会建构的标准、价值观、信仰和定义系统中是令人满意的和合适的。萨奇曼的定义被后来的研究广泛采用，属于认可程度比较高的合法性定义之一。本书分析萨奇曼对合法性的界定得到以下两个认识。

第一，组织合法化的手段是通过满足和遵从社会系统中规范、价值观、规则和期望［赫希和安德鲁斯（Hirsch & Andrews，1984）；帕森斯，1960］的方式来实现。也就是说，一个企业或组织若想获得合法性，就需要成功地遵循制度环境的要求，采取特定环境中政治和法律所希望或规定的市场行为，以及采取普遍认同的信仰系统，只有这样才能获得组织合法性（斯科特，2003）。

第二，组织的行为并不需要遵循所有社会系统中的标准、价值观和信仰等。这是因为制度环境的多样性，组织不可能使活动或行为与所有的制度环境均保持一致性。并且，组织也没有必要这样去做，因为这样做需要遵循的规则和标准过多，从而会使得组织活动受到很大的约束，不利于组织活动的开展。因此，对于一个组织而言，需要努力与一定群体的规则、价值观和信仰系统保持一致性。这个群体的大小或规模对于不同组织而言是有差异的。一个重要的参考标准就是使得这个群体的规模达到足以支持组织正常运作和健康发展。并且，从关系上讲，这个群体与组织是密切相关的，他们往往是组织现有资源的提供者或者是潜在的资源提供者［霍利（Hawley，1968）］。一个组织至少需要在这些群体中构建并保持合法性，从而能够保证组织所需资源的供给，维持组织的生存与发展。

（二）组织合法性的维度划分

合法性是一个比较模糊的概念，这使得人们对它的理解总是模棱两可的。正因如此，有关合法性的经验性研究到目前为止仍然比较少见。但随着近些年研究人员对合法性的类型识别和维度划分等研究工作的深入开展，人们对合法性有了越来越清晰地认识。为便于后续研究中有关组织合法性的经验性研究的开展，本书对国内外相对具有较大影响力的相关文献进行了回顾，以时间先后顺序对组织合法性的维度划分、各维度的含义以及进行这样划分的意义进行了简要的总结与提炼，具体如表2.7所示。

表2.7　　　　　　　　组织合法性的类型及其意义

文献	视角	维度	描述	意义
帕森斯（1960）	文化—制度视角（cultural - institutional）	制度层次合法性、管理或治理层次合法性、技术或产品层次合法性	制度层次是指组织与环境关联起来；管理层次是指管理者获得认可并能获取技术生产系统所必需的资源；技术层次则指从投入到产出的转变，保证产出获得认可	从文化制度观的角度把合法性的范围从组织中的权威系统扩展到了与权威系统相关的要素
辛等（1986）	生态和制度视角（ecological - institutional）	内部合法性；外部合法性	内部合法性：原文用的是内部协调过程，指成员之间相互协调他们在组织内的角色；外部合法性是指外部授予的身份地位	比较了内部合法性与外部合法性对组织生存的重要程度，证明了外部合法性的更加重要
萨奇曼（1995）	制度和战略双重视角（institutional - strategic）	实用合法性；道德合法性；认知合法性	实用合法性在于符合组织利益相关者的利益；道德合法性在于人们对企业及其活动是否符合道德规范的评价；认知合法性是外部群体基于一些文化因素理所当然地认为组织的存在是必需的或不可避免的，从而接受它	对之前合法性的相关文献进行了综合分析，将管理者、产出、过程等合法性纳入到道德合法性的范畴，尝试性整合以往合法性的分类

续表

文献	视角	维度	描述	意义
斯科特（1995）	制度视角（institutional）	规制合法性；规范合法性；认知合法性	规制合法性指遵守现有的法律和法规；规范合法性指遵守既定的规范和价值观；认知合法性则指的是社会的信仰和价值系统（DiMaggio&Powell，1983）	清晰地界定了合法性的三个维度，有利于实证研究的开展。但这种框架下规范合法性和认知合法性的区分度不高，给后续研究带来困扰
吕夫和斯科特（1998）	战略管理视角（strategic）	管理合法性；技术合法性	前者是对组织机制如人事管理、会计实践以及管理人员的结构和执行规则的规范性；技术合法性是聚焦于核心技术方面，包括对职业资格、培训项目、工作程序和质量保障机制的规范性	在帕森斯（1960）的基础上，进一步探讨了管理和技术两种形式组织合法性的前因与后果，以及两者对组织生存的影响
奥尔德里奇（1999）	制度视角（institutional）	认知性合法性和社会政治性合法性	前者是指新生组织被当作环境中正常产物，后者是指新生组织的正当性被重要的风险投资家、一般公众、意见领袖和政府所认可	识别了组织获取外部合法性的操作对象，这些对象的认可体现了规制和规范的合法性
齐默曼等（2002）	战略管理视角（strategic）	规制合法性、规范合法性、认知合法性和产业合法性	产业合法性指产业存在的历史给产业中的组织所带来的合法性，产业存续时间长，存在价值越明显则产业中的组织合法性越高。其他同斯科特（1995）所提出的观点	提出了产业属性对组织合法性的影响，为新创企业合法性获取提供了一种补充性解释
高丙中（2004）	制度视角（institutional）	社会合法性、法律合法性、政治合法性和行政合法性	社会合法性是由地方传统、当地的共同利益和共识的规则或道理三者赋予的合法性；行政合法性是一种形式合法性，其基础是官僚体制的程序和惯例遵守行政部门（国家机关或具有一定行政功能的单位）及其代理人制定的规章、程序；政治合法性是一种实质合法性，它表明某一社团或社团活动符合某种政治规范；法律合法性是一种刚性要求，指团体要得到法律认可	以社会团体为例识别出了四种不同类型合法性的基础，为社会团体合法性构建指出了详细且具有可操作性的出路

续表

文献	视角	维度	描述	意义
达钦等 （Dacin et al.） （2007）	制度视角 （institutional）	市场合法性、投资合法性、关系合法性、社会合法性和联盟合法性	市场合法性：指的是在特定市场从事业务的权利和资格；关系合法性：指的是成为合伙人的价值；社会合法性：指的是公司遵守社会规范和与社会期望的一致性；投资合法性：指的是业务活动的价值；联盟合法性：战略联盟的有效性或适当性	提出战略联盟对企业合法化的重要功能，具体识别出了五种类型的战略联盟合法性及其形成的具体条件，这些不同类型合法性的具体条件为战略联盟中的企业构建合法性指出门槛要求，具有重要的实践意义

资料来源：本书根据相关文献整理所得。

在回顾以往学者对合法性维度划分的基础上，本书注意观察了学者们的研究视角、划分标准及继承关系，得到以下三个基本认识。

第一，关于研究视角的问题。如前文所述，合法性研究的两个主流视角是制度视角和战略视角，这一点从表2.7中也可以进一步得到印证。仔细观察一下制度视角和战略视角下的维度划分，似乎看不出有太多的差异。两类文献对合法性维度的认知具有很多的相似性，相互之间交叉使用，还具有一定的继承和发展关系，这一点将在后文中继续分析。

第二，关于划分标准的问题。在表2.7中没有对不同学者的划分标准进行回顾，这是因为尽管研究人员采取的视角不同，但对于合法性的维度划分均体现出一个共性的特征，即根据合法性来源的不同对合法性进行划分。无论是两分法中的内外之分或管理和技术之分，还是三分法中规制、规范和认知之分等均指出了合法性的具体来源。因此，根据合法性的来源来进行维度划分成为此类研究中达成的一个共识。可以预见未来的研究中还将一定程度上延续这一划分标准。

第三，关于合法性的具体维度问题。截至目前，合法性的维度仍然层出不穷，研究人员可以根据自己的研究需要，对合法性进行维度划分。但从表2.7中可以看到，一些学者对维度的划分还是存在着一定的继承关系的。具体而言，在合法性的两分法中，类似地还有国内学者赵孟营（2005）的研究，他把组织合法性又分为了内部合法性和外部合法性，与辛等（1986）的划分极为相似，但对于维度的认知上与辛等（1986）是有差异的，赵孟营（2005）所指的内部合法性是指组织所获得的组织内部成员的承认、支持和服从，而辛等（1986）的内部合法性指的是内部组织变革和首席执行官的更替等。再如吕夫和斯科特（1998）的研究认为从规范合法性的角度可以把合法性分为管理合法性和技术合法性两个方面，而规制合法性则是融入在管理和技术合法性之中的。所以，从这个意义上讲，吕夫和斯科特（1998）对合法性的划分部分地继承和发展了帕森斯（1960）的划分思想。奥尔德里奇（1999）的研究虽然总体上只把新生组织的合法性分成了认知性合法性和社会政治性合法性两类，但社会政治性合法性包含了规范合法性和规制合法性。因此，从本质上奥尔德里奇（1999）对合法性的分类是沿袭了斯科特（1995）的做法。类似地，还有齐默曼等（2002）的研究也是对斯科特（1995）所做的一种补充，很大程度上也是继承和发展了斯科特（1995）的划分思想。

从以上分析中不难看出，尽管合法性的维度多种多样，但相对而言，认可度比较高的是斯科特（1995）对合法性的划分。除了以上有关联的研究之外，在奥尔德里奇和费奥尔（Aldrich & Fiol, 1994）及亨特和奥尔德里奇（Hunt & Aldrich, 1996）的研究中同样也得到了延续。所以，采用斯科特（1995）的维度划分开展相关研究是比较稳健的一种做法。

二 组织合法性的前因与后果

（一）组织合法性的前因分析

回顾现有文献发现有很多学者对组织合法性的前置因素进行过讨论，但由于学者们研究的问题不同，对于组织合法性的理解和维度划分也有很大的差异，因此对于组织合法性的前置因素的关注重点也就不同，从而从不同侧面提出了对组织合法性有重要影响的因素，需要对这些因素与合法性之间的关系进行梳理。

第一，组织年限的影响。组织存续的年限对于组织合法性而言是很重要的 [鲍姆和奥利弗（Baum & Oliver, 1991）]。从制度视角看，能够较好地遵守特定团体协议的组织将被该团体视为合法的 [希勒和李（Sherer & Lee, 2002）；迪马乔和鲍威尔，1983；迈耶和罗恩，1977]。这种协议对于该团体而言是一种共享的制度要求，这种制度化要求将去塑造制度环境中的组织。最后，只有那些塑造成功，符合制度要求的组织才能长期生存下去，而不能为这种制度化要求所塑造的组织将被淘汰。所以，组织存续年限越长说明组织越具有合法性。而从战略视角看，组织在发展过程中会不断地通过实践活动和学习逐渐积累组织应对制度环境的经验，尤其是对于一些重复发生的问题，组织能够准确地把握并做出应有的反应，从而使组织获取合法性。所以，从这个角度讲，组织存续年限越长，其合法性也会增强。

第二，多元化水平的影响。组织多元化水平在有的文献中也称为市场利基范围［汉纳和弗里曼（Hannan & Freeman, 1989）］，它是影响组织合法性的重要因素［弗里格斯坦（Fligstein, 1991）］。很显然，这是战略视角下的观点。笼统地讲，似乎很难把多元化水平与合法性联系起来，因此需要进一步将合法性具体化之后再来理解两者的关系。吕夫和斯科特（1998）认为多元化水平与组织的管理合法性正相关，而与技术合法性没有显著关系。这是因为多元化之后，对于组织的管理团队建设和管理水平提出了很高的挑战。一个组织成功实施多元化战略将意味着组织的管理能力是出色的，从而能够得到相关群体的认可，外部受众对组织的管理活动也将会给予较多的支持，并因此获取较高的管理合法性。但多元化对于组织的核心技术方面不能产生直接的影响；相反地，那些专业化的组织在核心技术方面更容易引起外部受众的注意，相对更加相信其技术能力，对组织核心技术方面的认可程度较高，从而表现为较高的技术合法性。

第三，慈善捐赠活动的影响。盖拉斯科维奇（Galaskiewicz, 1985）认为组织的慈善捐赠活动会对组织合法性产生影响。类似地结论在有关社会责任的研究文献中也能找到。组织从事慈善捐赠活动属于组织在履行社会责任，而社会责任能提高企业的合法性（戴维斯，1973）。其中的逻辑是社会责任可以改善利益相关者关系，得到利益相关者的支持，从而使利益相关者对其行为与社会制度环境的一致性感知得到提高，继而有利于企业获得道德合法性和认知合法性等。因此，慈善捐赠活动与组织合法性也具有一定的正向关系。并且，在多数情况下慈善捐赠属于组织的积极主动行为，而不是被动适应的措施。因此，也符合战略视角的特征。

第四，战略联盟的影响。达钦、奥利弗和罗伊（Dacin、Oliver & Roy, 2007）从制度理论视角提出战略联盟有使企业合法化的重要功能。当市场进入和生存依赖于权力当局与政府及其他关键参与者的授权时，或者当企业缺乏市场经验和良好的市场声誉时，企业可以通过进入战略联盟以获得市场合法性。当很难接近某些有吸引力的伙伴或良好的声誉时，企业可以通过加入战略联盟以获取关系合法性。当企业受制度环境严格监管或者当企业的成功需要社会责任感形象时，或者当企业的活动或产品是高度可见的且具有争议性时，企业可以通过加入战略联盟获取社会合法性。当企业业务活动未能为其他企业成功接受或者当它的业务在过去未能被核心企业成功接受时，企业可以通过加入战略联盟以获取投资合法性。当战略联盟形式的运用对于产业或企业而言还很鲜有，或者当联盟形式的认可对于获取其他类型的合法性很重要时，企业可以通过加入战略联盟以获取联盟合法性。战略联盟可以提高组织合法性这一结论的成立表明了合法性的一个重要的特点，即合法性具有传递性。这对于新创组织而言是非常重要的。一个新创组织往往缺乏合法性，在这种情形下新创组织的一个重要的战略举措就是加入战略联盟。通过这个联盟网络，可以赋予新创组织多种类型的合法性。当然，战略联盟对新创组织合法性的影响程度与联盟成员的合法性基础有很大关系，即联盟成员的合法性基础越强，赋予新创组织的合法性也越高。

第五，组织规模的影响。鲍姆和奥利弗（1991）的研究认为组织规模对于合法性而言是重要的，关系是明确的。而迪普豪斯（Deephouse，1996）的研究发现规模因素不会显著增强规制合法性，而会导致认知合法性的下降。而且，规模是否会对规范合法性有积极影响尚不明显。比较两者的观点可见，规模对于合法性的影响是不确定的。本书认为导致规模对合法性混合性影响的原因可以从一个社会或区域主导的制度逻辑来解释，即主导的制度逻辑不同，组织规模对合法性的影响也就不同。例如，当主导制度逻辑做大做强，那么随着组织规模的扩大很显然将会增强组织的合法性。本书认为如果将主导的制度逻辑纳入进来考虑，将更有助于解释两者之间的关系。

除了以上分析的五个前置因素之外，迪普豪斯和卡特（Deephouse & Carter，2005）将遵守规制、同构和财务绩效也视为合法性的前因，本书认为这是不合适的。因为严格来讲，前两者是属于制度视角下组织获取合法性的两种机制。遵守规制属于强迫性机制，而同构属于模仿性机制。这在后文有关组织合法性获取策略中将进一步分析。而财务绩效对于提高组织合法性其实没有显著的相关性，迪普豪斯和卡特（2005）他们自己的实证检验结果也表明了这一点。更多文献中一般将财务绩效作为合法性研究中的因变量来研究，至于这两者之间的关系将在后文有关组织合法性的后果一节中再行阐述。

（二）组织合法性的后果分析

在关于组织合法性的后果的讨论中，关注的焦点始终在于合法性与组织生存或绩效之间的关系上。本书通过现有研究成果，发现学者们就这两者的观点基本上可以分为以下三种观点。

第一种观点，合法性有利于提高组织绩效，有利于组织发展。特别是对于新创组织而言，由于缺乏以往的历史经历可供相关群体参考，因此难以证明自身存在的意义，这种情形下如果不能及时构建起自己的合法性将有可能导致组织的消亡。因此，齐默曼和蔡茨（2002）指出合法性可以促进新企业的资源整合与成长，其作用不亚于资本、人力资源、顾客意愿、工艺技术以及网络等，以此来强调合法性构建对于组织成长的重要性。塞尔托和霍奇（Certo & Hodge，2007）的研究从某种角度上进一步印证了这一观点，他们发现投资者对高管团队声誉及组织合法性的感知（perceptions）会影响他们对企业未来绩效的感知。这也就是说，投资者作为资源的拥有者和提供者往往会将一个组织的合法性感知与绩效感知联系起来，而作为投资者的一个潜在的理性假定是他们是注重投资回报的，因此未来组织绩效的预期是其关注的利益焦点。基于这一逻辑，可以推断合法性强的组织将更有可能赢得投资者的青睐，从而使组织更容易获得发展所需的各种资源。更进一步地，一些学者还在合法性的具体维度上讨论了后果。吕夫和斯科特（1998）将合法性分成管理合法性和技术合法性，并考察了两个维度对医院生存和发展的影响，其结果表明，管理和技术两种形式均能显著提高医院生存概率和提供更多发展机会。库玛和达斯（Kumar & Das，2007）讨论了联盟合法性，它是联盟有效性和适当性的重要特征，联盟合法性强的一个主要有利结果就是促进成员之间的合作行为。由于联盟合法性的存在，使得联盟成员按照一套共享的并且还在一定程度上内化在各个组织之内的联盟职责框架下行事，而不是按照狭隘的自我利益行事。其结果可以大大减少成员之间的交易成本，从而有利于成员组织的发展。

第二种观点，认为合法性会对组织绩效产生不利的影响。如巴雷托和巴登-富勒（Barreto & Baden-Fuller，2006）考察了葡萄牙银行在1988年到1996年间设立分行的行为，发现银行会去模仿那些合法性强的集团进行分行设置，不管这些可能的选址是具有吸引力的，还是不具吸引力的都会模仿。结果发现模仿性的设立分行的行为对银行的营利性有负面的影响。上例中的银行行为显然是合法性驱动的，在这种驱动力下组织的模仿性同构会较少地考虑行为的绩效效应。换句话说，合法性导向的组织中往往是基于社会正当性的规范性理性（normative rationality）进行决定，而不是基于营利性的经济合理性（奥利弗，1997）。此时组织的决策从经济理性的角度来看可能是不恰当的，因为基于合法性的模仿能使组织提高他们生存的可能性（迪马乔和鲍威尔，1983；迈耶和罗恩，1977），但这种生存的可能性是以牺牲绩效为代价而获得的［亨德森（Henderson，1999）］。然而，并不能因此认为这种合法性驱动的行为是不可取的。虽然一些特定的合法性行为会对组织绩效产生负面的影响，但却能在组织面临不利情境时保证一定的内部或外部支持。可见，合法性驱动的行为并非一无是处，它有很重要的防御性或保障性作用。而组织要做的是在合法性和绩效之间进行适当的权衡，两方面兼顾这才是最重要的。

第三种观点，合法性与组织绩效之间并非线性关系，而是倒"U"形关系。传统的制度理论以及后来的新制度经济学一般认为组织间相对同质性对组织绩效很重要，而战略管理中的一些理论，如企业能力理论则认为，组织间的差异化与组织成功有积极的作用。前文中有关合法性与绩效之间关系的冲突性结果也在一定程度上说明两者之间可能并非是线性关系。进一步地，本书在近来的一篇文献中找到了一些证据，如富士腾来切尔和梅拉希（Forstenlechner & Mellahi，2010）的研究提出，适度的战略相似性与绩效是正相关的。换句话说，相似性与组织绩效之间是倒"U"形关系，太多和太少相似性对绩效均有负面影响。上述研究的结果实际上就说明了合法性与绩效之间可能是倒"U"形关系的观点。当然，这只是近年来最新研究表现出来的观点，仍然需要后续研究的跟进与佐证。

本书认为，要使得合法性与组织绩效之间关系的论证更加稳健，还需要考虑两个方面的问题，即时间因素和环境因素。首先，要考虑时间维度的影响，即长期和短期内合法性对组织绩效的影响。是从哪个时间角度来讨论两者关系的这个问题很重要。长期来看合法性是有利于组织绩效的，而从短期来看则可能是不利的。其次，要考虑环境因素的影响，包括制度环境，如吕夫和斯科特（1998）的研究表明管理合法性和技术合法性对医院的生存和发展的影响效果取决于制度环境的性质，这意味着不同的制度环境中合法性的绩效效应可能是不同的；还包括技术环境，如尚恩和富（Shane & Foo，1999）的研究表明合法性的作用对于在快节奏的技术环境中的新创企业的成功尤其重要，这就意味着技术环境的特征也会影响合法性对组织生存和发展的效果。因此，在后续研究中把这些因素纳入到组织合法性后果的研究中来,对于推进合法性理论是很有意义的。

尽管目前为止学者们对于合法性的后果有不同的声音,但有一点是确定的,即一定水平的合法性对于组织生存和发展是必不可少的。如果一个组织的行动或结构不能满足社会期望,受到合法性质疑和挑战,将会给组织造成极为不利的影响。组织可能因此失去进入市场的自由,甚至是退出特定市场[布朗,1994,1998;菲利浦和朱克曼(Phillips & Zuckerman,2001)]。而如果这种合法性挑战来自于能发挥强制性权力或动员其他社会成员的组织时问题更大[斯廷奇库姆(Stinchcombe,1968);韦伯,1968]。例如,一个医院缺乏卫生组织鉴定联合会的鉴定,将不能参加美国政府医疗计划或者许多州的医疗计划[吕夫和斯科特,1998;韦斯特法尔等(Westphal et al.,1997)]。

回顾完了组织合法性的前因与后果之后,本书尝试性地将现有文献讨论的结果勾勒成一张简单的因果关系示意图,如图 2.3 所示。

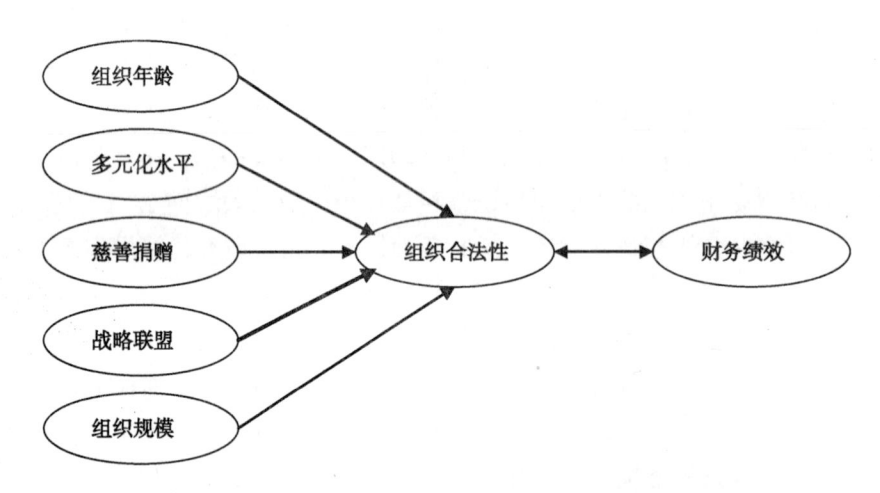

图 2.3　现有文献中组织合法性的前因与后果关系图

三　组织合法性的获取策略

早期制度理论认为企业应该被动与制度保持一致性,因此在早期有关组织合法性的研究中,认为那些能够较好地遵守制度的组织被相关群体视为合法的(谢勒和李,2002;迪马乔和鲍威尔,1983;迈耶和罗恩,1977)。而那些不能遵守制度的组织将被淘汰,这实际上是一种强制意义上的合法性机制，在这种机制中组织行为和组织形式都是制度所塑造的，个体组织没有什么自主性和选择性，遵从似乎成了唯一的合法化策略，因此这个时期合法性也被称为遵从合法性（conforming legitimacy）。在这种情形下，组织承受着很强的同构压力。组织趋同的形式主要有三种，即强制趋同、模仿趋同和规范趋同（迪马乔和鲍威尔，1983）。第一，强制趋同，指的是来自政府的法律与法规和主导组织的标准程序等，这些是组织存续所必须要遵守的，强制性程度非常高，所以也迫使组织在这些方面要具有相当的一致性。第二，模仿趋同，指的是组织模仿其所在行业或所在领域内那些成功组织或典型组织的行为和结构，组织希望通过模仿他们来获取合法性，而从制度的角度看，制度塑造了典型并通过典型塑造了其他组织的行为和结构。第三，规范趋同，是指环境中共享的价值观和思维模式对组织行为和结构所产生的影响，组织是在不知不觉中被同构。如雇佣专业化员工、采用标准化的作业程序或者进行规范管理等。组织通过适应这些制度的管制、规范和认知而获得合法性（吕夫和斯科特，1998；道林和普费弗，1975；鲍威尔和迪马乔，1991；迈耶和斯科特，1983；斯科特，1995）。

发展到了新制度理论之后，学者们有了新的认识，新制度理论学家认为组织有能力操纵和应用唤起符号（evocative symbols）来积极地获取合法性（萨奇曼，1995；齐默曼和蔡茨，2002）。在这种情况下，合法性也被认为是一种运营资源，它能够通过操纵外部受众感知的战略行为从环境中预先抽取出来（阿什福思和吉布斯，1990；道林和普费弗，1975；萨奇曼，1995），这些战略行为包括塑造环境或操纵环境等。这种类型合法性的获取与前文所述的遵从合法性有很大的不同，它不是依赖于组织的被动特征，而是依赖于组织积极的行为获取的。学者也将这种合法性称为战略合法性（strategic legitimacy）。同时，新制度理论还提出要根据制度情境选择合法化战略谱施［迪德等（Deeds et al., 1997）；斯科特，1995；萨奇曼，1995］。其中奥利弗（1991）在这方面是最早的理论贡献者之一，他提出组织在面对制度趋同压力时，是采取被动默许战略还是主动的妥协、回避、反抗或操纵战略，取决于组织感知、制度与组织目标一致性、管制的强制实施程度、价值观影响程度、环境不确定性等制度情境因素（奥利弗，1991）。

在组织合法化战略的研究上，本书认为奥利弗（1991）的研究是现有组织合法化战略框架当中最具雏形的一项研究。奥利弗（1991）曾按照组织相对于环境的主动性程度，从低到高依次把组织应对制度环境的战略具体划分为默从战略、妥协战略、回避战略、抗拒战略和操纵战略五种。其中每种战略又分别包含不同的战术选择，如默从战略包括适应、模仿和顺从战术；妥协战略包括平衡、安抚、讨价还价战术；回避战略包括隐藏、缓冲和逃避战略等。在此之后，萨奇曼（1995）依据组织对环境的战略主动性影响差异，提出了遵从、选择、操纵三种合法化战略。粗略地讲，遵从战略指的是组织努力遵守组织现有环境中已有受众的指示；选择战略指的是在多重环境中选择一个支持组织目前活动的环境；操纵战略指的是组织通过创建新的受众或新的合法化信仰来操纵环境结构。只要读者将这两项研究仔细阅读并进行比较，就不难发现后者与前者之间的继承关系。最后，齐默曼和蔡茨（2002）在萨奇曼（1995）的研究基础上建设性地提出了合法性获取的创造战略（creation strategy），从而呈现了一个由遵从、选择、操纵和创造四种合法化战略构成的框架，具体如表2.8所示。

表2.8　　　　　　　　组织合法化战略的定义与示例

战略	定义	例子
遵从 （conformance）	遵从指的是遵守既有的规则。对于新创企业而言，可供选择的战略空间很小，遵从是其常用的合法性战略。	遵守规章。新创企业遵守对其有约束力的政府规章，并照章办事。
选择 （selection）	选择是指组织把地址选择在有利于其发展的环境中运营（斯科特，1995a；萨奇曼，1995）。选择比遵从更具有策略性。	选择在哪里创办新企业。如果技术是新的或者不为人所熟悉的，那么最好选择在那些使用相关技术或从事相关活动的企业附近，如软件企业选择在硅谷创业等。
操纵 （manipulation）	操纵指的是创新或者大量剥离先前的活动。创新者必须经常干预文化环境以培育支持的基础，特别是为组织量身定做的特定需要（萨奇曼，1995）。操纵比选择更具有策略性，对新创企业而言是难做到的。	操纵社会的信仰和价值观，如改变那种认为公司公开发行股票的在最初发行时就应该产生利润的价值观念。
创造 （creation）	创造指的是创造社会情境，如规则、标准、价值、信仰和模式等。创造策略在新产业的导入期尤其明显。这是四种战略中最具策略性的。	创建新的运营活动、模式和思想，如亚马逊创造地引入了在网络上向大众市场以零售方式销售书籍的做法等。

资料来源：齐默曼和蔡茨（2002）。

齐默曼和蔡茨（2002）的关于组织合法性获取策略的论断中最大贡献就在于其所提出的创造战略，并且分别就规制合法性（创建有利于新创企业的规则和规章)、规范合法性（提出标准和价值观，如网络公司创建了"眼球"或点击的价值）和认知合法性三个维度（创造新的运营活动、模式和思想）给出了具体的定义，这对于新创企业特别是那些新兴产业中的新创企业而言具有重要的实践价值。因为这些企业往往会开拓新的运营领域，缺乏规范、价值观和模式等（奥尔德里奇和费奥尔，1994），创造战略的提出无疑为这部分企业的合法性获取奠定了理论基础。

四 组织合法性领域的未来研究展望

前文从组织合法性的概念界定、维度划分、组织合法性的前因与后果以及合法性的获取策略五个方面对现有相关文献进行了回顾与梳理。以下本书将对现有研究的不足和有待继续推进的问题进行具体阐述。

第一，组织合法性概念的操作化与经验性研究问题。现有学者们由于研究的不同需要，对合法性维度的解构存在着较大的差异，提出了多种维度。这些维度需要后续研究进一步对其进行操作化定义。特别是针对认可度相对较高的斯科特（1995）关于组织合法性的几个维度所进行的这方面工作或许会显得更有意义。因为随着这一构念的可操作化程度的提高，将会刺激一大批经验性研究的出现，这对于弥补现有合法性研究当中经验性研究文献相当缺乏这一缺陷大有益处。

第二，对组织合法性前因与后果的探讨中加大对环境因素的关注力度。在对现有文献中组织合法性前因和后果的回顾中，本书注意到了一个共同的问题就是对于环境因素在其中扮演的角色和作用没有得到充分的讨论。而现有文献已经给后续的研究人员提示了进一步加大关注环境因素的价值和意义，特别是在对合法性及其后果之间的关系探讨过程中尤其重要。这将使得我们对三者之间关系的理解更加清晰与稳健。

第三，组织合法性对组织生存与发展的作用机制问题。鉴于合法性相关的经验性研究并不多见，因此，也较少能看到对合法性作用机制所进行的研究。但新制度理论对于合法性作用机制的一些理论分析文献还是比较多的，后续的研究人员完全可以在这些理论分析的基础上进行更多的经验分析。特别是要深入验证组织合法性对组织生存与发展的影响中可能存在的各种作用机制，将有助于研究人员和管理实践人员更好地理解合法性的意义。

第三节 基于资源观理论的企业成长研究综述

一 企业成长的内涵解析

有关企业成长问题的研究自20世纪50年代以来得到广泛的关注，涌现出了大批高质量的研究。时至今日，企业成长问题仍然是目前战略管理领域的经典热门话题之一。由于研究企业成长的文献相当丰富，这对于我们梳理企业成长的内涵是很有利的。那么，究竟应该如何来理解企业成长呢？笔者认为，可以通过现有学者对企业成长内涵的描述来进行归纳和总结，从而得到一些较为全面的认识。

第一，企业成长可以是单纯数量上的增加。斯塔巴克（Starbuck，1965）认为，成长是组织规模的改变，发展是组织年岁的改变。也就是说成长主要体现为企业规模的扩大，这是一种典型的数量变化观点。具体而言，可以将企业规模的扩大理解为企业经营资源的增加、资产增值、生产规模扩大、盈利增长、销售额增加和人员规模扩张等。这种观点的最大优越之处是便于测量，上述所提各项指标的变化都能够很方便地获取相应的数据，并且这些数据均属于客观性数据，具有很强的说服力。正因为企业成长的数量观具有数据可获得性和客观性这样两个特点，才有了后续很多从事经验研究的学者追随。

第二，企业成长可以是单纯质量上的提高。虽然从数量上来看企业成长比较容易观察且具有客观性的特点，但它只是一种外在表象，不能反映企业的内在质量。因此，有学者认为应该更为深入地关注这些表象背后的深层次原因。特瓦沙和纽波特（Trewatha & Newport，1979）的研究就属于此类观点的研究之一，他们认为成长涉及一个组织在其环境中生存与繁荣能力的不断增强。换句话说，企业成长的质量观主要是指企业生存和发展能力的提高，而提高能力的途径是结构调整、资产质量提升、创新等。具体而言，结构调整主要表现为组织结构和产品结构的调整、所有权结构的改变、资源配置方式的选择等；创新活动主要表现为技术创新、观念创新、制度创新和管理创新等；资产质量提升主要表现为员工素质提升、企业形象提升及其他有形资产质量的提升等。这三个方面关系密切，相辅相成共同作用于企业生存和发展能力的提升，增强企业对外部环境的适应性。

第三，企业成长可以是数量和质量上的同时提升。以上两种观点均有可取之处，因此后来的一些学者有意识地将两者进行了综合。彭罗斯（Penrose，1959）在《企业成长理论》一书中对"成长"做了这样的表述："'成长'通常可以表述为两种不同的内涵，有时候指的是单纯数量上的增加……而在其他一些时候，可以从它的本义引申出规模的扩大或是发展过程导致质量上的提高……"国内学者李烨、李传昭和罗婉议（2005）以及汤文仙和李攀峰（2005）的研究均一致性地指出企业成长应该从以规模扩张为特征的"量的成长"和以生存和发展为目的的"质的成长"两个方面来看企业成长。这就意味着我们需要根据不同的情境，从数量和质量两个方面去考察企业成长问题。

第四，企业成长是一个动态的过程。马歇尔（1991）曾用森林中树木生长规律来阐述企业成长的原理，认为企业成长是一个适者生存、自然淘汰的过程。国内学者杨杜（1996）也指出成长实际上是企业生存和发展的一种存续状态。企业的成长过程就是指企业由小变大、由弱变强的过程（郑明身，2001）。特别地，孙学敏（2004）还指出了这个过程的时间跨度的最低要求，即至少要3年以上。企业需要在相当长的时间内保持稳定增长或实现整体绩效提升才是成长了。而短时期内的增长不能代表企业成长。也就是说，我们观察一个企业的成长需要把它放到一个较长的时间段里来看，而不能仅凭一两年的数据做出判断。这对于实证研究中对于企业成长的测量具有重要的指导意义，尽量要使反映企业成长的各项指标满足最低时间跨度的要求，从而更好地反映企业成长的过程性特征。

二 企业成长的研究视角

"成长"原本是一个生物学领域的概念，用来指有机体的发展机制和过程。最早将"成长"一词应用到企业的是著名经济学家马歇尔，在他的《经济学原理》一书中首次提出了企业成长的概念。虽然企业成长的概念提出已有相当长的时间，但真正对于企业成长的理论研究实际上是起源于20世纪50年代，从研究大规模生产规律开始，逐渐展开并涉及企业行为、企业成长、组织结构以及管理等基本问题。正如前文所述，研究人员对企业成长内涵的认识和理解有差异，采用的研究视角也不同，从而对企业成长的解释观点众多，形成了多个流派，如古典经济学派、新古典经济学派、新制度经济学派、资源基础理论学派、组织生态学派等。这些学派从不同的视角研究了企业成长的逻辑，分别将分工协作、制度及其变迁、资源与能力及生态演变等视为促使企业成长的驱动因素。为更加清晰而完整地呈现这些成果，笔者梳理了各个主要流派的主要观点，如表2.9所示。

表2.9　　　　　　　　企业成长理论的流派及其主要观点

视角	代表人物	主要观点	备注
古典经济学派	亚当·斯密；马歇尔	劳动分工提高劳动生产率，企业以较低成本获取较高产量，为企业产生更高的经济利益，从而促进企业成长	关注企业内部因素对企业成长的作用
新古典经济学派	纳尔逊和温特（Nelson & Winter）	企业被看做一个生产函数，企业成长是其追求规模经济和范围经济的结果，企业成长是一个被动的过程，是由外部条件所决定的，忽视了企业自身能力的作用	关注企业外部条件对企业成长的作用
新制度经济学派	高斯；威廉姆森、克罗斯曼和哈特（Coase；Williamson Grossman & Hart）	企业成长是企业边界扩张的过程，那些决定企业边界的因素就是企业成长的决定因素，而动因在于节约市场交易费用；其中交易费用理论侧重于探讨企业与市场的关系，委托—代理理论则侧重于探讨企业的内部结构及其代理关系	关注企业内外部条件对企业成长的作用
资源观理论学派	彭罗斯；沃纳菲尔特（Wernerfelt）巴尼（Barney）	企业成长是由企业能力所决定，而企业的资源是决定企业能力的基础，从而构建了一个"资源—能力—成长"的理论框架；认为企业成长是企业资源和能力发展的结果	关注企业内部因素对企业成长的作用
管理者理论学派	钱德勒；鲍莫尔（Baumol）；马里斯（Marris）	企业目标不是追求企业所有者利润最大化，而是追求管理者利益最大化，管理者利益与企业规模或成长相关，因此把企业成长作为企业目标来探讨决定因素及条件	关注企业内部因素对企业成长的作用

资料来源：根据杨林岩和赵驰（2010）、张瑾（2007）、韩太祥（2002）等人的研究整理。

根据表2.9中的信息可知，尽管企业成长的理论流派众多，对企业成长的解释逻辑也不同，但这些理论流派之间也有一些共性的地方，如新古典经济学和新制度经济学偏向于研究企业外部对企业成长有决定和促进作用的动因和源泉，而古典经济学、资源基础理论及管理者理论等则倾向于从企业内部寻找导致企业成长的动力和源泉。鉴于此，后来学者将前者称为企业外生成长理论，而将后者称为企业内生成长理论（许庆高、周鸿勇，2009；杨林岩、赵驰，2010）。

从研究视角演化的角度来看，企业成长的研究主要呈现出以下两个特点：第一，由外部成长理论过渡到内部成长理论。在新古典经济学和新制度经济学视角下，虽然可以解释企业成长的差异性，但此时的企业被视为同质性的,因此它无法解释在同等外部条件下企业成长的差异性问题。而内部成长理论的研究可以弥补以上不足,可以打开企业这个黑箱,讨论企业内部因素对企业成长的影响。20世纪50年代以来的大量有代表性的研究,如沃纳菲尔特(1984)、巴尼(1991)、德姆塞茨(Demsetz,1988)、普拉哈拉德和哈梅尔(Parahalad & Hamel,1990)、彭罗斯(1959,1995)、马里斯(1964)等都属于此类研究。第二,由单一视角过渡到多重视角。一方面,有证据表明企业成长一定程度上是由外部因素所决定的;另一方面,一些研究却并不把环境特点作为主要的影响因素[戴维森(Davidsson,1991);维克隆德(Wiklund,1999)]。而是认为所有者与管理者的成长动机、使命和目标对企业成长有直接影响[鲍姆和洛克(Baum & Locke,2004);鲍姆、洛克和柯克帕特里克(Baum、Locke & KirKpatrick,1998);德尔马和维克隆德(Delmar & Wiklund,2003);考文里德和布维格(Kovereid & Bullvag,1996);莫克和梯拉特(Mok & Tillaart,1990);维克隆德,2001;维克隆德和谢泼德(Wiklund & Shepherd,2003)]。由此可见,需要从多个角度去看企业成长的问题,整合多个视角并进而提出企业成长的整合性解释模型。

尽管企业成长的研究有很多的理论视角,但总体上可以将其分为经济学和管理学两个学科理论视角,其中古典经济学派、新古典经济学派及新制度经济学派等均属于经济学视角,而资源观理论学派和管理者理论学派则属于管理学视角。由于资源观理论是本书的重要研究视角之一,因此有必要对资源观理论视角下的企业成长逻辑进行更为深入的梳理。阿塞多、巴罗索和加朗(2006)曾运用共同引用的分析方法(Co-citation Analysis)对SSCI数据库中1984—2001年间发表的以资源基础理论为理论基础的3904篇文献进行分析,结果表明资源观有三个主要的发展趋势:资源基础观(The Resource-based View)、知识基础观(The Knowledge-based View)、关系观(The Relational View)。根据这一研究结果,本书对于企业成长逻辑的梳理也将依照资源观的这一发展路线而展开。

三 资源基础观的企业成长逻辑

首先,彭罗斯(1959)企业成长理论的意义与不足。

从资源观的角度来谈论企业成长的问题总免不了要从彭罗斯(1959)的经典之作——《企业成长理论》说起。彭罗斯是最早提倡从企业内部出发来探讨企业成长的决定因素及成长机制的学者之一。她认为，企业成长的主要决定性因素在于是否能更为有效地利用企业现有资源。其基本逻辑是企业拥有的资源是企业能力的基础，而企业能力决定着企业成长的方式、速度和极限等。彭罗斯的最大贡献在于构建了一个"企业资源—企业能力—企业成长"的内生性企业成长分析框架。现在回头来看彭罗斯所做研究的意义至少有这样两个方面：第一，引导学者向企业内部看，从企业内部寻找导致企业成长的决定性因素以及导致企业成长差异的原因，事实上这也是资源观的主要特点之一，因此可以说她的研究为后来资源观的发展定下了一个基调。第二，提出了企业资源与企业能力之间的关系，以及它们对于企业成长的作用，这给资源观早期的演化过程埋下了伏笔。但彭罗斯并没有对资源做出明确的界定，即对于导致企业成长差异的资源到底是什么的问题没有说清楚。后续的研究很多就是围绕这一问题而展开的，其中包括沃纳菲尔特（1984）作为资源观正式诞生的标志性研究。所以，下文中将对资源基础理论中的资源和能力概念进行简要回顾。

其次，资源和能力的界定。

沃纳菲尔特（1984）把资源定义为那些能够给特定企业带来力量或弱点的任何东西。这些东西往往是企业所拥有的永久性资产，包括有形资产和无形资产。具体而言，资源可包括品牌、内部的技术知识、高技能的雇员、贸易联系、机器、高效的程序、资本等。德瑞克斯和库尔（Dierickx & Cool, 1989）从战略要素市场的概念出发，指出资源是有助于形成产品市场竞争优势的要素或者资产。巴尼（1991）则把企业资源定义为一个企业所控制的并使其能够制定和执行改进效率和效能战略的所有资产、能力、组织过程、企业特性、信息、知识等。希特、艾尔兰和霍斯金森（Hitt、Ireland & Hoskisson, 1995）认为资源是企业整个制造过程中的投入。国内学者杨杜（1996）在彭罗斯企业成长理论的基础上也对资源进行了界定，提出了经营资源的概念，并将其定义为那些被企业利用以获得经济利益的生产要素。

综观学者们对于资源概念的界定，可见资源基础理论学者对于资源的理解有两大特点。其一，把资源看做一个宽泛的概念。在他们看来一个企业的资源既可以是人力资源、财务资源及机器设备等有形资源，也可以是技术、知识、能力和品牌等无形资源。在这种资源认知条件下，资源似乎成了一个无所不包的概念。这在20世纪90年代是没有问题的，但随着研究的深入，能力观和知识观逐渐兴起之后就出现了争议。资源基础理论的学者们把能力和知识纳入到资源的范畴；能力论的学者们则认为企业是能力和知识的集合，把资源和知识纳入到能力的范畴；而知识论的学者们则认为能力只是一种表现形式，资源只是一种载体，其背后的根本在于知识的差异。但仔细分析他们的结果是不矛盾的，正如前文所述，资源基础理论的学者们所讲的资源是宽泛的概念，而能力论和知识论所讲的资源是一个相对狭义的概念。理解这一点对于采用资源观视角开展相关研究是非常重要的。其二，企业成长视角下的资源概念经历了一个重要的转变，即从一般性资源到战略性资源的转变。研究的推进使得学者们认识到并非所有的资源都能给企业带来竞争优势或者推动企业持续性地成长。因此，有些学者就对哪些资源能够给企业带来持续竞争优势的问题展开讨论。巴尼（1991）认为能给企业带来持续竞争优势的资源必须具备四个条件：有价值的、稀缺的、难以模仿的和难以替代的。贝特罗夫（Peteraf, 1993）认为能带来竞争优势的资源具备的四个条件是：企业的异质性、对竞争的事后限制、不完全流动性和对竞争的事前限制。其中巴尼（1991）的研究成果得到学术界较为广泛地接受，并因此大大促进了资源基础理论视角下企业成长的相关研究。

由于资源本身不能解释那些拥有丰富资源的企业却最终遭受失败的现象，为此，后来的学者们才进一步发展了企业能力论，把企业定义为能力的集合。理查森（Richardson, 1972）认为能力是指企业的知识、经验和技能。其实质是"组织中的积累性知识，特别是关于如何协调不同的生产技能和有机结合多种技术流的知识"（普拉哈拉德和哈梅尔，1990）。其中，在资源基础理论的学者看来，企业的能力最为重要的是企业家的能力。企业家能力是指通过对不确定环境的敏锐观察，挖掘具有市场价值的机会、获取资源、整合企业内部其他要素资源，并构建组织能力以利用环境中的机会的能力［贺小刚、李新春，2004；曼（Man, 2002）］。具体地讲，企业家能力包括通过承担不确定性以获取利润的能力［莱特（Knight, 1921）］；通过创新而导致的破坏能力［熊彼得（Schumpter, 1934）］；对非均衡机会的把握并努力借此恢复均衡的能力［柯兹纳（Kirzner, 1978）］；突破现有资源约束寻找新机会的能力［蒂蒙斯（Timmons, 1994）］；合作能力与协调能力［卡森（Casson, 1982）；利普塞特（Lipset, 2000）］等。甚至还包括一些企业家人格特质方面的一些能力特征，如灵活性、进取心、判断力（彭罗斯，1959）。

最后，资源基础观的企业成长逻辑

企业资源基础理论认为，企业的竞争优势来自于企业所拥有和控制的资源和能力（沃纳菲尔特，1984；巴尼，1991）。在企业成长问题的研究上，资源基础论也同样强调企业内部资源和能力的积累和运用，因此有许多学者将这种成长机制称为内部成长机制［格兰特（Grant，1991）］。简言之，资源论的企业成长逻辑就是把企业成长看做企业内部资源和能力发展的结果。具体而言，可以从以下三个方面来认识它。

第一，基本解释框架。资源论对企业成长的解释框架可以描述为资源差异导致企业能力不同，而企业能力导致企业成长差异。也就是说，资源和能力是影响企业成长的两个重要因素，但相对而言企业能力是更为深层次的原因。特别是在经营环境的复杂性和动态性程度不断增强之后，企业的技术能力、组织能力和创新能力等也变得越来越重要了。对比以往学者的研究，可以将资源和能力对企业成长的影响初步总结为：企业资源与企业成长方向密切相关，资源决定着一个企业的成长方向［蒙哥马利和哈里兰（Montgomery & Hariharan，1991）］，而能力则决定着一个企业的成长速度和方式（彭罗斯，1959）。

第二，强调资源与能力的整合。正如于洋（2008）所指出的那样，企业的资源与能力是不可分割的。企业的能力依赖于资源来实现，并且又反作用于企业资源。在一个企业中不存在不依赖于任何资源的能力，也不存在不依赖于任何能力的资源。因此，企业一方面需要不断地自身发展所要的各种资源，并通过资源的配置和使用培育企业的能力；另一方面需要通过不断的学习，积累各种知识和技能，更好地获取新的资源或者在现有资源基础上进行有力地整合与创新，并最终形成企业特有的且是竞争对手难以模仿或难以取代的战略性资源，从而为企业成长奠定竞争优势。可见，企业成长的资源论强调资源和能力的相辅相成，以及它们对企业成长的共同作用。

第三，企业成长机制被解释为隔离机制。资源基础论的一个基本假设就是企业异质性，在这种情形下，企业拥有了独特的资源，且这种资源具有不完全流动性，难以以市场交易的方式从资源市场购买，这样就能使拥有这些独特资源的企业形成相对优势，进而实现较好地成长。因此，总体上讲，资源基础理论对企业成长机制的解释属于隔离机制。

四 知识基础观的企业成长逻辑

1. 知识基础观的渊源

知识基础观的最早认识也可以追溯到彭罗斯（1959）的开山之作。彭罗斯可以说是最早从知识积累和创新的角度探讨企业竞争优势来源及其对企业成长的作用的学者。她的研究对于后续知识论的推进有两个重要的启示：其一，在知识积累方面，强调了知识积累的重要性并由此引发了如何才能有效地积累知识的思考，这对于后来知识管理的发展具有重要的意义。其二，在知识创新方面，强调了企业特有知识的价值，这些企业特有的知识才是企业最终竞争优势的决定性因素。由此引发了知识创新对企业成长的意义及作用机制的探讨。继彭罗斯之后，通过德姆塞茨（1988）、野中（Nonaka，1994）、斯彭德（Spender，1996）以及格兰特（1996）等人的共同努力，在企业能力理论的基础上进一步推进了资源观的思想，创立了知识基础论。这些研究的一个共同特点就是将企业视为知识的集合，并把知识看做企业竞争优势和持续成长的源泉。更为具体地讲，根据现行比较主流的分法，将企业知识分为显性知识和隐性知识［波兰尼（Polanyi，1966）］。之后，便可发现显性知识由于易传播、便理解及好掌握等特点往往容易导致企业趋同而丧失独特性，因而也就使企业失去了成长优势。隐性知识则不同，这些知识往往未经编码化，不便广泛传播，利于保持独特性从而给企业带来竞争优势。因此，更为具体地讲，隐性知识更有可能成为真正的企业成长之源。

2. 知识基础观的企业成长逻辑

知识基础观是在资源基础观和能力观的基础上发展而来的，知识基础观的诞生源自学者们对企业能力的来源到底是什么的追问，发现能力背后起着决定性作用的是企业的知识，最终把知识作为企业成长之源。那么，知识是如何促进企业成长的呢？回顾知识论的相关研究，本书认为知识基础观的企业成长逻辑主要体现为以下三个方面。

第一，知识基础通过机会发现促进企业成长。

熊彼得（1934）和彭罗斯（1959）的研究认为，企业成长的过程就是对不断产生出来的未利用资源的利用过程，以及新的发展机会的发现过程。其中，新的发展机会的发现主要依靠的是企业内部的知识基础，近年来有关公司创业的文献进一步证实了基于知识的创业机会的识别对于企业发展的重要性。所以，机会发现或机会识别是知识促进企业成长的内在逻辑之一。特别地，企业知识结构上的差异还会决定企业利用各种资源发现机会的方法也不同，因此知识结构的差异从某种程度上会影响企业成长的差异。劳尔森等（Laursen et al., 1999）曾将知识结构纳入企业成长模型，从人力资本、企业及其部门层面对知识结构和知识流进行了分析，认为以人力资本流动为主要表现的是企业知识结构的改变（贾生华、邬爱其，2003）。这些研究所做的尝试对于从知识论角度解释企业成长差异，无疑是大有裨益的。

第二，知识基础通过能力提升促进企业成长。

知识是对一个组织能力产生影响的背后因素，这是知识论的基本逻辑之一。企业内部所拥有的知识及知识的创新利用可以帮助组织建立柔性的组织能力［沃尔伯达（Volberda, 1997）］，从而使组织的适应性和灵活性均得到改善，有利于组织的生存与发展。然而组织的能力是多种多样的，包括学习能力、整合能力和创新能力等。究竟企业知识会对哪些关键性的组织能力产生影响，回答这一问题对于解释企业成长至关重要。本书认为知识决定着组织学习能力，而组织学习能力反过来对知识状态有重要的影响，两者共同作用于其他组织能力的发展进而促进企业成长。通常，一个企业的学习能力越强，企业内部的知识和经验的推广力度也就越大（库伯，2008），知识和经验所产生的效益也就越高。同时，企业通过学习能力的建设还有利于知识的转化、整合、创新和利用，这些对于企业的其他能力，如创新能力和整合能力（格兰特，1996）的提高都是非常关键的。因此，有学者提出学习能力是企业创新性和成长性的重要指标［赫雷斯-戈麦斯、塞斯佩德斯-劳伦梯和瓦利-卡布雷拉（Jerez–Gómez、Céspedes–Lorentea & Valle–Cabrerab, 2005）］。学习能力对于企业成长的重要意义无疑再一次的强调了知识的分享、积累、创造和利用等对于组织创新能力、整合能力及协作能力的价值，以及由此产生的对企业成长的意义。

第三，知识基础通过降低管理成本促进企业成长。

企业作为知识的集合，承载着大量的显性知识和隐性知识，这些知识的存在能够大大地降低企业的沟通和协调成本，这一作用过程是通过知识的惯例化来实现的。纳尔逊和温特（1982）将企业成长描述为企业的知识和能力在不断积累和发展过程中通过惯例化把新的知识储存在组织的记忆中，从而提高组织效率的过程。也就是说，知识通过惯例化的方式使得很多企业活动有了既定的程式，能够提高活动效率，并且对于活动中各个环节的衔接与协调也有了依据和基础，这些都能极大程度地节约企业管理成本，从而有利于提升企业竞争力。

3. 知识促进企业成长的内在机制

简单地讲，知识之所以能促进企业成长，其内在发挥作用的机制主要是学习机制。这有别于传统资源基础理论的隔离机制。其实早在野中（1994）等学者提出知识能够导致竞争优势的论断之后，很多学者就一直致力于知识论中组织学习的探索。扎赫拉和希特（Zahra & Hitt, 2000）的研究认为，组织技术学习对企业取得竞争优势起着关键作用；康纳和普拉哈拉德（Conner & Prahalad, 1996）特别强调了学习行为对知识转化为资源的重要性，并对知识资源与企业成长关系进行了阐述。总之，在知识论的视角下，企业若要实现持续性成长就必须要有频繁的组织学习行为或活动，并且学习行为或活动贯穿于组织活动的每一个环节。这是企业成长知识论的最为根本性的内在逻辑。

五　关系观的企业成长逻辑

1. 关系观的渊源

关系观是在资源基础理论之后发展起来的一种观点。虽然有一定的理论渊源，但与传统的资源基础论和知识论相比，关系观有很多的独到之处。首先，在分析层次上，传统的资源基础论和知识论均以企业作为分析单元，而关系观则把两个或两个以上的组织，或者是组织网络作为分析单元。对于企业竞争优势来源的理解上也有很大的差异，传统资源论和知识论都是向内看，从企业内部寻找竞争优势的来源；而关系观则某种程度上是向外看的，即从组织间关系的角度去寻找企业竞争优势的来源。所以，关系观可以说是资源论与知识论的延伸，既有继承关系，也有较大的差异。并且，由于关系观兴起时间不长，学术思想发展并不完善，因此学术界仍然只是将其视为一种新的观点，而非理论来对待（勾丽，2010）。

2. 关系观的企业成长逻辑

关系观的代表人物戴尔和辛（Dyer & Singh, 1998）通过比较美国汽车制造企业和日本汽车制造企业的绩效差异，发现特定关系投入和绩效之间是正相关关系，认为企业竞争优势不仅取决于其内部所拥有的资源，还取决于那些难以被竞争对手模仿的各种外部网络关系，即一个企业拥有的外部关系网络能给企业带来利益且具有独特性，是竞争对手难以模仿的，那么这种关系网络就构成了企业的异质性关系网络，它能给企业带来持续性竞争优势，是企业实现成长的重要保障。更进一步地，戴维（Davie，2006）将关系观和资源观结合起来，提出企业所拥有的网络关系是企业一项关键资源，这种关系资源是解释企业成长绩效差异的主要来源。从这一点上讲，关系观发挥作用的内在机制也可以理解为一种隔离机制。只不过，与传统资源理论相比较，关系观的隔离机制体现在网络层次，而非企业层次。

进一步讨论关系网络对企业成长或企业竞争优势的作用机理，需要从戴尔和辛（1998）的关系租金说起。戴尔和辛（1998）识别了组织间竞争优势的四种潜在的来源：第一，关系特有的资产。网络成员在关系特有资产上投入越大，就越能防止机会主义的出现，伙伴之间的交易量也会随之越大，这种关系的租金也就越高。第二，知识分享惯例。网络成员之间知识的交流与共享形成稳定的关系，这种关系越是鼓励互惠互利，摒弃搭便车行为，则此时关系的租金就越高，并且伙伴之间彼此相互适应已经对这种知识分享形成习惯，对来自于特定伙伴的知识表现出更强的吸收能力，那么这些伙伴间的关系租金也就越高。第三，互补性资源和能力。网络成员所拥有的资源中需要通过协同整合才能使资源更具有价值、稀缺性和难以模仿性，那么这种资源比例越高的伙伴企业之间所形成的关系，其关系租金就越高。第四，有效的治理。网络成员之间越多依赖于非正式的或者自我约束的保障措施（如信任）而不是依赖于正式的第三方约束（如法律和契约）来治理的关系，其关系租金也就越高。戴尔和辛（1998）系统地为企业指出了关系观视角下的成长之道。一个企业所嵌入的关系所表现出来的关系租金越高，这种关系就越具有异质性资源的特性，从而也就为企业带来更好的竞争优势和成长绩效。

六　本节小结

在本节中，笔者首先回顾了企业成长的内涵，梳理了学术界对于企业成长的不同理解。其次，对企业成长相关研究，特别是从经济学和管理学两大学科视角下研究企业成长的一些理论视角进行了回顾，总结了不同理论视角对企业成长的主要观点。最后，在这些视角的基础上结合本书研究的实际需要，进一步对资源观视角下的企业成长理论进行梳理，分别又从传统资源论、知识论和关系论三个子视角对学者们的已有研究进行了述评。为更加简明、清晰而全局性地呈现这些结果，笔者将其浓缩和简化成表 2.10。

表 2.10　　　　　　　资源观视角下的企业成长理论

	传统资源基础理论	知识基础理论	关系论
代表人物	彭罗斯；沃纳菲尔特；贝特罗夫；巴尼；普拉哈拉德；哈梅尔；福斯（Foss）	斯彭德；格兰特	戴尔和辛；戴维
分析单元	企业	企业	企业网络
对企业的理解	资源的集合	知识的集合	关系的集合
超额利润来源	稀缺的物质资源（土地及原材料等）、人力资源、技术资源、财务资源及无形资源（声誉等）	知识的分享、积累、创造和利用	关系特有的投资；企业间知识分享惯例；互补性资源禀赋；有效的治理
竞争优势的产生机制	隔离机制（企业层次的模仿壁垒）	学习机制	隔离机制（网络层次的模仿壁垒）

资料来源：笔者根据相关材料整理。

在回顾完了资源观视角下的企业成长理论之后，笔者发现对于企业成长的研究而言，经典的资源观视角下的文献至少存在以下两个方面的不足。

第一，缺乏整合性的研究。在资源观的总体理论框架下，传统资源基础论、知识论和关系论均是一脉相承的，虽然是一个不断演进的过程，但至今这些理论均有其存在的价值和可取之处。笔者认为它们相互之间是彼此相通的，也就是说可以将资源、能力和知识等结合起来，开展更具有整合性的研究。本书后续研究中对于资源观理论的应用就是基于这样一种设想，在本书有关资源观视角下企业成长差异的解释框架中包括了传统的资源基础理论的思想（BG 资源异质性程度，从 BG 层次来讲是它对 BG 成员成长绩效的影响属于传统资源基础理论的范畴），也体现了能力论的思想（从属企业资源整合能力属于企业的核心能力之一，对企业成长差异具有显著的解释力）。之所以做这样一个研究设计，也是在综述了资源观视角下企业成长理论研究的现状之后，发现整合性研究设计的不足而进行的一项尝试。

第二，资源观强调向内看，忽视了外部条件的影响。无论是传统的资源论还是知识论，都偏重于向内看，强调企业内部资源或知识在企业竞争优势形成中的作用，而忽视了外部资源或知识对企业成长的促进作用。到了关系观的阶段，分析单元变成了网络，从组织间而非组织内的角度来探讨企业竞争优势的来源问题，也逐渐强调了组织间关系或其他组织对于本体竞争优势形成的作用。这是对原有资源观理论的一个很大的突破，也是近年来资源观理论发展的一个重要趋势（阿塞多、巴罗索和加朗，2006）。尽管现有研究仍然不多，但可以预见未来这方面的研究将会不断增多。

第三章

子研究一：从属企业的资源获取与成长绩效

第一节 问题的提出

一些研究表明，相对于发达国家而言，BG 在新兴市场国家中更为普遍（彭等，2006；姚等，2005）。这是因为新兴市场国家中由于制度发展的不完善，存着在较多的制度缺失。新兴市场国家中的企业通过组建 BG 这样一种中间性的组织形态，构筑起一个相对封闭的组织间网络，并借助这种中间性的组织治理机制弥补制度缺失的不足，从而为网络内的企业创设更有利于其发展的制度环境。有学者认为 BG 的作用就在于能够取代发达国家才有的制度环境而创造价值（莱夫，1978；卡纳和帕利普，1997）。尽管在发达经济中，制度发展相对比较完善，但一定程度上的制度缺失还是会存在的，这也就是说 BG 在发达经济中也同样有其存在的价值。但从弥补制度缺失的角度看，越是在发达的经济环境中，BG 的作用就越小，效率就越低。在 BG 相关研究中，大量文献致力于解释制度发展及制度变迁对 BG 治理效率的影响。这些研究普遍认为制度环境会影响 BG 从属关系的绩效效应。

如果说通过比较新兴经济与发达经济中 BG 从属关系的绩效效应的差异，从而证明了制度发展程度不同或者制度环境的差异是导致 BG 从属关系绩效效应差异的重要因素。那么，一些专门针对新兴市场国家中 BG 的研究却得出似乎矛盾的结论，即同样是新兴市场国家，并且在制度完善程度上没有显著的差异，为什么有些新兴国家中的 BG 从属关系对从属企业的绩效有积极效应，而有些新兴市场国家中的 BG 从属关系却对从属企业绩效的影响不显著，甚至表现出负面效应？如卡纳和里夫金（2001）以包括巴西、印度、韩国、中国台湾和泰国等在内的 14 个新兴市场中的 BG

为样本检验了 BG 的经济绩效效应，结果发现其中 12 个市场中 BG 从属关系对从属企业有积极的绩效效应。而在此之前，卡纳和亚夫（1999）也曾对十个新兴市场国家与地区进行过此类实证研究，结果表明巴西、印度、韩国、中国台湾和泰国的 BG 从属关系与从属企业绩效之间都存在不同程度的负相关关系。这一矛盾性研究结果至少可以得到以下三个方面的认识：第一，这些新兴市场的制度处于不断完善过程中，根据以往学者的制度缺失说，这些国家中 BG 的治理效率应该越趋于不断下降，绩效效应越趋于不明显才对。而对比以上两个研究不仅没有证实这一点，反而得出与之相反的结论，即 BG 的绩效效应反而随着时间的推移变得显著了。第二，本书通过以上两项研究的对比还发现即使同样属于新兴市场国家，但由于各国具体的制度情境存在差异，仍然会使 BG 从属关系的绩效效应表现出差异性。由此引发后来很多学者深入研究不同新兴市场国家的具体制度情境对这一关系所产生的影响。第三，本书认为一个更为有趣的问题是，即使针对同一个新兴市场国家具体情境的研究中，一些学者发现 BG 从属关系有积极效应，而另一些学者则发现 BG 从属关系有负面效应。这种冲突性的研究结论不免使我们想追问，是不是除了制度情境会对 BG 从属关系的效应有影响之外，还有其他因素在发挥着影响作用？这些因素是什么呢？

　　本书认为 BG 层次或者 BG 从属企业层次上的一些因素将会是解释以上冲突性结果的突破口之一。首先，BG 从属关系的绩效效应有赖于集团层面的一些协变量，主要包括集团规模和集团多元化。前者有代表性的是张和蔡（1988）对韩国四大集团的研究，证明了大型集团从属企业比小型集团的从属企业和非从属企业有更高的绩效。后者有代表性的是卡纳和帕利普（1999a）以印度集团数据为例的研究，证明了集团多元化对从属企业绩效的影响。其次，也有一些研究尝试在从属企业层面寻找可能存在的协变量，如伯特兰等（2002）将从属企业的行为及绩效与他们在集团层级中的位置联系起来，即他们的行为和绩效是由其在集团中所在的位置所决定的；姚等（2005）认为那些拥有较高技术和市场能力的企业更有可能从集团从属关系中获益。在这些研究中，本书发现资源观理论是重要的视角之一，并且在从属企业层次上做文章是近来 BG 领域的趋势，但到目前为止，显然仍没有研究是以资源观为视角从从属企业层次或者跨集团和从属企业两个层次来回答为什么某些特定的从属企业能够从集团从属关系中受益的问题。特别是在资源观视角下对 BG 的研究如果仅仅停留在 BG 整体层面上会使得有些问题无法得到解释，如哪些资源的交换可以提高从属企业绩效（摩西塔玛，2006），以及为什么资源交换对某些企业的绩效效应明显，而对有些企业而言绩效效应不显著等问题。这是现有 BG 理论中是一个较为明显的 GAP。本书试图从资源观理论的视角解读 BG 从属关系（从属企业的成员资格），从商业集团和从属企业两个层次进行跨层次研究，探索 BG 从属关系（成员资格）对从属企业意味着什么？它对从属企业成长绩效有何影响，以及如何影响等问题，从而弥补上述理论缺失。

第二节　理论框架

一　资源观视角下的商业集团从属关系对从属企业的意义

与独立企业相比，BG 从属企业其主要特征在于拥有一个相对稳定且可信赖的组织间网络。这个网络往往同时具有层级性和市场性两方面的特征，类似于发达国家中的混合治理结构［乌奇（Ouchi，1980）；布拉德克和埃克尔斯（Bradach & Eccles，1989）］，并且在多数情况下这种网络符合强关系的网络特征，任何一个 BG 从属企业可以看做其中的网络成员。企业一旦取得成员资格便可以通过 BG 网络与网络内的其他成员进行资源分享和内部交易（张和洪，2000），实际上这也是 BG 从属关系影响从属企业绩效的两个主要途径。但针对新兴市场的大量相关实证研究表明，BG 在新兴市场中的主要优点体现为内部资本市场和资源共享（周等，2009），通过 BG 弥补金融、劳动力和产品市场的不足（姚等，2005；盖斯特和萨瑟兰德，2010）。从资源观的角度，文章认为可以将 BG 的功能或优点理解为通过内部市场提供金融、劳动力和市场三种资源。BG 网络的成员们通过内部资本市场可以方便地将资源实现转移，从而支持成员企业的发展。那么，从 BG 从属企业的角度讲，相对于那些独立的企业，意味着可以更容易地或者能以较低成本获取 BG 网络内部的各种资源。即使是某些资源是 BG 网络内部所缺乏的，但由于 BG 网络关系的存在，有了内部资源的支持与保障，从属企业相对于独立企业更容易接触到稀缺的外部资源，从而为企业的发展奠定良好的资源基础。所以，如果从资源观理论的角度来看，企业取得了成员资格就相当于拥有了一个相对稳定的资源网络,而成员资格所产生的利益就主要体现为从属企业在资源获取上的利益。因此,资源获取就成为资源观视角下分析商业集团从属关系对不同从属企业成长绩效产生差异性影响的一个关键性变量。后文中将根据从属企业的特点进一步解构从属企业的资源获取问题,然后讨论从属企业资源获取与成长绩效的关系。

二 从属企业资源获取与成长绩效的主效应关系

资源获取也可以称作资源可获得性,通常用来表示企业从外部环境获取资源的便利程度,比较多见于创业文献。因为就创业而言,无论是发现和利用机会,或者创建新的企业,都需要大量资源如财务资源、物质资源、人力资源及无形资本等,从而使得获取资源被普遍认为是至关重要的一项创业任务〔尚恩(Shane,2003);斯塔尔和麦克米兰(Starr & Mac-Millan,1990)〕。鉴于此,资源获取这一构念往往与创业管理联系在一起,用于解释新创企业绩效差异。本书认为,之所以资源获取相关研究在创业领域比较重视的主要原因在于在公司创业过程中或是对于新创企业而言,最为常见的问题就是资源不足或资源缺乏,特别是新创企业获取外部资源相对比较困难,从而研究这一特定背景下获取资源的性质和类型、获取方式及获取战略等就具有了相当的理论意义和现实意义。获取足够的资本就意味着可以实现所识别的创业机会,而且还有利于提高生存、成长并产生利润的能力〔布拉什、格林和哈特(Brush、Greene & Hart,2001);尚恩,2003〕。但事实上,任何一个企业都不可能具备生存和发展所需的全部资源。企业或多或少地会从外部其他行为主体中获取一些资源。那么对于在位企业,外部资源获取与企业成长绩效之间的关系如何?

从资源观角度看,企业拥有稀缺的、有价值的、不可模仿的和不可替代的资源是保持较高绩效的关键(巴尼,1991)。而企业的资源可以通过自身培育和发展慢慢积累,也可以从外部获取(德瑞克斯等,1989)。顺从这一逻辑,毫无疑问地,外部资源获取与企业成长绩效呈正相关关系。但是把这一关系应用到 BG 从属企业的研究中,或许会变得复杂些。从属企业的资源获取具有一定的独特性,原因就是它拥有一个 BG 成员网络。因此,从属企业一方面可以从 BG 网络内部获取资源,另一方面也可以从 BG 网络外部获取资源,如通过外部市场购买或者通过其他社会关系获取资源。如此,BG 网络资源获取与 BG 外部资源获取对从属企业成长绩效的影响如何？两类资源获取之间的关系又如何？等等，这些问题都需要进行探讨。

首先，BG成员企业相互构筑起了一个内部市场，假设这个内部市场是高效的，那么它就可以产生巨大的经济利益（威廉姆森，1985）。通过这个内部市场不仅可以缓解资本市场失灵的问题，而且可以缓解产品、技术和人力市场发展不足的问题。很显然，从属企业通过内部市场可以更为便利地获取各种资源，并且由于BG网络所具有的特性，通过这种网络内部资源获取具有互惠性质，通常所获资源质量更有保障，资源获取成本更为低廉。因此，BG网络内部资源获取对从属企业的成长很有益处，特别是对新兴市场国家中的企业而言，由于制度供给不足，市场失灵状况频发的情形下BG网络资源获取对从属企业成长的有利优势就更能得到充分显现。其次，BG网络内部资源也是有限的，从属企业或多或少还需要求助于网络外部资源的获取。事实上外部资源获取在一个企业的战略选择中的作用越来越重要［阿罗拉等（Arora et al.，2001）］，企业也越来越重视从外部购买资源。这些资源往往是从属企业需要的，而又是BG网络内部无法提供或者从属企业不愿意从网络内部获取的。因此，它对于从属企业成长绩效是有益的补充。并且本书还注意到从属企业从BG网络外部获取资源的便利性程度一般也要优于独立企业，原因是多方面的。其一，BG中的荣誉成员所拥有的品牌效应和声誉会通过成员资格传递给每一个从属企业，有利于向顾客传递高质量的信号，提高他们对企业产品和服务的信心［丰布兰（Fombrun，2005）］，甚至提升从属企业的整体形象。其二，提供更多地接触外部资源的机会和渠道，通过其他成员企业的外部联系，为从属企业间接接触网络外部资源提供了机会或创造了条件，譬如从属企业借助BG网络可以间接接触到原本无法触及的重要政治资源［巴特扎尔戈勒（Batjargal，2007）；帕夫和麦卡锡（Puffer & McCarthy，2007）］等。其三，在BG网络内部无法直接供给，或者通过间接关系也无法接触而需要通过市场获取的资源，BG从属企业的身份也是很有利的。成员资格将为从属企业赢取网络内部的担保性资源，降低外部资源供给者的供给风险，从而使得从属企业的外部资源获取之路更为通畅。由此可见，BG网络内部资源对从属企业的网络外部资源获取有重要的促进作用。

同时，由于这两种类型的资源获取对从属企业成长而言都不可或缺，在市场失灵或者外部资源供给不足的情况下，从属企业可以通过BG网络获取发展所需的资源，这对于从属企业的外部资源获取不足是一个有益补充；BG 网络无法直接供给的资源，从属企业还可以利用其他社会关系网络或是市场机制获取外部资源，此时 BG 网络外部资源获取成了一个有益补充；对于 BG 网络内部与网络外部均有供给的资源，从属企业可以有选择性的进行获取，此时，两种资源获取途径之间就具有一定的替代效应。对于一个在位的从属企业而言，通常情况下均可以通过两种方式获取资源，但作为集团的成员企业，在资源获取条件近乎相同的情况下，会优先考虑通过内部集团网络获取。更何况在很多情况下，通过集团网络获取资源往往意味着更低的风险和成本。因此，通过集团内部网络可以较为容易地得到企业发展所需的各项资源，在这种情形下，集团网络外部资源获取就有可能成了多余的，显然此时其对从属企业成长绩效的影响就会被削弱。综合以上分析可得以下假设：

H1a：BG 网络内部资源获取有利于提升从属企业成长绩效；

H1b：BG 网络外部资源获取有利于提升从属企业成长绩效；

H1c：BG 网络外部资源获取对 BG 网络内部资源获取的绩效效应具有一定的中介性。

三 从属企业资源获取对成长绩效的作用机制

近来的一些实证研究，如朱秀梅、费宇鹏（2010）以及罗志恒、葛宝山、董保宝（2009）在所构筑的模型当中一般都是直接将资源获取与企业绩效关联起来，实证研究的结果主要是证明了资源获取与企业绩效之间的正相关关系，而没有再进一步解构从资源获取到企业绩效之间的黑箱。而事实上，资源获取对企业绩效的贡献受很多其他因素的影响，如维克隆德和谢泼德（2005）就曾经检验了环境对两者关系的影响，并发现资源可获取性高且面临环境的动荡性更强的小企业绩效最好。本书认为除了环境动荡性的影响之外，外部资源获取对不同企业成长绩效的贡献程度是不同的，即便是获取同等数量的资源，也会因企业能力差异或因情境不同而导致绩效的差异。因此，进一步解构从资源获取到企业绩效之间的内在机制，从而更好地解释企业绩效差异就显得很有必要。特别是就集团从属企业而言，其资源获取有 BG 网络内部和外部之分，它们对从属企业成长绩效的作用又会受到哪些因素的影响？就本书研究的问题及研究的视角（资源观视角）而言，本书认为有两个因素是至关重要的，一是 BG 网络资源的异质性程度,二是企业的资源整合能力。

(一) 网络资源异质性程度所产生的影响

资源异质性是资源观理论的核心观点之一,通常是指企业所拥有的那些非竞争性的、难以替代和模仿的资源(杨瑞龙、刘刚,2002)。本书以资源观为主要理论视角,认为资源异质性的研究结论对本书有重要的意义,本书所讲的资源异质性程度是相对于特定从属企业而言的,同一BG网络对不同成员所体现的资源异质性存有差异,因此对不同的从属企业来说,BG网络资源异质性是个相对的概念。

首先,资源获取与资源异质性的关系。企业若要实现快速成长已不能简单地依靠在企业内部完成所有资源的积累,必须依赖于外部网络来获取异质性资源(姚小涛、席酉民,2008)。异质性资源的获取可以通过三种机制得以实现:第一种为市场机制。一方面企业可以通过市场机制从要素市场获取部分异质性资源,但由于异质性资源通常具有不可流动性的特点,有些异质性资源无法通过公开定价的方式获取,因此,另一方面企业还需第二种机制,即通过有目的性地构筑战略联盟等网络形式来获取异质性资源,即异质性资源获取的网络机制。第三种是兼并或收购机制。通过兼并或收购的方式将拥有异质性资源的企业与本体企业合为一体,实现一体化。但这种机制下虽然获取了其他企业的异质性资源,但此时异质性资源的获取已不属于外部获取的形式,与本书探讨的企业外部资源获取不符,不属于本书讨论的范畴。本书所研究的集团从属企业实则具备了前两种机制的双重优势。其拥有的BG网络可以打破特定异质性资源的隔离机制,从而实现异质性资源在BG成员企业之间的流动。同时,从属企业还可以通过BG网络外部的其他社会关系或市场机制获取部分异质性资源。可以说,BG网络成员资格为从属企业异质性资源获取创设了优越的条件。

其次,资源异质性与企业成长绩效的关系。资源基础理论认为,造成不同企业之间成长绩效差异的重要原因就是资源的异质性。卓德(Zott,2003)的研究发现,企业所拥有资源的异质性会对企业绩效产生不同的影响,从而进一步会对企业成长产生不同的影响。而对于合作组织间的资源异质性,毕等(Bee et al.,2008)以及阿希特和卡米(Ahituv & Carmi,2007)认为主要体现为资源的应变能力、不可替代性及核心度三个方面。本书认为,这是资源异质性给企业带来良好成长性的主要原因。从属企业获取或是掌握了异质性资源可在很大程度上提高其应对外部环境不确定性的能力，降低环境不确定性所产生的不良影响。而这一作用的实现有赖于异质性资源的核心度及不可替代性，即从属企业拥有的异质性资源与其他相关企业的活动和功能相关程度很高，而且在这些企业相关活动和功能中所发挥的作用是其他企业所不能替代或难以替代的。如此，拥有此类异质性资源的企业就能在动态变化的环境中表现出较强的生存和发展能力，拥有良好的成长绩效。而作为集团层面而言，需要努力提升资源异质性，并通过相关和非相关多元化来集中和分配异质性的资源从而使成员企业价值增值［张和洪，2000；吉伦，2000；鲁尼恩、赫德尔斯顿和施威尼（Runyan, Huddleston & Swinney, 2006)］。

最后，资源异质性程度对资源获取与企业成长绩效这一关系的影响。资源获取一般意义均指的是资源的可获得性，没有把所获资源与本企业需求的匹配程度考虑在内。在从属企业资源获取的两类途径中，尽管 BG 网络内部获取异质性资源相对更加容易，但并不意味着 BG 网络获取的资源均为异质性资源，或者资源异质性程度高；也不能说网络外部获取的资源均为同质性资源，或者异质性程度低。如此，在分析从属企业资源获取两个维度对成长绩效的作用时要区别对待。显然，从属企业所获取的资源，如果异质性程度越高，那么资源获取的绩效效应越显著，越有利于从属企业成长。相反，如果所获资源的异质性程度低，虽然资源获取同样有助于企业成长绩效，然而贡献度要小得多。

鉴于从属企业有 BG 网络内和网络外两种资源获取途径，而两种途径均能获取异质性资源。由于异质性资源会天然地形成一种隔离机制，因此从 BG 网络外部获取相对显得比较困难一些，或者需要付出较为昂贵的获取成本。在这种情形下，如果 BG 网络内部具有丰富的异质性资源，从属企业一般选择从网络内部获取，而通过网络外部获取异质性程度相对较低的资源，此时网络内部资源获取对从属企业成长绩效的作用被放大，而网络外部资源获取的作用相对较弱。但如果 BG 网络内部异质性资源贫乏，从属企业从网络内部所获资源的异质性程度低，那么只能支付较高的租金从网络外部获取，此时网络外部资源获取对其成长绩效的作用就被放大了，而网络内部资源获取的作用就相对较弱。基于以上分析，可得如下假设：

H2a：BG 网络资源异质性程度对内部资源获取与从属企业成长绩效的关系具有正向调节作用。具体而言，BG 网络内部资源异质性程度越高，则 BG 网络内部资源获取对从属企业成长绩效的影响就越大。

H2b：BG 网络资源异质性程度对外部资源获取与从属企业成长绩效的关系具有反向调节作用。具体而言，BG 网络内部资源异质性程度越高，则 BG 网络外部资源获取对从属企业成长绩效的影响就越小。

（二）从属企业资源整合能力的影响

资源整合是很多管理研究领域中都曾出现过的一个重要概念，如技术创新领域（熊彼得，1934）、企业成长领域（彭罗斯，1959）等均有涉及。本书对集团从属企业成长绩效差异的探索显然也需要引入这一重要构念，并理清资源整合与本书其他变量之间的关系及在本研究中的作用。

首先，如何理解资源获取与资源整合的关系。

本书在对现有相关研究进行梳理的基础上，总结出了三种不同的观点。观点一，将资源整合界定为一个很宽泛的概念，认为资源获取与资源整合是包含关系，即资源整合包含资源获取，如布拉什、格林、哈特（2001）将创业型企业的资源整合过程归纳为吸引资源、集中资源、整合资源、转化资源四部分；路易吉和夸库（Luigi & Kwaku，2007）将知识整合分为知识获取、分析、解释与整合等均属于此类。持这种观点的学者一般均是从过程的视角来解构资源整合的 [蔡和戈沙尔（Tsai & Ghoshal，1998）；维克隆德和谢泼德，2009]。尽管对过程的具体描述存有差异，但均把资源整合理解为从资源获取开始到资源转化与利用的一系列活动所组成的过程。在这种观点下，资源获取被视为资源整合活动的环节之一。观点二，资源获取与资源整合是一个过程中连续的两个阶段，西蒙和希特（Sirmon & Hitt，2007）将这一过程称为资源管理过程，包括了资源获取、资源绑定和资源运用三个阶段，其中资源绑定就是指整合资源以形成能力的过程。如此，资源获取与资源整合就成了一个完整的资源管理过程中有前后顺序关系的两个环节，缩小了资源整合的范围，从而更加突出了整合的特点。观点三，资源获取与资源整合之间有一定的因果关系，即资源获取能改善企业资源整合。这一点主要是针对知识基础资源（knowledge-based resources）获取而言的，知识基础资源获取对于提高企业的资源整合能力有很大帮助，而资源整合能力的提高直接体现在企业的资源整合活动上，从而使得资源获取成为资源整合能力改善的前置因素之一。

由于研究人员对资源整合的界定存在差异，使得后续有关研究中的学者对于资源整合能力的认识也存在着较大的分歧。易朝辉（2010）认为资源整合能力是企业识别、获取、配置、构建和组合资源以及运用资源的一种动态能力，包括资源识别能力、资源获取能力、资源配置能力及资源运用能力四个方面，这显然是继承了艾森哈特和马丁（Eisenhardt & Martin, 2000）以及扎赫拉、萨皮恩孔和戴维森（Zahra、Sapienza & Davidsson, 2006）的思想。而张君立、蔡莉和朱秀梅（2008）则强调资源整合能力是在从外部环境中获取所需资源的基础上，企业内部构建组合资源以及利用配置资源的一种动态能力，主要表现为资源构建能力和资源利用能力两方面。这一观点延续了西蒙和希特（2007）的思想，把资源获取能力从资源整合能力中分离了出来，从而与前者形成了鲜明的对比。鉴于本书旨在观察资源获取对从属企业成长绩效的权变影响，将资源获取作为自变量观察资源整合能力从中可能起到的作用，因此所讨论的资源整合能力显然不包括资源获取在内，并认为资源获取在一定程度上有助于提高企业的资源整合能力。

其次，资源整合能力与企业成长绩效的关系。

根据前文对资源整合的理解，容易看到资源整合有利于企业成长，因为企业资源要产生价值必须通过一系列的整合和运用才能最终得以实现，其中所导致的企业绩效很大程度上与资源整合的水平有关［尚利（Shanley, 1994）］。对于集团网络中的从属企业，若能将来自于集团网络内部的资源、网络外部的资源与企业现有资源很好地整合起来，实现资源的协同，那么这些资源所能产生的价值就越大。因此，资源整合能力能显著影响企业的成长绩效。

最后，资源整合能力对资源获取与企业成长绩效这一关系的影响。

从属企业具有双重的身份，一方面它们是集团网络的成员企业可以通过共同的内部市场获取网络资源；另一方面它们还是独立的法人可以通过各种途径获取集团网络以外的其他资源。并且通过前文的分析可知，资源获取对于新创企业或中小企业的成长而言具有更为重要的意义，也就是说资源获取有利于企业成长。但在现实中，仅有简单的资源获取并不一定能导致高成长绩效。或者说，即使是在类似的资源获取条件下，不同从属企业的成长绩效仍然会存在着显著差异。一些从属企业虽然能成功地从网络内部和外部获取各种资源，但却不能充分享有这些资源投入所产生的利益，其中一个重要原因是因为它们没能有效地整合这些资源［埃特利（Ettlie, 1988）］。企业若想从资源获取中产生最大化的产出，就必须采取一定的措施将获取的各种资源与企业现有资源进行有效的整合，通过企业一系列资源整合活动实现资源协同，从而充分享受资源收益。但由于这种整合活动并不是简单地拼凑，而是一个复杂且有挑战性的过程，因此，资源整合比管理者想象的往往还要更加困难［海沃德和汉布里克（Hayward & Hambrick, 1997）；麦德霍克和托尔曼（Madhok & Tallman, 1998）］。也正因资源整合活动的复杂性和艰巨性，对企业的资源整合能力或水平提出严峻的考验。那些资源整合能力强的从属企业往往体现出较高的资源整合水平，即便是在资源获取同等情况下，由于它们能更有效地对内外部新获资源进行整合利用，其成长绩效相对也会更为突出，而那些资源整合能力较弱的从属企业，由于整合活动的低效率反而使得所获资源应有的绩效效应被削弱了，从而其成长性也被弱化。

鉴于以上对资源获取、资源整合能力及从属企业成长绩效三个方面的阐述，不难发现集团网络内外部资源获取对从属企业成长绩效的正向影响受从属企业资源整合能力的调节，并且内外部资源获取对于提高或改善从属企业的资源整合能力也有益处，也就是说，资源获取对企业成长绩效的一部分影响通过提高资源整合能力而得到了实现。由此，本书提出如下假设：

H3a：从属企业的资源整合能力对内部资源获取与从属企业成长绩效的关系具有一定的中介作用；

H3b：从属企业的资源整合能力对外部资源获取与从属企业成长绩效的关系具有一定的中介作用；

H3c：从属企业的资源整合能力对 BG 网络内部资源获取与从属企业成长绩效的关系具有调节作用；

H3d：从属企业的资源整合能力对 BG 网络外部资源获取与从属企业成长绩效的关系具有调节作用。

（三）资源获取、资源整合能力及资源异质性对成长的结构性影响

埃科克和德弗勒尔（Acock & Defleur, 1972）发现用一个变量来解释结果或行为是有问题的，且无法对结果变量进行很好的预测，因此有必要以权变和结构的方式来解释结果或行为。在前文中分析了资源获取、资源整合能力、资源异质性与企业成长绩效之间的两两关系。但实际上，资源获取、资源整合能力及资源异质性三者之间会相互作用，形成一个结构性的整体并对企业成长绩效产生影响。通常 BG 网络内部异质性资源丰富，

从属企业从网络内部所获资源的异质性程度就高,在这种情况下,如果从属企业的资源整合能力强的话,就能很好地将新获异质性资源与原有资源进行有效整合,此时从属企业成长绩效水平最高。而当 BG 网络内部异质性资源贫乏,从属企业只能从网络外部获取异质性资源,尽管成员资格对于从属企业获取外部异质性资源有所帮助,但从属企业成员资格的优势或价值没有得到充分的显现,同时若从属企业的资源整合能力较弱的话,新资源与原有资源不能有效得到整合,此时从属企业的成长绩效水平最低。因此,可得如下假设:

H4:资源获取、资源整合能力与 BG 网络资源异质性程度对从属企业成长绩效具有结构性影响;

H4a:内部资源获取、资源整合能力及 BG 网络资源异质性程度对从属企业的成长绩效具有结构性影响,即在集团网络内部资源异质性程度高,从属企业资源整合能力强,且内部资源获取水平高时,从属企业成长绩效最高;

H4b:外部资源获取、资源整合能力及 BG 网络资源异质性程度对从属企业的成长绩效具有结构性影响,即在集团网络资源异质性低,从属企业资源整合能力强,且外部资源获取水平高时,从属企业成长绩效水平最高。

至此,综合性地来看以上各项分析的结果,可以得到一个概括性的概念模型,如图 3.1 所示。

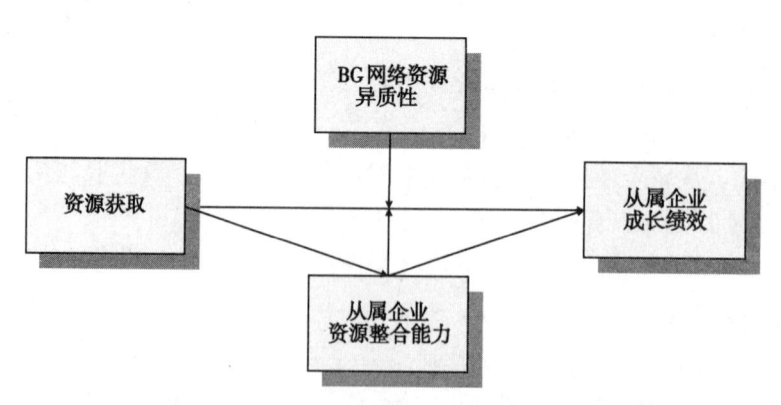

图 3.1 资源观视角下商业集团成员资格绩效效应的概念模型

进一步地,本书根据 BG 从属企业资源获取的特点,将这一构念划分成了内部资源获取(指从集团网络内部获取资源)和外部资源获取(指从集团网络外部获取资源）两个维度，并在从属企业层次上构建了资源获取各维度与资源整合能力及成长绩效之间的关系；在商业集团层次上解析了资源异质性对从属企业资源获取与成长绩效关系的影响。最后还引入架构理论的思想，提出了资源获取、资源整合能力及集团资源异质性三个构念对从属企业成长绩效的结构性影响。综合这些分析，可得基于资源观理论的跨层次研究整体框架，如图 3.2 所示。

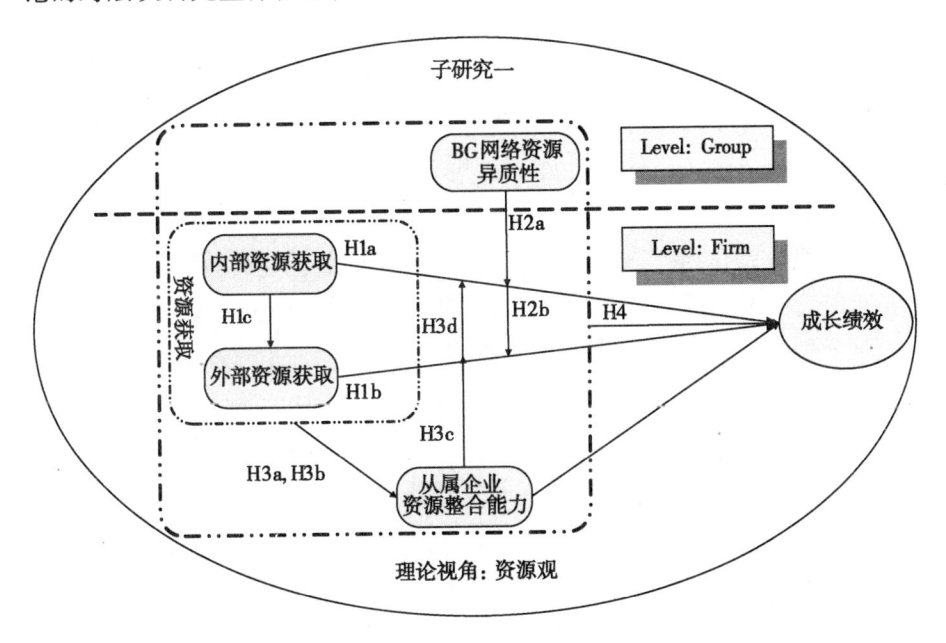

图 3.2 资源观视角下商业集团成员资格绩效效应的实证模型

第三节 研究方法

一 样本和数据

1. 调研对象的选择

本书研究的特定对象是商业集团的从属企业，为了使调研对象符合本书研究的这一身份特征，本书做了以下两个方面的工作，以确保调研的对象是商业集团的从属企业。第一，本书向发放问卷的人员详细地解释了商业集团的概念，并详尽地向其说明了判断一个企业是否属于本书所研究的商业集团从属企业的标准，从而有利于其发放问卷时进行调研对象的选择。第二，本书在调研问卷的说明当中对商业集团从属企业进行了详细地说明。这样，接受调研的人员也可以通过阅读问卷的说明部分，判断自己的企业是否属于本书的调研对象。对于存在异议的企业都将不包括在本书的调研范围之内。特别地，考虑到后续研究的需要，重点关注那些从属企业所在地与控制企业所在地不在同一个县（市）的商业集团从属企业，从而使得所得样本的数据更好地满足分析的要求。

2. 调研问卷的设计

问卷设计上，本书的研究人员做了以下几个方面的努力：第一，在变量测量方面，尽量考虑已有的成熟测量，就本项子研究而言，所有变量的测量均采用的是较为成熟的量表。这些测量经过已有学者们的多次检验，往往具有较高的信度，有利于获取研究所需的信息。第二，对于来自外文文献中的测量，在相关题项的具体表述上一定要结合中文的语境，综合考虑是否符合中文语境下的表达习惯和思维习惯，以利于作答者更好地理解问题从而做出更为准确的判断。在这方面，本书首先是搜索相关测量的中英文表述，然后对其进行比较，在现有中文题项表述的基础上进行必要的润色，以提高可读性和可理解性。对于尚无中文表述的题项，本书请了外语专业的翻译人员对其进行了双向互译，逐渐排除有歧义或是含糊不清而不利于理解的措辞，通过两次互译结果的调整与修正之后基本上达到了双向翻译结果一致的效果，本书将此结果作为测量的最终表述。第三，努力控制测量的总量。由于测量的总量大小对于测量结果的准确性有很大的影响，往往是总量越大，测量的效果也就越差。因此，在总量控制方面，本书对于能够用简单测量的就尽量不用复杂测量，从而把空间留给那些在测量方面没有太多可选余地的变量。本书在测量的筛选方面进行了全盘考虑，并做了很多的权衡与取舍，这在变量测量一节中有更为具体的阐述。另一个总量控制的措施是对于无关紧要的问题能不出现就不出现在问卷中。特别是在基本信息部分，本书将企业基本信息与后续的定量分析紧密结合起来，前面出现的基本信息往往也是后续定量分析所需要的，而后续的定量分析不需要的企业基本信息就不考虑纳入到问卷中。如此也能对总量控制起到一定的帮助。第四，广泛听取意见。在2011年12月初形成调研问卷的初稿之后，曾与多位博士和教授进行交流，听取相关的意见，并在此基础上形成了用于试访的调研问卷，也就是第二稿问卷。第五，开展试访和问卷修正。通过以上几点的努力之后，在2011年12月中旬完成了用于试访的问卷，并于12月26日始向企业界朋友进行试访，收集了16份数据的同时得到了一些宝贵的改进意见。譬如，原先在企业基本信息中以填空题居多，据反馈回来的意见表明填写有两个不利的地方，其一是增加了调研对象答题的工作量，作答者不太喜欢填空的形式而相对比较喜欢选择题形式，所以要尽量减少填写的工作量。其二，填空给作答者的印象是需要准确的数字，而一些问题不进行查证难以填上准确的数字，如员工人数等，一般只能答约数。因此，他们认为选项为员工人数范围的选择题是相对比较好的一种形式。通过试访，还得到了很多有关变量的问句设计上的一些宝贵建议，本书根据这些试访的反馈建议对变量测量的指标设计进行反复地修订，修订次数超过6次之多。直到原试访对象无异议和进一步修订意见之后，才最终形成了问卷的终稿，也就是附件中呈现的最终调研问卷。

3. 问卷发放与回收

发放问卷的途径主要有三个。首先，通过现场发放并现场回收的方式进行，主要是由研究人员到企业发放，或者借助于朋友做企业培训项目时进行发放等，以此方式累计发放问卷40份，回收问卷40份，回收率为100%，其中有效问卷39份，有效率为97.5%。其次，通过电子邮件方式发放，共计发放20份，回收问卷5份，回收率为25%，有效问卷4份，有效率为20%。最后，通过委托发放方式进行，主要是求助于以往关系较好的同事、同学、朋友和亲戚等，请求他们的帮助，累计委托19人次，共计委托发放380份，回收问卷195份，问卷回收率为51.32%，其中有效问卷184份，有效率为48.42%。至此，累计获得有效问卷227份，这些样本的数据作为后续定量分析的主要依据。

在成功回收的问卷中有12份属于无效问卷，无效的原因归纳起来主要有三个：其一，漏填，主要是在问卷主体部分，有较多的问项没有填写，作为缺失值来处理尚觉不妥，于是将此类问卷视为无效问卷。其二，多填，主要也是在问卷主体部分，有一个或几个问项填写了两个答案，这与单选的要求不符，同样将此类问卷视为无效问卷。其三，存在明显不当之处的问卷，主要是在企业基本信息部分，可能是由于笔误的原因，致使所填答案有明显夸大嫌疑的，本书认为类似这样的问卷也应视为无效问卷处理，不宜采用。

4. 样本的描述性统计

研究人员对有效的问卷中反映的样本基本特征进行了描述性统计，具体结果详见表3.1所示。统计结果显示所调研的对象中比较明显的特征有两个，一是企业年龄在15年及以下的企业构成了样本的主体，其中又以10年以下的年青企业最为突出，本书认为对于研究企业成长而言，以年青企业群体为主所构成的样本是比较合适的。二是在所有制类型上，主要以民营企业为主，这可能与问卷发放的区域有些关系。问卷发放的主要区域集中在东南沿海各地区，这些区域中民营经济比较活跃。同时，地区的开放程度也相对较高，因此外资企业或者合资企业也比较普遍。因而本书认为出现这样的所有制结构特征是可以理解的。

表3.1　　　　　　　　样本基本特征分布情况统计

指标	指标特征	样本量（n）	百分比（%）	累计百分比（%）
企业年龄	5年以下	78	34.36	34.36
	5—10年	98	43.17	77.53
	11—15年	45	19.82	97.36
	16—20年	4	1.76	99.12
	20年以上	2	0.88	100.00
企业规模	100人以下	15	6.61	6.61
	101—200人	20	8.81	15.42
	201—300人	37	16.30	31.72
	301—1000人	53	23.35	55.07
	1001—2000人	42	18.50	73.57
	2001—3000人	36	15.86	89.43
	3000人以上	24	10.57	100.00
所有制类型	国有	25	11.01	11.01
	民营	125	55.07	66.08
	外资	45	19.82	85.90
	合资	28	12.33	98.24
	其他	4	1.76	100.00

5. 未回复偏差检验

本研究在问卷调研过程中有很多问卷未得到回复，需要检验未回复偏差。通常的做法是参照莫尔和斯皮克曼（Mohr & Spekman, 1994）的做法，通过比较早期收到的问卷和后期收到的问卷之间是否存在显著差异的方式来检验未回复偏差。基于此，本书将在最先收到的部分样本当中抽取前20个样本，并在最后收到的部分样本当中抽取最晚的20个样本进行独立样本T检验，检验结果见表3.2。检验结果表明，较早回复的企业与较晚回复的企业之间在企业年龄和企业规模两个特征上均不存在显著的差异性。也就是说，此次调研中不存在明显的未回复偏差。

表3.2　　　　　　不同批次企业基本特征的独立样本T检验

		方差方程的 Levene 检验		均值方程的 t 检验				
		F	Sig.	t	df	Sig.	差分95%置信区间	
							下限	上限
年龄	齐性	.818	.371	-.499	38	.621	-3.28652	1.98652
	非齐性			-.499	36.012	.621	-3.29131	1.99131
规模	齐性	.355	.555	-.379	38	.707	-1.58457	1.08457
	非齐性			-.379	37.824	.707	-1.58478	1.08478

二　变量测量

1. 自变量资源获取的测量

资源获取的测量通常有两套不同的措施。其一，是从资源的可获得性角度看，用企业从外部获取资源的便利程度来测量，有代表性的是普费弗和萨兰西克（1978）的研究，从资源获取的数量、获取的渠道及获取的成本等来刻画企业的资源获取状况。具体到本项研究中，资源获取的维度划分已经区分了资源获取的途径，即通过集团网络内部和集团网络外部两种途径获取资源，但这两种途径仍然可以有很多具体的资源获取渠道。所以，仍然适用普费弗和萨兰西克（1978）测量中所涉及的渠道指标。其二，将企业从外部获取的资源进行简要的分类，然后测量这些资源的获取情况。这方面可参考的做法就相当丰富，如巴尼（1991）和格兰特（1991）分为物质、人力、财务、技术和信誉等；米勒和沙姆斯（Miller & Shamsie，1996）分为基于所有权的资源和基于知识的资源等；哈伯和雷赫尔（Haber & Reichel，2005）分为人力资源、物质资源和组织资源等；张方华（2006）将资源获取分成信息、知识和资金三部分等；朱秀梅和李明芳（2011）则更为简约性地从知识资源和资产资源两方面来测量资源获取，这实际上与郑等（Tseng et al.，2007）提到的以知识为基础的资源和以产权为基础的资源这种提法是相一致的。采取类似测量方法的还包括葛宝山、董保宝（2009）的研究，他们将企业资源获取分成运营性资源获取及战略性资源获取①，其中战略性资源又主要表现为知识资源。因此，知识资源获取和运营资源获取就成为资源获取的两个维度，这与朱秀梅和李明芳（2011）的测量方法颇为相似。

本书拟将以上两种测量方法进行整合。首先，遵循近年来学者测量资源获取时对资源的分类，将资源获取分成知识性资源获取和资产性资源获取两个维度（朱秀梅、李明芳，2011；郑等，2007）。同时，结合资源可获得性的测量设计，分别对知识资源获取和资产资源获取的渠道、充分性和低成本性进行测量。从以上分析可知，本书对于资源获取的测量在现有文献中属于一种比较成熟的测量方法。

2. 因变量成长绩效的测量

在 BG 相关研究中，对于企业绩效的测量方法主要有基于市场表现的企业绩效测量方法和基于财务表现的企业绩效测量方法两种。前者主要是测量上市公司的 Tobin's Q 值②，后者主要是测量上市公司的资产回报率即 ROA 值。在该领域内的实证性研究中，一般均是采用两者相结合的测量方法［卡纳和帕利普，2000；戈什（Ghosh，2010）］。企业成长绩效也属于企业绩效的范畴，但要更加突出企业的成长性特征。因此，学者们探索了更能表征企业成长的测量指标。尽管对于企业成长绩效的测量仍然没有统一的标准，但从现有文献中本书发现应用最为广泛，认可度相对较高的企业成长性的指标分别为：员工增长速度、销售增长速度［维克隆德，1999；安唐西克和海斯里奇（Antoncic & Hisrich, 2001）；扎赫拉等，2002；斯图尔特（Stewart, 2003）；维克隆德和谢泼德，2005］及市场份额增长速度（安唐西克和海斯里奇，2001；扎赫拉等，2002）三个。因此，本书将遵循这些学者的做法，用以上三个指标来测量从属企业的成长绩效。

3. 调节变量资源整合能力的测量

本书对于能力的测量是通过活动来反映的，即以资源整合活动水平的

---

① 具体详见葛宝山、董保宝（2009）的研究，他们将企业资源获取分成运营性资源获取及战略性资源获取，其中战略性资源又主要表现为知识资源。

② Tobin's Q 是公司市场价值与其资产重置成本的比率。比值大于1，表明企业创造的价值大于投入的资产成本，说明企业为社会创造了价值；反之则说明浪费了社会资源。

高低来反映企业资源整合能力的高低。所以，在测量上可以借鉴资源整合活动的指标设计。一般而言，学者均是从过程的视角对资源整合进行测量，如蔡和戈沙尔（1998）在检验资源整合对社会资本和价值创造的中介作用时所使用的含有 4 个题项的测量设计；维克隆德和谢泼德（2009）在检验资源整合对并购、联盟与绩效之间关系的调节效应时所使用的含有 6 个题项的测量设计；以及易朝辉（2010）在检验资源整合能力、创业导向与创业绩效三者关系时所使用的含有资源识别、获取、配置和运用 4 个维度的测量设计。这些测量设计的一个共同的特点就是涵盖了资源管理的整个过程，涉及资源获取和利用，对于资源整合的理解过于宽泛而未能真正聚焦于"整合"活动，显然不适合于本书的测量。顺承本书对资源整合的理解，拟借鉴西蒙等（2007）的研究，主要将资源整合能力聚焦于企业对资源进行配置以形成能力的过程。根据原作者的意思，这种焦点视角下的资源整合主要体现为资源的平稳调整和开拓创造两个方面的活动。因此，本书也主要是从这两方面的活动情况来考察从属企业的资源整合能力。具体在问项的问句设计上还参照了蔡莉、单标安和周立媛（2010）以及蔡莉和尹苗苗（2009）的量表[①]，从而使问句在语言表达上更符合中文语境下的意思表述。

4. 调节变量资源异质性程度的测量

党兴华、李雅丽、张巍（2010）在他们的研究中将资源异质性解读为知识资源、文化资源和制度资源等方面的差异性，并在卡明斯和邓（Cummings & Teng，2003）以及古普塔和戈文达拉扬（Gupta & Govindarajan，2000）等人研究成果的基础上，设计了 4 个题项对组织资源异质性进行了测量。但总体来说，资源异质性程度的测量比较少见具体的指标设计。鉴于以上学者对于资源异质性的理解与本书对异质性资源的理解有较大的偏差，所以这些指标不能直接为本书所用。为此，本书将根据前文中提到的毕等（2008）以及阿希特和卡米（2007）两项研究中对资源异质性的解释来做。毕等（2008）以及阿希特和卡米（2007）的两份研究已经非常明确地指出了资源异质性的三个具有实证操作意义的具体特征，即

[①] 蔡莉、单标安和周立媛（2010）以及蔡莉和尹苗苗（2009）在研究中对于资源整合的理解及测量也主要参照的是西蒙等（2007）的观点。这为本书在问句的具体语言设计上提供了支持。

资源与活动的相关程度、资源的难以替代性和资源对降低外部不确定性的作用等。据此，本书分别从集团网内所获资源与本企业活动和功能的相关程度、集团网内所获资源的难以替代性以及集团网内所获资源对企业应对外部不确定性的作用三个方面来测量从属企业从集团网络内部所获资源的异质性程度。从这些指标可以看出，对于不同的从属企业而言，集团网内资源的异质性程度是不同的。在具体操作时，我们首先是在从属企业层次上收集相对于某个特定从属企业而言的资源异质性，因此从这个角度讲，资源异质性首先指的是特定从属企业从集团网内所获资源的异质性，是从属企业层次的变量。然后，通过数据汇总的方法，把企业层次的数据转换成集团层面的数据。本书所采用的方法是将同一集团若干个从属企业的资源异质性数据取平均值之后作为集团网络资源异质性的变量值。

5. 控制变量及测量

有关新创企业或中小企业成长差异性的相关研究中常见的控制变量主要有两个：一是企业年龄，二是企业规模。由于企业成立时间的长短不同，企业内部所积累的资源和能力就有很大的差异班特尔（Bantel，1998），从而使得企业成长绩效也表现出较大的差异性。同时也有研究表明企业规模大小与企业成长性密切相关（辛和惠廷顿，1975）。因此，在本书的研究中也将企业年龄和企业规模作为从属企业成长绩效的两个重要的外源变量控制起来，实际上在国际上的顶级期刊上也有类似的操作，如该领域内杜马等（Douma et al.，2006）发表在 *SMJ* 上的文章就是如此。在具体操作上，本书分别参照卡尔亨（Culhane，2003）及约瑟夫（Yusuf，2002）等人对企业年龄和企业规模测量的做法，将企业规模和企业年龄对成长绩效的影响控制起来。

除了从属企业自身的两个重要的控制变量之外，集团从属企业的绩效效应还有赖于集团的一些协变量，特别是集团规模和集团多元化水平。张和蔡（1988）研究表明，韩国最大的四个集团的从属企业比那些小型集团的从属企业和非从属企业的绩效都要好；卡纳和帕利普（1999a）运用印度集团的数据，表明以 ROA 或者 Tobin's Q 测量的企业绩效与集团多元化之间呈现出曲线关系，但运用美国数据的研究表明，多元化集团中成员资格会有损于价值［伯格和欧菲克（Berger & Ofek，1995）；兰和斯塔尔兹，1994；蒙哥马利，1994］。由此可见，集团规模和集团多元化水平是影响从属企业绩效的两个重要的控制变量，本书将采用伦辛克和莫伦

(Lensink & Molen, 2010)对集团规模和集团多元化的测量方法,分别使用集团从属企业的数量和产业数量对其进行测量。考虑到集团规模和集团多元化属于集团层次的变量,在具体操作上通过设置哑变量(dummy)的方法来处理,以此来控制其对从属企业成长绩效的影响。

三 数据分析方法

本书首先运用探索性因子分析、信度分析及验证性因子分析等方法对测量工具的信度和效度进行检验,通过这些分析方法的应用,可以进一步地简化数据结构,满足变量层次或维度层次等不同层次分析的需要。其次,运用描述性统计分析的方法计算各变量的均值、标准差及相关系数等,初步探索变量之间的相关关系。最后,运用分层回归和多元线性回归的分析思路和方法在从属企业层次上对本书提出的假设进行实证检验。并且,运用多层回归分析的方法跨商业集团和从属企业两个层次对相关的假设进行进一步的验证。

第四节 研究结果

一 测量工具的检验

(一)内部资源获取量表的检验

按前文的维度设计,内部资源获取分为内部知识性资源获取和内部资产性资源获取两个维度,因此在因子分析时,我们选择主成分的方法进行因子抽取,采用提取固定数量因子的抽取规则,因子旋转方法采用最大方差法输出旋转解,最大收敛性迭代次数为 25 次。结果析出 2 个因子,如表 3.4 所示。检验结果显示,巴勒特球形检验的显著度为 0.000,样本足够度为 88.9%,表明适合做因子分析见表 3.3。

表 3.3　　　　内部资源获取量表的 KMO 和 Bartlett 检验

Kaiser – Meyer – Olkin 度量值		.889
Bartlett 球形检验	近似卡方	1430.332
	自由度	15
	显著度	.000

表 3.4　　　　　　　内部资源获取量表的因子分析

指标	知识性资源获取	资产性资源获取
Nzy1 内部知识性资源获取的数量	.841	.427
Nzy2 内部知识性资源获取的成本	.840	.444
Nzy3 内部知识性资源获取的渠道	.868	.375
Nzy4 内部资产性资源获取的数量	.412	.850
Nzy5 内部资产性资源获取的成本	.443	.829
Nzy6 内部资产性资源获取的渠道	.386	.866
Cronbach'α 系数	.941	.939
特征值	2.682	2.680
解释的变异（%）	44.695	44.670
累积解释的变异（%）	44.695	89.365

因子分析结果所析出的 2 个因子解释了总变异量的 89.365%，内部知识性资源获取因子的内部一致性系数 Cronbach's α 值为 0.941，内部资产性资源获取因子的 Cronbach's α 值为 0.939，大于 0.7，具有较好的内部一致性信度。其中，最小因子载荷为 0.829，大于 0.7，说明所提取的因子具有较好的聚合效度。

为进一步检验内部资源获取测量的有效性，本书对其进行了验证性因子分析，结果如图 3.3 和表 3.5 所示。拟合结果如表 3.6 所示，其中 $\chi^2(8) = 15.612$，$p < 0.05$；$\chi^2/df = 1.951$；RMSEA = 0.065；GFI = 0.977；AGFI = 0.941；NFI = 0.989；IFI = 0.995；CFI = 0.995。结果表明，这一测量具有很好的拟合效度。

表 3.5　　　　　内部资源获取的验证性因子分析参数估计

变量间关系	非标准估计值	标准化估计值	S.E.	C.R.	P
nzy3←内部知识性资源获取	1.000	.899			
nzy2←内部知识性资源获取	1.104	.938	.048	23.090	***
nzy1←内部知识性资源获取	1.086	.916	.050	21.848	***
nzy6←内部资产性资源获取	1.000	.912			
nzy5←内部资产性资源获取	.997	.917	.044	22.473	***
nzy4←内部资产性资源获取	.984	.915	.044	22.354	***
内部知识性资源获取↔内部资产性资源获取		.839	.235	8.744	***

注：*** 代表 $p < 0.001$。

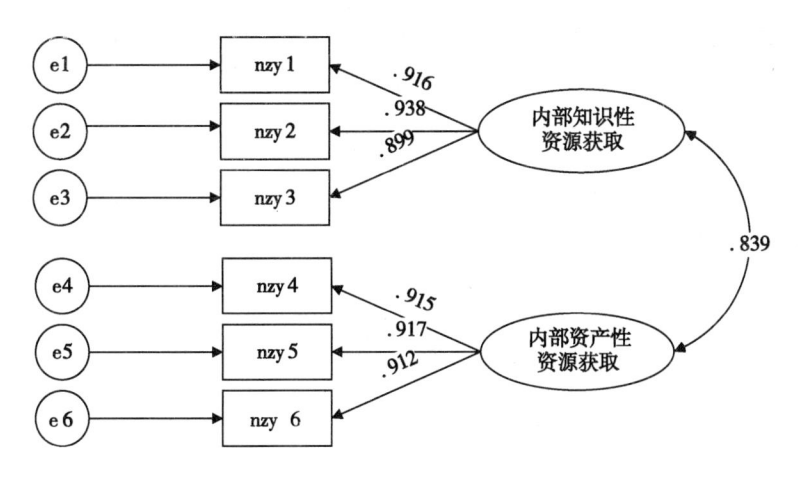

第三章 子研究一：从属企业的资源获取与成长绩效

图 3.3 内部资源获取构念的验证性因子分析结果图

表 3.6 内部资源获取的验证性因子分析拟合指标

测量模型	χ2	df	χ2/df	RMSEA	GFI	NFI	IFI	CFI
验证模型	15.612	8	1.951	.065	.977	.989	.995	.995
独立模型	1448.492	15	96.566					

（二）外部资源获取量表的检验

外部资源获取的维度划分与内部资源获取一样，也分为外部知识性资源获取和外部资产性资源获取两个维度，因此我们也用类似的方法对用于测量外部资源获取的6个指标进行因子分析。检验结果显示，巴勒特球形检验的显著度为0.000，样本足够度为88%，表明适合做因子分析。

表 3.7 外部资源获取量表的 KMO 和 Bartlett 检验

Kaiser – Meyer – Olkin 度量值		.880
Bartlett 球形检验	近似卡方	1246.766
	自由度	15
	显著度	.000

因子分析结果所析出的2个因子解释了总变异量的87.145%，内部知识性资源获取因子的内部一致性系数 Cronbach's α 值为0.911，内部资产性资源获取因子的 Cronbach's α 值为0.936，两者均达到了农纳利（Nunnaly, 1978）所建议的标准，具有较好的内部一致性信度。观察所提因子

的载荷表，最小因子载荷数为 0.765，大于 0.7，反映了较好的聚合效度。

表 3.8　　　　　　　外部资源获取量表的因子分析

指标	资产性资源获取	知识性资源获取
Wzy1 外部知识性资源获取的数量	.292	.886
Wzy2 外部知识性资源获取的成本	.394	.857
Wzy3 外部知识性资源获取的渠道	.471	.765
Wzy4 外部资产性资源获取的数量	.876	.326
Wzy5 外部资产性资源获取的成本	.863	.392
Wzy6 外部资产性资源获取的渠道	.852	.405
Cronbach'sα 系数	.936	.911
特征值	2.701	2.528
解释的变异（%）	45.013	42.132
累积解释的变异（%）	45.013	87.145

为进一步检验外部资源获取测量的有效性，本书对其进行了验证性因子分析，结果如图 3.4 和表 3.9 所示。拟合结果如表 3.10 所示，其中 $\chi^2(8) = 15.297$，$p < 0.05$；$\chi^2/df = 1.912$；RMSEA = 0.064；GFI = 0.977；AGFI = 0.941；NFI = 0.988；IFI = 0.994；CFI = 0.994。结果表明，这一测量具有很好的拟合效度。

表 3.9　　　　　外部资源获取的验证性因子分析参数估计

变量间关系	非标准估计值	标准化估计值	S.E.	C.R.	P
wzy3←外部知识性资源获取	1.000	.859			
wzy2←外部知识性资源获取	1.078	.929	.057	18.936	***
wzy1←外部知识性资源获取	.988	.857	.059	16.705	***
wzy6←外部资产性资源获取	1.000	.925			
wzy5←外部资产性资源获取	.957	.935	.039	24.436	***
wzy4←外部资产性资源获取	.925	.876	.045	20.698	***
外部知识性资源获取↔外部资产性资源获取	.797	.181		8.326	***

注：*** 代表 $p < 0.001$。

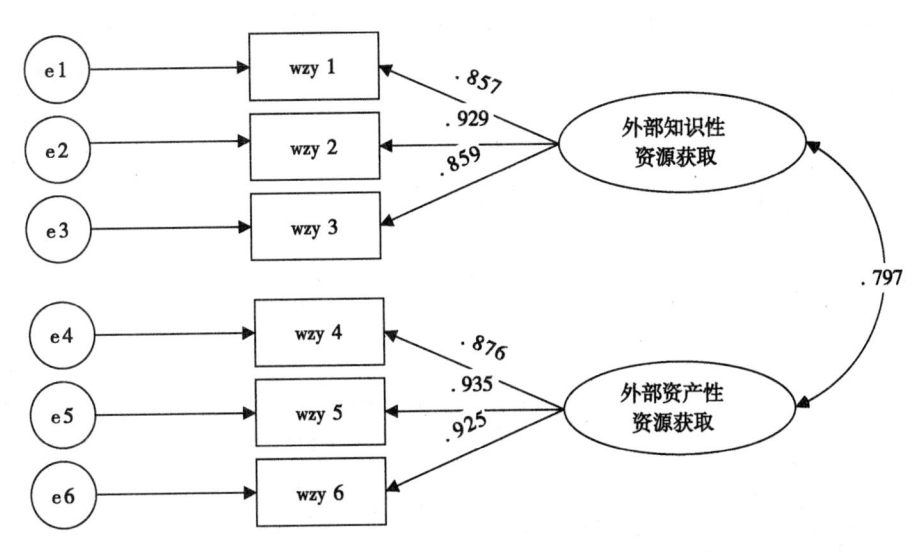

第三章 子研究一：从属企业的资源获取与成长绩效

图 3.4 外部资源获取构念的验证性因子分析结果图

表 3.10 外部资源获取的验证性因子分析拟合指标

测量模型	χ2	df	χ2/df	RMSEA	GFI	NFI	IFI	CFI
验证模型	15.297	8	1.912	.064	.977	.988	.994	.994
独立模型	1262.595	15	84.173					

（三）资源整合能力量表的检验

用于测量资源整合能力的 6 项指标经过探索性因子分析，其中 KMO 值为 0.816，显著度为 0.000，详见表 3.11 所示。结果表明，资源整合能力的测量适用于因子分析。

表 3.11 资源整合能力量表的 KMO 和 Bartlett 检验

Kaiser – Meyer – Olkin 度量值		.816
Bartlett 球形检验	近似卡方	1102.270
	自由度	15
	显著度	.000

因子分析结果所析出的 2 个因子解释了总变异量的 85.038%，开拓创新（蔡莉、单标安、周安媛，2010）因子的内部一致性系数 Cronbach's α 值为 0.917，稳步调整（蔡莉、单标安、周安媛，2010）因子的 Cronbach's

α值为0.902，两者均达到了农纳利（1978）所建议的标准，具有较好的内部一致性信度。各因子上的最小载荷数为0.842，达到了显著的标准，具有较好的聚合效度。

为进一步检验资源整合能力测量的有效性，本书对其进行了验证性因子分析，结果如图3.5和表3.13所示。拟合结果如表3.14所示，其中$\chi^2(8) = 19.035$，$p < 0.05$；$\chi^2/df = 2.379$；RMSEA = 0.078；GFI = 0.973；AGFI = 0.928；NFI = 0.983；IFI = 0.990；CFI = 0.990。结果表明，这一测量具有很好的拟合效度。

表3.12　资源整合能力量表的因子分析

指标	开拓创新	稳步调整
Zh1 创造性地重新组合新获资源	.898	.230
Zh2 创造性地重新组合原有资源	.880	.333
Zh3 创造性地组织原有资源和新获资源	.857	.315
Zh4 对现有资源组合进行微调	.203	.863
Zh5 稳步地增加资源	.350	.842
Zh6 基础性资源比较稳定	.331	.894
Cronbach's α 系数	.917	.902
特征值	2.589	2.514
解释的变异（%）	43.142	41.896
累积解释的变异（%）	43.142	85.038

表3.13　资源整合能力测量的验证性因子分析参数估计

变量间关系	非标准估计值	标准化估计值	S.E.	C.R.	P
wzy3←开拓创新	1.000	.866			
wzy2←开拓创新	1.077	.937	.056	19.366	***
wzy1←开拓创新	.968	.860	.057	17.114	***
wzy6←稳步调整	1.000	.977			
wzy5←稳步调整	.880	.885	.040	21.793	***
wzy4←稳步调整	.797	.766	.050	15.868	***
开拓创新↔稳步调整		.639	.181	7.458	***

注：*** 代表 $p < 0.001$。

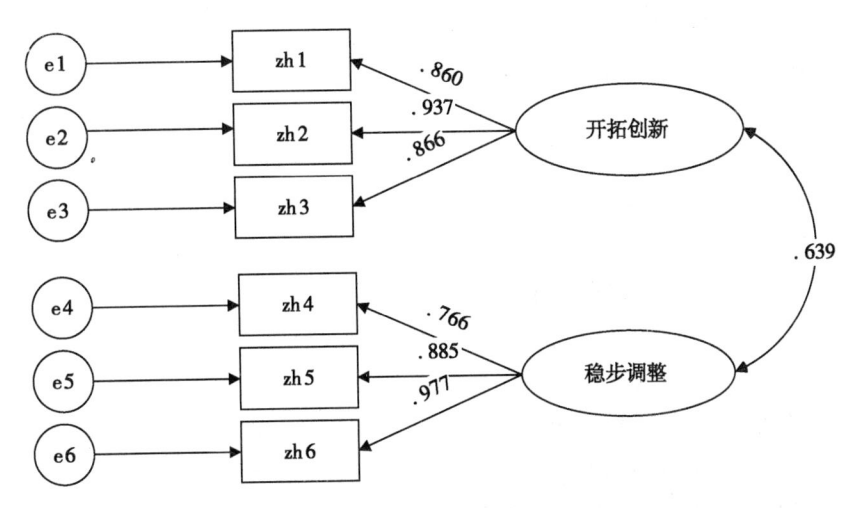

图 3.5　资源整合能力构念的验证性因子分析结果图

表 3.14　资源整合能力测量的验证性因子分析拟合指标

测量模型	χ^2	df	χ^2/df	RMSEA	GFI	NFI	IFI	CFI
验证模型	19.035	8	2.379	.078	.973	.983	.990	.990
独立模型	1116.265	15	74.418					

（四）集团网络资源异质性量表的检验

测量集团网络资源异质性程度的指标有 3 个，通过探索性因子分析，析出一个因子，特征值为 2.670，累积解释总体变异的 88.991%，能够很好地表征底层指标的变异程度（KMO 值 0.729，近似卡方值为 623.371，显著度 0.000）。内部一致性系数为 0.938，组合信度（CR）为 0.9602，说明资源异质性变量测量的信度是比较理想的。观察所提取因子的载荷表，发现最小因子载荷为 0.929（>0.7），具有较好的聚合效度。

（五）成长绩效量表的检验

测量企业成长绩效的指标有 3 个，通过因子分析之后，析出一个因子，特征值为 2.563，累积解释总体变异的 85.432%，能够很好地反映底层指标的变异程度（KMO 值为 0.717，Bartlett 球形检验的近似卡方值为 506.231，显著度为 0.000）。内部一致性系数为 0.915，组合信度（CR）为 0.9464，说明成长绩效测量的信度是比较理想的。其中，最小因子载荷为 0.898（>0.7），具有较好的聚合效度。

(六) 变量层次的信度与效度检验小结

首先，关于变量的信度检验。变量的信度可以通过 Cronbach α 系数和组合信度（CR）两个指标来反映，一般两者的值在 0.7 以上则被认为是具有良好的信度。从测算的结果来看，本书所用变量的所有指标所对应在变量层次上的 Cronbach α 系数均在 0.9 以上，呈现出良好的内部一致性。同时，变量的 CR 值也都在 0.9 以上，表明各变量的组合信度也很可靠。

其次，关于变量的效度检验。本书主要对变量的聚合效度（CV）和区分效度（DV）进行了检验。在聚合效度的检验方面，通常可以用所测因子上的因子载荷值来反映，因子载荷值大于 0.7 的则被认为是具有良好的聚合效度。而在区分效度方面，一般可以通过比较变量的平均变异萃取量（AVE）与变量间相关系数的平方值来进行判断。因此，需要先对研究所涉及的变量进行描述性统计分析，计算出变量之间的相关系数，并计算出 AVE 值，才能进行比较和判断。通常相关系数在 0.8 以上时，被认为两个变量之间有很强的线性相关性。而本书变量之间最大的相关系数未超过 0.65，据此可以初步判断变量之间应该具有区分度。进一步通过对比表 3.15 中的 AVE 值和各变量的相关系数平方值，结果表明，变量之间具有良好的区分效度。

表 3.15　　变量的信度与效度指标测算结果

变量	α 系数	CR 值	最小因子载荷	AVE 值
内部资源获取	0.949	0.9596	0.879	0.7984
外部资源获取	0.935	0.9492	0.824	0.7569
资源整合能力	0.906	0.9275	0.748	0.6811
资源异质性	0.938	0.9602	0.929	0.8895
成长绩效	0.915	0.9464	0.898	0.8549

(七) 同源偏差的检验

从单一被试处获取的数据不可避免地会出现同源误差（common methods bias，简称为 CMB）的问题。因此，有必要对同源偏差问题采取一定的规避措施。根据泡德沙科夫和奥根（Podsakoff & Organ, 1986）的建议，子研究一从研究设计和统计上都采取相应的措施，以尽可能地减少同源误差所产生的不利影响。在研究设计上，本书所采取的措施包括问卷填写以匿名的方式进行；在问卷说明部分告知被试所列问题的答案无对错之分；

在问项的表述上尽可能使用清晰而无歧义的语句等。在统计上，子研究一通过 Harman 单因素检验来分析同源误差的严重程度。将问卷中有关子研究一的所有条目放在一起做因子分析，在未旋转状态下得到的第一个主成分反映的就是 CMB 的量。分析结果表明，在未旋转的状态下分析出 7 个因子，累积解释了总体变异的 79.558%，其中第一个因子解释了 37.989% 的变异。从结果来看，不存在一个单一因子解释大部分变异的现象，这表明在子研究一中同源误差并不是很严重。

二 描述性统计分析

对本项子研究中涉及的所有变量进行了皮尔逊相关分析，表 3.16 给出相关分析的结果。结果表明了商业集团从属企业成长绩效与企业规模、集团规模、内部资源获取、外部资源获取、从属企业的资源整合能力以及集团网络资源的异质性程度均显著正相关（p<0.01）。

表 3.16　　　　　　　　描述性统计分析结果

		均值	标准差	1	2	3	4	5	6	7	8	9
1	企业年龄（log）	.7812	.25595	1								
2	企业规模	4.2819	1.67749	.369**	1							
3	集团规模（dummy）	.5991	.49116	.021	.147*	1						
4	集团多元化（dummy）	.5110	.50098	-.101	.012	.476**	1					
5	内部资源获取	3.7577	1.75670	.101	.123	.004	-.033	1				
6	外部资源获取	4.0565	1.52101	.044	.230**	.092	.021	.395**	1			
7	资源整合能力	3.7548	1.57172	-.080	-.002	.078	.127	.476**	.432**	1		
8	集团网络资源异质性	3.8869	1.58406	.003	.090	-.023	.026	.307**	.491**	.375**	1	
9	成长绩效	3.2232	1.51467	.119	.240**	.105	.085	.512**	.600**	.500**	.374**	1

注：*代表 p<0.05；**代表 p<0.01。

三 多元回归分析

正如前文所述，本书的假设都是在变量层次上提出的，所以在实证分析中也需要在变量层次上检验这些假设。我们将测量内部资源获取的 6 个题项进行因子分析，选择主成分的方法进行因子抽取，采用基于特征值大于1的抽取规则，因子旋转方法采用最大方差法输出旋转解，最大收敛性迭代次数为25次。输出的取样足够度KMO值为0.889，Bartlett球形检验的近似卡方值为1430.332，自由度（df）为15，显著性程度为0.000。因子分析的结果是抽取了一个因子，累积解释总体变异的79.839%。所提取的单一因子的Cronbach's α值为0.949，达到了农纳利（1978）所建议的标准，具有较好的内部一致性信度。用同样的方法来处理外部资源获取的测量，输出的取样足够度KMO值为0.880，Bartlett球形检验的近似卡方值为1246.766，自由度（df）为15，显著性程度为0.000。因子分析的结果是抽取了一个因子，累积解释总体变异的75.690%。所提取的单一因子的Cronbach's α值为0.935，具有较好的内部一致性信度。资源整合能力提取成一个因子，以便于在变量层次上进行定量分析。所提取的因子特征值为4.086，能够解释总体变异的68.095%（KMO值为0.816，近似卡方1102.270，显著度为0.000），能较好地反映底层指标的变异。在此基础上，本书对变量间的关系进行了检验。

如表3.17所示，在控制了企业年龄、企业规模、集团规模、集团多元化等变量之后，首先将从属企业的内部资源获取纳入模型2中，结果显示，内部资源获取对成长绩效有显著的正向影响（$\beta = 0.493$，$p < 0.001$），在模型3中将从属企业的外部资源获取置入，结果显示，外部资源获取对成长绩效有显著的正向影响（$\beta = 0.450$，$p < 0.001$）。同时，伴随着外部资源获取进入模型之后，尽管内部资源获取对成长绩效的正向影响依然显著（$p < 0.001$），但受其影响内部资源获取对成长绩效的正向影响在一定程度上被削弱了，其β系数由原来的0.493减为0.323，变动幅度为34.483%，可以说内部资源获取对从属企业成长绩效的正向影响有相当一部分被外部资源获取所解释。由以上可以推定假设1a、假设1b和假设1c均得到验证。对于集团网络资源异质性的调节作用的检验，本书首先在模型4中引入这一变量，并在模型5中分别检验了内部资源获取和外部资源获取两者与网络资源异质性乘积项对成长绩效的影响，结果表明乘积项显著。其中内部资源获取与网络资源异质性乘积项的$\beta = 0.206$，$p < 0.001$，这说明网络资源异质性对内部资源获取与从属企业成长绩效的关系具有显著的正向调节作用。而外部资源获取与网络资源异质性乘积项的$\beta = -0.098$，$p = 0.065 < 0.100$，这说明网络资源异质性对外部资源获取与从属企业成长绩效的关系具有较为明显的负向调节作用，但这种负向

调节作用的显著程度要远远小于其对前者的正向调节作用。由此可见，假设 2a 和假设 2b 均得到了验证。

表 3.17　　集团网络资源异质性的调节作用检验

	模型 1	模型 2	模型 3	模型 4	模型 5
企业年龄（log）	.045	.015	.047	.048	.032
企业规模	.217**	.167**	.077	.077	.096†
集团规模（dummy）	.040	.039	.009	.015	-.002
集团多元化（dummy）	.067	.082	.085	.082	.099†
内部资源获取		.493***	.323***	.315***	.303***
外部资源获取			.450***	.423***	.435***
网络资源异质性				.060	.050
内部资源获取 * 网络资源异质性					.206***
外部资源获取 * 网络资源异质性					-.098†
R^2	.067	.305	.468	.471	.505
Adjusted R^2	.051	.290	.454	.454	.484
ΔR^2	.067	.238	.163	.003	.034
F	4.007**	19.428***	32.272***	27.834***	24.570***
F change	4.007**	75.719***	67.334***	1.111	7.428***
VIF 最大值	1.329	1.329	1.334	1.519	1.524

注：因变量为成长绩效；†P<0.10，*p<0.05，**p<0.01，***p<0.001。

根据巴伦和肯尼（Baron & Kenny, 1986）的观点，检验中介作用需要三个条件，即自变量对中介变量有显著的预测效果；自变量对因变量有显著的预测效果；自变量和中介变量同时用于预测因变量时，中介变量具有显著的预测效果，且自变量的预测效果会显著下降。首先，表 3.18 已经显示自变量对于因变量具有显著的预测效果（p<0.001）。其次，进一步测算自变量对中介变量的影响，结果显示出控制相关的控制变量后，内部资源获取和外部资源获取对资源整合能力的影响效果显著（内部资源获取的 β = 0.380，p<0.001；外部资源获取的 β = 0.303，p<0.001；R^2 为 0.335，调整后 R^2 为 0.317；F 值为 18.485（Sig. = 0.000）；ViF 最大值为 1.334）。再次，如表 3.18 所示，在控制了企业年龄、企业规模、集团规模和集团多元化等变量后，从属企业的资源整合能力对其成长绩效有显

著的正向影响（β=0.217，p<0.001）。并且，由于资源整合能力的介入，模型2和模型3中的内部资源获取和外部资源获取的系数有了明显的变化，内部资源获取的预测效果下降了25.39%，而外部资源获取的预测效果下降了14.44%，但两者对成长绩效的影响效果仍然达到了显著水平（p<0.001）。综上可知，资源整合能力对于内部资源获取和外部资源获取的绩效效应具有部分中介作用。由此可以推定假设3a和假设3b均得到验证。最后，通过模型4检验了资源整合能力的调节效应。结果表明，内部资源获取与资源整合能力的乘积项不显著，这说明了资源整合能力对于内部资源获取与从属企业成长绩效关系的调节效应不明显。而外部资源获取与资源整合能力乘积项的β=0.170，p<0.001，这说明资源整合能力对于外部资源获取与从属企业成长绩效的关系具有显著的正向调节作用。由此可以推定假设3d得到验证，而假设3c未得到实证支持。

表3.18　资源整合能力的中介性调节作用检验

	模型1	模型2	模型3	模型4
企业年龄（log）	.045	.047	.066	.050
企业规模	.217**	.077	.096†	.113*
集团规模（dummy）	.040	.009	.008	-.015
集团多元化（dummy）	.067	.085	.059	.078
内部资源获取		.323***	.241***	.244***
外部资源获取		.450***	.385***	.369***
资源整合能力			.217***	.212***
内部资源获取*资源整合能力				-.024
外部资源获取*资源整合能力				.170***
R^2	.067	.486	.499	.525
Adjusted R^2	.051	.454	.483	.505
ΔR^2	.067	.401	.031	.025
F	4.007**	32.272***	31.213***	26.638***
F change	4.007**	82.890***	13.690***	5.819**
VIF最大值	1.329	1.334	1.504	1.517

注：因变量为成长绩效；†P<0.10，*p<0.05，**p<0.01，***p<0.001。

如表3.19所示，本书对资源获取、网络资源异质性和资源整合能力对从属企业成长绩效的结构性影响进行了检验。在这个过程中，首先在模型4中对网络资源异质性和资源整合能力对资源获取与成长绩效关系的调节效应同时进行了检验，结果同样表明网络资源异质性对内部资源获取与成长绩效关系具有显著的正向调节作用（β=0.193，p<0.001），对外部资源获取与成长绩效关系具有显著的负向调节作用（β=0.136，p<0.05），这再一次验证了假设2a和假设2b。而资源整合能力仍然只对外部资源获取与成长绩效的关系具有正向调节作用（β=0.135，p<0.05），而对内部资源获取与成长绩效的关系没有调节效应，这再一次支持了表3.17的检验结果，即只有假设3d得到验证，而假设3c未得到验证。模型5的结果表明，内部资源获取、网络资源异质性和资源整合能力对从属企业成长绩效的结构性影响显著（β=0.220，p<0.001），而外部资源获取、网络资源异质性和资源整合能力对从属企业成长绩效的结构性影响不显著（p=0.198>0.100）。因此，假设4a得到验证，而假设4b未得到验证。

表3.19　资源获取、网络资源异质性及资源整合能力的结构性影响

	模型1	模型2	模型3	模型4	模型5
企业年龄（log）	.045	.047	.066	.042	.050
企业规模	.217**	.077	.096†	.134**	.120*
集团规模（dummy）	.040	.009	.011	-.023	-.020
集团多元化（dummy）	.067	.085	.058	.088†	.089†
内部资源获取		.323***	.239***	.218***	.198***
外部资源获取		.450***	.374***	.361***	.317***
网络资源异质性			.027	.023	-.002
资源整合能力			.212***	.237***	.258***
内部资源获取 * 资源异质性				.193***	.219***
外部资源获取 * 资源异质性				-.136*	-.139**
内部资源获取 * 资源整合能力				-.018	-.044
外部资源获取 * 资源整合能力				.135*	.124*

续表

	模型1	模型2	模型3	模型4	模型5
内部资源获取 * 资源异质性 * 资源整合能力					.220 ***
外部资源获取 * 网络资源异质性 * 资源整合能力					-.085
R^2	.067	.468	.500	.556	.586
Adjusted R^2	.051	.454	.482	.532	.558
ΔR^2	.067	.401	.032	.057	.057
F	4.007 **	32.272 ***	27.245 ***	22.377 ***	21.402 ***
F change	4.007 **	82.890 ***	6.939 ***	6.821 ***	7.454 ***
VIF 最大值	1.329	1.334	1.604	1.635	2.204

注：因变量为成长绩效；†$p<0.10$，*$p<0.05$，**$p<0.01$，***$p<0.001$。

为保证多元回归分析方法的使用是正确得当的，需要对此方法在经济管理研究中常遇到的多重共线性、序列相关性和异方差三大问题进行检验，这样才能保证得到的结论是恰当的。首先，对多重共线性问题进行检验。多重共线性问题一般可用方差膨胀因子（Variance Inflation Factor，VIF）指数来判断（马庆国，2002）。当 $0<VIF<10$，不存在多重共线性［查特吉和普赖斯（Chatterjee & Price，1991）］；当 $10 \leqslant VIF<100$，存在较强的多重共线性；当 $VIF \geqslant 100$，存在严重多重共线性。本项子研究中各个回归模型的 VIF 指数均小于3，表明不存在共线性的问题。其次，对序列相关性的检验。通常使用 DW（Durbin - Watson）值为判断回归模型是否存在序列相关的问题，一般来说只要 DW 值介于1.5至2.5之间，均可认为回归模型不存在序列相关性的问题。虽然本研究的样本属于截面数据而不是时间序列数据，理论上讲不存在序列相关的问题，但本书还是对回归模型的 DW 值进行了测算，各回归模型中最小的 DW 值大于1.6，说明回归模型不存在序列相关性。最后，异方差问题的检验。通常用散点图来判断，以标准化的预测值为横轴，以标准化的残差为纵轴，进行残差项的散点图分析，散点呈无序状，因此各个模型不存在异方差问题。经由以上三大问题的检验，本项子研究的回归模型是可靠的。

四 多层回归分析

在本书涉及了商业集团和从属企业两个层次的变量，其中从属企业层次的变量包括企业年龄、企业规模、内部资源获取、外部资源获取、资源整合能力和成长绩效等，商业集团层次的变量包括集团规模、集团多元化和网络资源异质性等。但本书主要关注的是集团网络资源异质性对从属企业资源获取与成长绩效的跨层次调节效应问题，因此构建的多层回归模型主要包括从属企业层次的内部资源获取、外部资源获取、成长绩效和两个控制变量，而商业集团层次的变量则主要考察的是网络异质性对从属企业成长绩效的影响，因此主要置入的集团层次的变量为网络资源异质性。首先，零模型检验。通过构建 HLM 的零模型来检验不同商业集团的从属企业成长绩效存有显著差异，即在 HLM 模型的第一层和第二层不放入任何集团和企业层次的变量，以此来检验第二层截距项的残差变异是否显著，分析模型为 Level1：成长绩效 ij = $\beta_{0j} + \varepsilon_{ij}$。Level2：$\beta_{0j} = \gamma_{00} + \mu_{0j}$。其次，构建随机模型。在第一层放入企业层次的变量，包括内部资源获取和外部资源获取两个自变量，以及企业年龄和企业规模两个控制变量，在第二层不放入任何变量。分析模型为 Level1：成长绩效 ij = $\beta_{0j} + \beta_{1j}$ * 内部资源获取 + β_{2j} * 外部资源获取 + β_{3j} * 企业年龄 + β_{4j} * 企业规模 + ε_{ij}；Level2：$\beta_{0j} = \gamma_{00} + \mu_{0j}$；$\beta_{ij} = \gamma_{i0} + \mu_{ij}$。再次，构建截距模型。将第一层模型设定为完整模型，然后将一层回归模型中的截距作为第二层的结果变量，在模型中加入集团层次的变量，通过检验的显著水平来观察控制内部资源获取和外部资源获取两个变量后，网络资源异质性对从属企业成长绩效是否具有显著影响。截距分析模型为 Level1：成长绩效 ij = $\beta_{0j} + \beta_{1j}$ * 内部资源获取 + β_{2j} * 外部资源获取 + β_{3j} * 企业年龄 + β_{4j} * 企业规模 + ε_{ij}；Level2：$\beta_{0j} = \gamma_{00} + \gamma_{01}$ * 网络资源异质性 + μ_{0j}；$\beta_{ij} = \gamma_{i0} + \mu_{ij}$。最后，构建斜率模型。在截距模型中针对内部资源获取和外部资源获取的斜率项，加入网络资源异质性进行检验。分析模型为 Level1：成长绩效 ij = $\beta_{0j} + \beta_{1j}$ * 内部资源获取 + β_{2j} * 外部资源获取 + β_{3j} * 企业年龄 + β_{4j} * 企业规模 + ε_{ij}；Level2：$\beta_{0j} = \gamma_{00} + \gamma_{01}$ * 网络资源异质性 + μ_{0j}；$\beta_{1j} = \gamma_{10} + \gamma_{11}$ * 网络资源异质性 + μ_{1j}；$\beta_{2j} = \gamma_{10} + \gamma_{21}$ * 网络资源异质性 + μ_{2j}；$\beta_{ij} = \gamma_{i0} + \mu_{ij}$。

表 3.20　　　　　　　　　　零模型检验

随机效果	标准差	方差成分	自由度	卡方	显著度
截距项，U0	0.51882	0.26917	133	218.30523	***
层-1，R	0.84118	0.70758			

注：因变量为成长绩效；†P<0.10，*p<0.05，**p<0.01，***p<0.001。

零模型是在不考虑其他因素的情况下，检验从属企业成长绩效的总体变异中由于所属集团之间的差异而造成的差异程度。通过零模型输出的结果，容易算得 ICC 为 25.5577%，说明在从属企业成长绩效的差异中有 25.5577% 是由商业集团之间的差异所引起的。因此，建立多层次线性模型来分析本书的研究问题是有意义的（ICC≥0.03）。所以，在下文中，我们将依次构建起随机模型、截距模型和斜率模型，分别对内外部资源获取的绩效效应、集团网络资源异质性的调节效应等进行检验。

表 3.21　　　　　　　　　随机模型检验

	固定效果			随机效果			
	系数	T 检验	显著度	标准差	方差	卡方	显著度
截距项	-.0012	-.017		0.7667	0.5878	139.419	***
内部资源获取	.3581	3.939	***	0.3611	0.1304	14.411	**
外部资源获取	.3748	4.449	***	0.3589	0.1288	9.012	*
企业年龄	-.2646	-1.487		0.4045	0.1637	17.3724	***
企业规模	.0337	.603		0.2502	0.0626	12.693	**

注：因变量为成长绩效；†P<0.10，*p<0.05，**p<0.01，***p<0.001。

根据随机模型输出的结果可知，内部资源获取和外部资源获取的系数经过 T 检验之后达到了显著水平（p<0.001）。由此可见，内部资源获取和外部资源获取对从属企业的成长绩效具有显著的正向影响，这就再次验证了前文中的假设 1a 和假设 1b。

表 3.22　　　　　　　　　截距模型检验

	固定效果			随机效果			
	系数	T 检验	显著度	标准差	方差	卡方	显著度
截距项	.0015	0.022		0.7209	0.5197	51.2214	***
资源异质性	.2858	3.095	**				

第三章 子研究一：从属企业的资源获取与成长绩效

续表

	固定效果			随机效果			
	系数	T检验	显著度	标准差	方差	卡方	显著度
内部资源获取	.3465	3.787	***	0.3626	0.1315	13.8802	**
外部资源获取	.3489	4.045	***	0.3721	0.1385	8.7861	*
企业年龄	-.2494	-1.398		0.5053	0.2553	17.2625	***
企业规模	.0421	0.727		0.2656	0.0706	12.5979	**

注：因变量为成长绩效；$†p<0.10$，$*p<0.05$，$**p<0.01$，$***p<0.001$。

如表3.22所示，内外部资源获取变量的系数经T检验均达到了显著水平（$p<0.001$），表明在加入了集团层次的变量后，第一层变量仍然能够显著地解释从属企业成长绩效的差异。同时，网络资源异质的系数经T检验也达到了显著水平（$p<0.01$），表明在控制内部资源获取和外部资源获取之后，第二层的变量对从属企业成长绩效的差异也具有显著的正向影响，对成长绩效具有解释力。

表3.23 斜率模型检验

	固定效果			随机效果			
	系数	T检验	显著度	标准差	方差	卡方	显著度
截距项	.0032	0.047		0.7037	0.4952	35.8683	***
资源异质性	.3304	3.267	**				
内部资源获取	.3571	4.529	***	0.3312	0.1097	3.7458	*
外部资源获取	.5125	4.421	***	0.4263	0.1817	9.6560	**
企业年龄	-.1241	-0.613		0.5295	0.2804	14.9155	**
企业规模	.0387	0.882		0.1829	0.0335	10.8245	*
异质性*内部	.2585	5.802	***				
异质性*外部	.1280	1.073					

注：因变量为成长绩效；$†p<0.10$，$*p<0.05$，$**p<0.01$，$***p<0.001$。

如表3.23所示，网络资源异质性与内部资源获取的交互项估计系数为0.2585，经T检验达到了显著水平（$p<0.001$），即网络资源异质性程度对内部资源获取与从属企业成长绩效的关系具有显著的跨层次正向调节作用。而网络资源异质性与外部资源获取的交互项估计系数经T检验未达到显著水平，也就是说，集团网络资源异质性程度对于外部资源获取与从

属企业成长绩效的跨层次调节作用不显著。因此,假设 2a 得到了验证,而假设 2b 未得到验证。

第五节　结果讨论

一　从属企业内外部资源获取与成长绩效的关系讨论

虽然我们已经知道资源获取有利于促进企业成长,但对于商业集团从属企业这样一些研究对象而言,以往研究未能深入而细致地根据从属企业的双重身份去分析内部资源获取和外部资源获取对成长绩效的重要程度,以及内外部资源获取之间的关系。从本书的实证结果来看,尽管内外部资源获取对于从属企业成长绩效都重要,但似乎外部资源获取显得更为重要。至此,也许会有读者对这样的研究发现感到比较失望,即如果对于从属企业而言同样是外部资源获取更为重要,那么内部资源获取的意义何在?从属企业相对于独立企业不就是贵在有内部资源的支持吗?这样的疑问不无道理,但我们实际不能简单地根据系数的大小判定外部资源获取比内部资源获取对从属企业的成长更为重要。理由很简单,外部资源获取对成长绩效的作用是相对更为直接的促进作用,而这种促进作用实则隐含了一部分内部资源获取对成长绩效的贡献。正如前文所述,内部资源获取往往是作为外部资源获取的补充而存在的。内部资源获取不能视为从属企业实现成长的终极手段,而应视为过程性手段,它一方面弥补从属企业外部资源获取不足或作为有益补充促进企业成长,另一方面更为重要的是致使从属企业外部资源获取更为理想,并通过外部资源获取的方式促进企业成长。所以,需要强调的是从属企业若要实现好的成长绩效必须树立外部资源获取为主,内部资源获取为辅的思想。在现实生活中,那些过度依赖于商业集团内部资源的从属企业最后的日子往往都过得比较艰难,甚至被淘汰。而成长绩效显著的从属企业则将内部资源获取视为可以燎原的星星之火,并借此从集团网络外部获取企业成长所需的大量资源,如此才能真正实现良好的成长绩效。

二　网络资源异质性的调节作用

本书首先根据从属企业从集团网络所获资源异质性程度,在从属企业层次分析了资源异质性对资源获取与成长绩效的调节效应。从企业层次的研究结果来看，从集团网络所获资源异质性程度正向调节内部资源获取的绩效效应，而对外部资源获取的绩效效应具有一定的反向调节作用，但调节效果不如前者显著。为了更加直观地呈现出集团网络资源异质性的调节效应，本书用图 3.6 和图 3.7 对其具体的调节作用进行了描述。从图 3.6 可以看到，当网络资源异质性较低的时候，内部资源获取与从属企业成长绩效之间的关系是比较平缓的，而在网络资源异质性较高的情况下，表征内部资源获取与成长绩效之间关系的直线斜率变得更高，表明在集团资源异质性高的情况下，内部资源获取更有利于从属企业的成长。从图 3.7 可以看到，当集团网络资源异质性较低的时候，表征外部资源获取与从属企业成长绩效关系的直线斜率较大，而在网络资源异质性较高的情况下，两者的关系则变得更为平缓了。表明在集团资源异质性高的情况下，外部资源获取对从属企业成长的作用是下降的。这说明对于那些集团网络内部的异质性资源已经能够很好地满足所需的从属企业来讲，尽可能地从集团网络内部获取资源，而对于那些集团网络内部资源异质性程度尚不足的从属企业来讲，才考虑外部资源获取。如此，才能发挥从属企业内外部资源获取的绩效效应最大化。

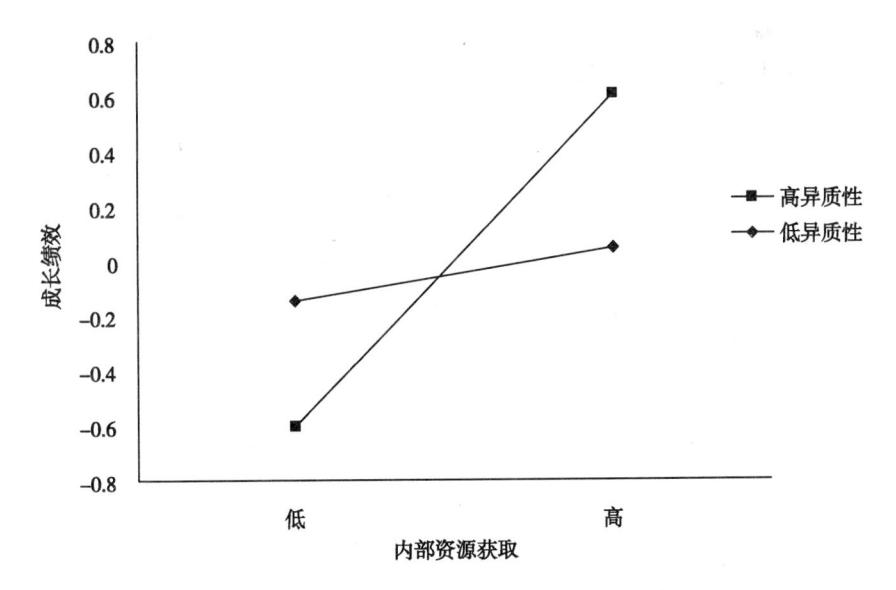

图 3.6 集团网络异质性对内部资源获取与成长绩效的调节效应

随后，本书将从属企业层次上的资源异质性通过数据汇集的方式形成了集团层次的数据,并构建了相应的跨层次调节模型,在跨商业集团和从属企业两个层次进一步验证资源异质性的调节效应。对于从属企业的内部资源获取而言,所获得的结论是一致的。但对于从属企业的外部资源获取而言,网络资源异质性的跨层次调节效应不显著。这进一步说明网络资源异质性对从属企业外部资源获取的绩效效应反向调节作用不明显。事实上,这与单纯在从属企业层次的研究结论也基本上是一致的,即如前文,在从属企业层次上,资源异质性对外部资源获取与成长绩效的反向调节作用也只在 0.1 的水平上显著,若按照严格的 $p<0.05$ 标准来衡量,其实也属于不显著。因此,这两种方法相互印证,从而使得资源异质性对资源获取与从属企业成长绩效的调节效应的研究结论更具有稳健性。

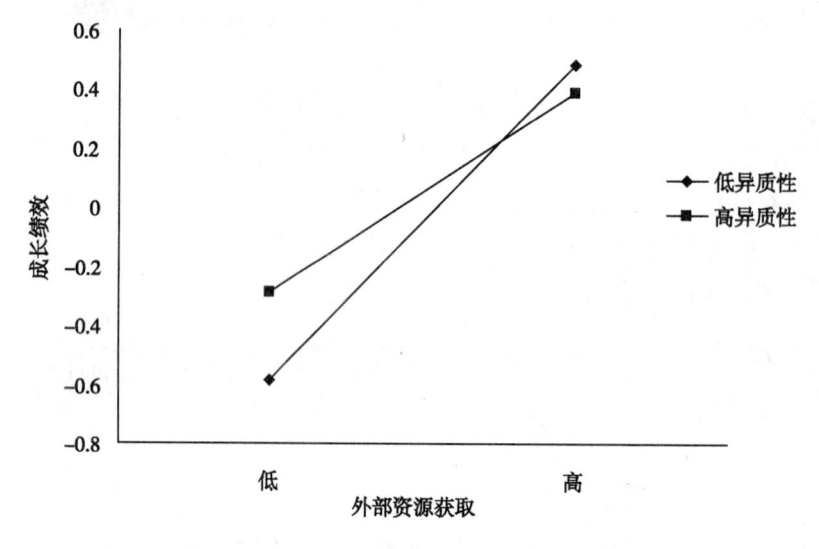

图 3.7 集团网络异质性对外部资源获取与成长绩效的调节效应

三 资源整合能力的中介性调节作用

实证的结果已经表明资源整合能力对内部资源获取和外部资源获取的绩效效应均具有中介性作用,但相对而言,对前者的中介效应更为明显。事实上,实证的结果也表明了从属企业资源整合能力对于内部资源获取与成长绩效关系的影响也主要体现为中介作用,而非调节作用。深入分析一下其中的原因,会发现这是因为内部资源获取对于从属企业资源整合能力的提升有着显著的作用。内部资源获取对从属企业成长绩效的价值一部分就是因为其有利于提高从属企业整合资源的能力,并进而促进其成长。本书认为从嵌入性理论的角度看，可以解释为强关系有利于提升组织能力的逻辑（魏江、郑小勇，2010）。商业集团网络具有强关系网络的特点，如果从属企业与主导企业或某些成员企业的关系嵌入强度高，那么在内部资源获取中不仅可以获得"how"的知识资源，而且可以获得很多"why"的知识资源，甚至是大量的隐性知识。这些知识资源通常对于组织能力的提升是至关重要的，也是一些外部知识资源获取所无法比拟的。

对于外部资源获取而言，从属企业的资源整合能力既有中介作用也有调节作用。在从属企业的外部资源获取中知识资源的获取是其中重要的一个方面，它们对于组织能力的提升同样有着显著的影响。因此，外部资源获取通过提升组织资源整合能力进而提升成长绩效也就在情理之中。同时，相对于集团网络内部的资源获取，从集团网络外部获取的资源往往需要从属企业更大力度的资源整合才能更好地发挥外获资源的绩效效应。从这个角度讲，那些资源整合能力强的从属企业才能从外获资源中受益更多。也许正因为这样，资源整合能力对外部资源获取与成长绩效关系的调节作用才更为显著。

为更加直观地呈现从属企业资源整合能力对外部资源获取与成长绩效关系的调节效应，本书用图3.8进行了描述。从图3.8中可以看出，当从属企业资源整合能力较低的时候，表征外部资源获取与从属企业成长绩效关系的直线斜率较小。而在从属企业资源整合能力较高的情况下，表征两者关系的直线斜率明显要大于前者。这充分说明了，在从属企业资源整合能力高的情形下，外部资源获取更有利于从属企业的成长。

四　结构性效应讨论

前文分别讨论了网络资源异质性、从属企业资源整合能力对内外部资源获与成长绩效关系的调节作用，而没有阐述资源异质性、资源整合能力及资源获取三者对成长绩效的共同影响。通过结构性效应的实证检验，部分验证了本书所提的有关结构性影响的假设。这就是说，那些成长绩效最优的从属企业往往是内部资源获取、网络资源异质性和资源整合能力三者占优势的企业，三个要素中任何一个因素存在不足均将会对从属企业的成长绩效产生重要的影响。如果暂不考虑资源获取上的差异的话，那么成长绩效最差的往往就是所处商业集团网络资源异质性程度低并且自身资源整合能力又差的从属企业。

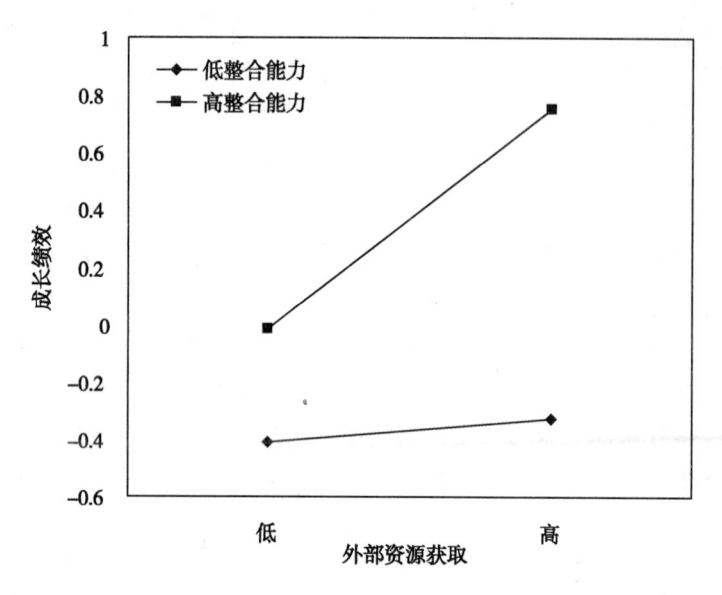

图 3.8　从属企业资源整合能力对外部资源获取与成长绩效的调节效应

第六节　本章小结

一　理论贡献

1. 对 BG 理论的贡献。尽管已有相当多的研究成果在探讨 BG 从属关系对成员企业绩效的影响，但这个问题至今仍然没有得到很好的回答。并且到目前为止，学术界依然对于研究企业从属于 BG 与它的绩效之间的关系保持着极高的热情（辛等，2007）。本书也加入了这一热点话题的讨论之中，以资源观为理论视角在从属企业的研究水平上探讨资源异质性和资源整合能力对 BG 从属企业绩效的影响，为 BG 成员资格表现出的绩效效应差异提供了一个新的解释，从而丰富了 BG 理论。

2. 对国内 BG 相关领域研究的理论贡献。新兴经济中的 BG 为研究人员聚焦研究网络从属关系的绩效效应提供了很好的场所［基斯特，2000；罗利等（Rowley et al., 2000）］，但国内学者一直都是把它作为一个整体来研究的（蓝海林，2004）。本书则将集团看做一种企业间网络来分析它对网络成员企业的影响，这对于国内学者研究我国 BG 提供了一种新的审视角度，并因此可以发现很多值得深入研究的有趣问题。

3. 对资源观视角下企业成长理论的贡献。本书以集团从属企业为特定研究对象，理清了集团从属企业两种资源获取途径之间的关系，丰富了资源观视角下的商业集团理论。具体而言，本书对资源观理论的贡献有两点：第一，以往的研究中大多只检验了资源获取与资源整合之间的因果关系，以及资源整合对于资源获取与绩效之间的中介作用。而本书则在此基础上识别出了基本资源整合活动中的资源整合能力在资源获取与从属企业成长绩效之间的调节性作用，从而确定了资源整合能力在资源获取与企业成长绩效之间扮演的是中介性调节变量的角色。第二，本书还尝试将近来兴起的架构理论的思想引入到资源基础理论，探讨了资源获取、资源异质性及资源整合能力对从属企业成长绩效的结构性影响。这对于以往研究中分别讨论它们与成长绩效的关系是一个推进，使得我们能更为全局地观察它们对成长绩效的综合性影响。

二 现实意义

1. 为中小企业如何获取外部资源提供一条借鉴的路径。中小企业可以在获取外部资源困难的情形下，选择加入 BG 网络，通过 BG 网络内部获取资源，同时还可借助 BG 网络内部资源来获取网络外部的其他资源，从而为企业生存和发展提供所需的资源基础。

2. 在选择 BG 网络时，要充分考虑 BG 网络资源异质性程度。由于异质性资源的特点，通过市场机制往往难以获取或者获取成本很高，而通过 BG 网络获取成员企业的异质性资源却相对比较容易。因此，BG 网络内部资源异质性程度高，成员企业能够获取丰富的异质性资源将非常有利于企业的成长。

3. 企业即使在取得了具有丰富异质性资源的 BG 成员资格之后，仍然会在成长绩效上表现出很大差异，这很大程度上是由于从属企业资源整合能力差异所致。因此，从属企业需要不断提高资源整合能力，并且经常性地开展资源整合活动，实践证明那些更多从事资源整合活动的企业更有可能发展资源整合能力，也更能实现潜在的协同价值（维克隆德和谢泼德，2009）。

第四章

子研究二：从属企业合法性与资源获取的关联机制

第一节 问题的提出及与子研究一的关系

在子研究一中，当把资源观视角下的集团成员资格解读为网络内部资源获取时，从属企业便有了从集团网络内部和集团网络外部两种资源获取途径，此时通过讨论从属企业在这两种资源获取条件下导致成长绩效差异的原因，解决了内外部资源获取、资源整合能力及资源异质性之间的相互关系，以及三者对从属企业成长绩效的结构性影响。但子研究一没有关注导致从属企业资源获取差异性的原因。事实上，有些成员企业资源获取就要优于其他一些企业（金、霍斯金森和王，2004）。那么，是什么原因导致了这种差异，这是在BG研究领域内现有文献中没有得到很好回答的一个问题，也正是本项子研究（子研究二）需要探讨的主要问题。

为回答这一问题，本书首先注意到关注企业成长绩效的文献所指向的研究对象一般都是指中小企业或者是新创企业。这些企业一方面为实现快速成长需要大量的资源，而另一方面则由于企业规模较小或者成立时间不长往往在获取外部资源过程中遭遇较多的阻力，从而使得一些学者，特别是公司创业领域的学者投入较多的精力寻找企业外部资源获取的影响因素。在这些研究当中，合法性是其中一个重要的因素，本书认为可以借鉴用以分析BG从属企业的资源获取问题。

通过回顾制度理论的文献，发现制度理论通常将合法性视为一个组织的关键性资源，并假定合法性能够获取企业生存和成功的其他关键性资源（迪马乔和鲍威尔，1983；哈奇，1997；迈耶和罗恩，1977；斯科特，2001）。事实上，合法性所产生的利益会受组织情境因素的影响（达钦、奥利弗和罗伊，2007）。但本书通过对组织合法性的综述之后发现现有研究并没有就组织合法性影响企业成长的过程中或合法性影响企业资源获取的过程中情境因素所起的权变作用展开深入的讨论。特别是一些学者发现技术环境会影响组织合法性对组织生存和发展的影响程度（尚恩和富，1999），但后续的相关研究中并没有深入探讨一般意义上的环境因素对组织合法性与组织绩效或资源获取之间关系的影响。因此，这是组织合法性现有文献当中存在的一个理论缺失。本书拟将以 BG 从属企业为例，对企业资源获取的合法性机制进行探索，从而弥补 BG 领域和组织合法性领域内存在的理论缺口，这对于合法性理论文献及 BG 理论文献均是一个有益的补充。

第二节 理论框架及假设提出

一 从属企业合法性与资源获取的关系

首先，合法性与资源获取的一般性关系。

传统的制度理论研究者认为合法性并不是企业运营的资源，而是把它看做企业遵守基本信仰的一种压力（迪马乔和鲍威尔，1983）。因此，在这种情况下，企业的合法性并没有得到很高的重视。相应地，对于如何运用战略行为来获取合法性也就没有得到研究人员的广泛讨论（菲利浦、劳伦斯和哈代，2000）。但近些年来，制度理论有了新的进展，不再将合法性视为企业的压力，而是把它看做组织的关键性资源之一。之所以说它是关键性资源，是因为合法性可以帮助企业获取生存和发展所需的其他资源，如资本、技术、高管、顾客信誉及政府支持等（迪马乔等，1983；哈奇，1997；迈耶等，1977；斯科特，2001；齐默曼和蔡茨，2002）。并且，一般而言，两者呈正相关，即企业合法性水平越高，就越能获得高质量的资源，或者是更容易以有利的条件获取这些资源。但是，具体到集团从属企业而言，情况要更为复杂一些，因为从属企业具有成员企业和独立法人的双重身份，每一个从属企业都有内部合法性和外部合法性。以下本书将进一步探讨它们之间的关系。

其次，从属企业合法性与资源获取的关系。

尽管学者们频繁使用合法性的概念，但对合法性做出清晰界定的学者并不多见。为了便于理解，本书认为有必要对从属企业的两个合法性维度，即内部合法性和外部合法性进行界定。在此，本书主要借鉴萨奇曼

(1995)对合法性的定义,对以上两个维度的合法性进行界定。之所以选择萨奇曼(1995)的定义,是因为其包容性相对较强,且为后续很多研究所广泛引用,认可程度相对较高。基于他对合法性的理解,本书将从属企业的内部合法性定义为从属企业的行动在集团网络内部其他成员企业的标准、价值观、信仰和定义系统中是令人满意的和合适的,特别是在网络主导型企业或核心企业看来至少如此。而将外部合法性定义为从属企业在所在区域内非集团网络成员的其他组织、机构、团体或个人所共同建构的标准、价值观、信仰和定义系统中是令人满意的和合适的。外部合法性可以帮助企业获取网络以外其他组织的资源和支持,而内部合法性则是可以使用从属企业获得其他成员企业的资源,如能力和知识等(普费弗和萨兰西克,1978)。并且,很多情况下就是因为对这些企业的资源有相当的依赖性,才导致集团网络的形成,以便更好地获取这些资源,实现相互之间的协同。如果是这种情形,那么内部合法性就显得更加重要了。所以,就内外部合法性对从属企业资源获取的直接效应而言,内部合法性至少与外部合法性一样都是很重要的,甚至比外部合法性更重要,特别是对于小企业或新创企业尤其如此。为什么这么说呢?因为小企业或新创企业更需要网络其他成员企业的合法性溢出。

正如达钦、奥利弗和罗伊(2007)所指出的那样,联盟网络有使企业合法化的重要功能。本书认为集团网络同样具有使企业合法化的功能,并且效果往往更为显著,因为集团网络是较联盟网络更为紧密的组织间关系网络。据此,本书进一步提出合法性是会溢出或可以传递的,也就是说,网络内部成员企业的外部合法性会在网络内部溢出或者说通过成员资格传递给其他成员企业包括小企业或新创企业。通常,小企业或是新创企业的外部合法性较弱,获取外部资源比较困难,此时如果他具有 BG 成员资格,那么他的外部合法性就会因此有所改变。当 BG 的主导企业或者 BG 网络成员企业的整体外部合法性高时,就会将这种强合法性传递给其中的小成员或新成员,从而提高他们的外部合法性,本书称之为合法性溢出或合法性传递。当然,反之亦然,即如果 BG 主导企业或者 BG 整体的外部合法性不强,那么给成员企业带来的合法性溢出效应也就比较弱,甚至是负面的影响。所以,从这个角度讲,对于本书所要研究的中小成员或新成员的资源获取而言,其他成员企业的外部合法性越高越好,这样就更有利于他们获取外部资源,实现快速成长。但对于某个特定的从属企业而言,这种合法性溢出效应的大小或者传递的效果实际上是取决于它的网络内部合法性,即一个从属企业的内部合法性越高,那么从网络内部其他成员特别是主导成员处接收到的外部合法性传递效果就越明显,从而本体企业的外部合法性也就越能显著提高。

然而,这仅限于从属企业与主导企业或核心成员企业之间制度距离小的情形。因为只有对于内部制度距离小的BG从属企业,内部合法性与外部合法性才具有较强的一致性,这样从属企业在追求内部合法性的同时也有助于其提升外部合法性。但对于内部制度距离大的BG从属企业(通常在地理区域上有很大的跨度,与主导企业或核心成员企业相比有不同的文化和制度环境),内部合法性与外部合法性的一致性相对较弱,此时从属企业追求内部合法性并不能对外部合法性的获取有所帮助,在这种情形下,内部合法性过高反而会使得企业越难以获得外部合法性(齐默曼和蔡茨,2002)。也就是说,在制度距离大的情形下,从属企业的内部合法性对外部合法性的获取作用甚微,甚至会产生负面影响;在制度距离小的情形下,内部合法性对外部合法性的获取较为有利,此时从属企业的内部合法性可以将BG其他成员的外部合法性直接传递给从属企业,从而使其也具有较高的外部合法性。基于以上分析,本书提出以下三个假设:

H1a:内部合法性对于从属企业的内部资源获取有积极作用;

H1b:外部合法性对于从属企业的外部资源获取有积极作用。

H2:从属企业的内部合法性对外部合法性有重要影响,外部合法性部分中介了内部合法性对从属企业外部资源获取的作用。

H3:制度距离对从属企业内部合法性与外部合法性的关系有负向调节作用,制度距离越小的情形下内部合法性对外部合法性的积极作用越大。

二 从属企业合法性与资源获取的关联机制分析

本书对于从属企业合法性与资源获取的关联机制的分析主要是基于环境特性的调节作用解析,即通过本项研究,回答在什么样的环境特性条件下合法性更有利于从属企业资源获取的问题。在解析环境特性之前,本书认为有必要简要地阐述一下为什么选择从环境特性的角度切入来分析合法性与资源获取的关联机制。究其原因,主要是基于以下三点的考虑:第一,理论视角的考虑。本项子研究主要是从制度理论的视角来研究商业集团从属企业内外部合法性对企业利益的影响。虽然商业集团领域内的文献尚未涉及这一焦点问题，但本书通过回顾跨国公司领域内的文献发现，基于制度理论的研究中指出跨国公司的子公司也存在着需要同时具备内外部的双重合法性问题（陆等，2006），内外部的合法性对于子公司的发展是至关重要的。并且有研究进一步指出，合法性对企业发展的影响程度取决于企业所面临的环境特征是变革的还是高度发达的（贝尔德伯斯等，2007）。由此可见，在研究内外部合法性对跨区域企业的成长问题中环境特征是个重要的影响因素。尽管研究领域不尽相同，但理论视角和研究问题具有相似性，跨国公司领域的研究可以为我所用。因此，本书认为有必要分析环境特征在商业集团从属企业内外部合法性与资源获取关系中所起的作用。第二，商业集团成因的启示。商业集团作为一种组织形式，它的出现就是为了应对环境的变化，尤其是市场和技术等环境因素［罗莎（Rosa，1998）；亚科布奇，2002；亚科布奇和罗莎，2005］。在分析商业集团从属关系对从属企业的影响时，不可避免地也要充分考虑环境因素所起的作用。因此，本书认为研究从属企业内外部合法性对其资源获取的影响时也需要重点探讨不同环境特征从中所扮演的角色。第三，商业集团领域的研究发展及本书研究问题聚焦过程的启示。通过前文对商业集团领域研究发展过程的梳理，可以看到本书实际上是卡纳和里夫金（2001）与摩西塔玛（2006）等一系列针对新兴经济国家中商业集团讨论的延续。而赵康和陈加丰（2001）、葛宝山和董保宝（2009）及希特等（2000）研究指出，在新兴经济国家中对于环境特征关注的焦点比较多地集中在环境不确定性和包容性等方面。因此，本书后续也将重点对这两个方面的环境特征进行讨论。

　　至于本书所关注的环境特征是什么，以及不同环境特征与从属企业合法性、资源获取的关系及经营环境对后两者关系的影响如何等问题将会在下文中进行详细阐述。

　　运营环境被认为是决定企业管理过程的关键因素［汤普森（Thompson，1967）］。在本书的研究中，发现从属企业的经营环境与企业合法性及其资源获取之间均有着密切的联系，它对于分析合法性与资源获取之间的关系有很大的帮助。组织环境一般有三个维度：动态性、包容性和复杂性［戴斯和比尔德（Dess & Beard，1984）］。以往有关环境的研究大多只聚焦于环境的单一维度，即动态性［拉贾戈帕兰、拉希德和达塔（Rajagopalan，

Rasheed & Datta, 1993)]或不确定性,这对于理解运营环境对组织的影响是有失全面的。因此,学者们呼吁要同时关注环境的其他维度,后续的一些研究才开始同时关注环境动态性和包容性对组织的影响,如戈尔 & 拉希德(2004)的研究就属于此类。需要说明的一点是在以往这些研究中,学者们对于动态性的理解是略有差异的,有些学者直接用动态性(dynamism),也有用动荡性(turbulence)和不确定性(uncertainty)的。尽管用词不同,但只要注意看学者们对内涵的描述及在测量指标的设计上,就不难发现它们其实是大同小异的,具体可参见辛等(1986)及安德森和塔什曼(2001)的研究。但本书认为用不确定性或动荡性在中文语境下更能刻画转型经济大背景下的企业运营的环境特征。因此,本书将从能比较典型地刻画出转型经济或新兴市场国家中环境特征的两个维度,即不确定性水平(葛宝山、董保宝,2009)和包容性水平(希特等,2000)两个维度来观察企业经营环境在资源获取的合法性机制中所产生的影响。

(一)经营环境不确定性的影响

首先,本书对环境不确定性的认知。

环境不确定性是组织理论中一个非常重要的概念,学者们对它的研究也是由来已久。经过这么多年来的研究之后,环境不确定性已然形成了两种主要的观点,即解构主义的观点和建构主义的观点。一种是解构主义的观点,其认为组织根植于外在独立的环境之中(查德,1972),环境是组织必须适应、匹配、控制或被控制的事物或力量,是独立于主体之外的客观存在。根据这一观点,产业内的所有企业以及企业内所有个人,他们所面临的环境都是相同的。与这一观点相关的形容环境的术语包括"独立的"、"分离的"、"外部的"及"有形的"等[斯默西奇(Smircich,1985)]。另一种是建构主义的观点,它认为环境是被感知的存在,并不完全是一种客观存在的反映。因此,就环境不确定性而言,不同的企业对它的感知也是不同的,也就是说企业所面临的环境不确定性并不是完全相同的,而是存在差异的。对某些企业具有较大不确定性的环境在有些企业看来却不是这样。这是非常正常也是符合常理的,因为每个企业自身的条件和具体情况不同,他们对环境的敏感程度或者环境对他们的影响自然也就不同。所以,一些学者认为管理者感知环境的方式比环境本身更重要[米勒和弗里森(Miller & Friesen,1983)]。除非管理者感知到外部环境对组织的绩效有影响,否则是不会对外部环境感兴趣的[达夫特、索尔穆宁和帕克斯（Daft, Sormunen & Parks, 1988）]。潘（Phua, 2007）同样支持这一观点，指出在相同的客观环境下，不同的个体会产生不同的感知结果，只有当管理人员认为这些客观环境对他们重要时，他们才会采取相应的行动去应对。所以，在战略管理领域的学者们看来，感知的环境不确定性更为重要。本书也赞同并采用这一观点。

在建构主义视角下对环境不确定性的界定中相对接受程度较高的是米利肯（Milliken, 1987）的定义，他将环境不确定性定义为：由于缺乏信息或者没有能力区别相关和不相关的信息，个体感到不能精确地进行预测的环境特征。那么环境不确定性内核是什么呢？劳伦斯和洛尔施（Lawrence & Lorsch, 1967: 27）认为不确定性有三个组成部分：（1）缺乏明确的信息；（2）最后反馈的时间跨度很长；（3）因果关系的不确定性。邓肯（Duncan, 1972）在总结了18个学者有关环境不确定性的定义之后，给出了不确定性的三个成分：（1）缺乏与决策制定相关的环境因素的信息；（2）不知道决策的结果会如何，即不知道如果决策失误会给组织带来多大的损失；（3）没有任何信心去左右环境因素对决策成功或失败的影响。米利肯（1987）把这种感知到的不确定性分为三类：状态的不确定性（State Uncertainty）、影响的不确定性（Effect Uncertainty）和反应的不确定性（Response Uncertainty）。状态的不确定性是指对环境的客观状态不确定，人们不知道环境的组成要素将怎样变化；影响的不确定性是指个体没有能力预测环境的未来状态对组织影响的特性；反应的不确定性是指没有能力预测相应选择决策的可能结果。而从环境不确定性的来源上，阿皮亚-阿杜和兰切赫德（Appiah - Adu & Ranchhod, 1998）有较为经典的论断，他们认为环境不确定性是指市场交易环境变化的不可预测性，反映了企业所处环境的复杂、未知和动荡程度，主要可以通过市场动荡（market turbulence）、技术变革（technology turbulence）和竞争强度（competitive intensity）三个方面体现出来。也有学者将其概括为需求不确定性、技术不确定性和竞争强度三个环境不确定性特征[沃斯和沃斯（Voss & Voss, 2000）；科利和贾沃斯基（Kohli & Jaworski, 1990）]。至此，可以看到环境不确定性有了三种成分和三个主要来源或特征。本书认为，以环境不确定性为主要研究对象或前因的研究当中可以进一步地对其进行交叉分析，即将环境不确定性的三种成分和三个来源分别作为两个维度进行交叉，便可得到一个 3×3 的矩阵（如图4.1所示）用于更为深入而细致的环境分析。

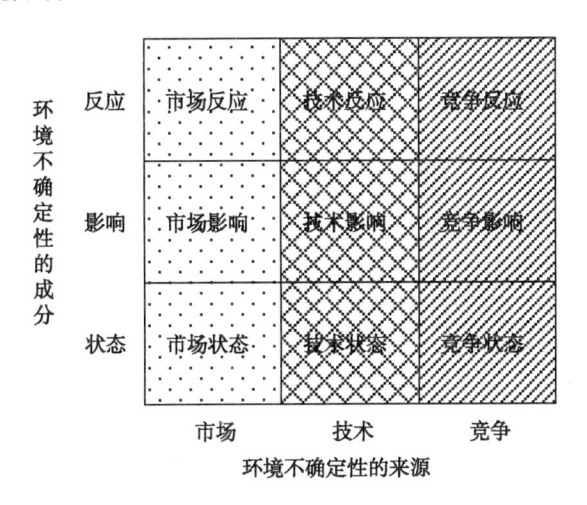

```
            反应  │市场反应│技术反应│竞争反应│
环 境           ├────┼────┼────┤
不 确           │    │    │    │
定 性     影响  │市场影响│技术影响│竞争影响│
的 成           ├────┼────┼────┤
分              │    │    │    │
            状态  │市场状态│技术状态│竞争状态│
                └────┴────┴────┘
                  市场   技术   竞争
                    环境不确定性的来源
```

图 4.1　环境不确定性的细分矩阵图

其次，环境不确性对企业资源获取的影响。

新兴经济的一个重要特征就是具有高度不确定性，这就使得组织不是在一个既定的背景下运营（彭等，2008），而是要面临很多的变数。这些变数可能来自于不确定的政治环境（基斯特，2000），或者由于不连续创新导致的技术环境不确定性（塔什曼和安德森，1986；安德森和塔什曼，1990；鲍姆等，1995），抑或是市场需求和竞争强度方面的环境不确定性（沃斯和沃斯，2000）等，都会使得资源拥有者对资源配置采取更为谨慎的态度。因为不确定性和风险相联系（赵康、陈加丰，2001），任何一种类型所导致的不确定性越高均会加大行为主体的风险，在这种情形下，资源拥有者的资源配置或投资者的投资行为就会变得越发谨慎，甚至采取不作为的态度。从资源获取的角度而言，这也就意味着获取资源的难度增大了。因此，在高不确定性的环境中，特定企业从外部获取资源的难度就大。尤其是对创业企业而言，环境的高不确定性往往使得创业机会所能产生的价值也具有很高的不确定性，这种不确定性是阻碍外部资源获取的关键性挑战之一（尚恩，2003）。其结果会导致企业获取利用机会所需的资源变得更加困难，并最终限制企业的生存和发展。

再次，环境不确定性与合法性的关系。

环境的高不确定性不利于企业的资源获取，为了消除这种不利因素的影响，在高不确定性环境中运营的企业往往需要构筑起稳健的合法性。佩罗（Perrow，1970）提出一些例子阐述了业务规范和价值对于限制行为，从而降低组织环境不确定性的重要意义；博伊德（Boyd，1990）发现在更加不确定性的环境中董事会规模往往更小，相反会增加相互连锁董事的数量。无论是前者中的业务规范还是后者中的董事连锁均是合法性构筑的重要措施之一，这些研究结果的背后一致性地表明了合法性对于降低不确定性的重要作用。因此，合法性可以从某种程度上帮助企业减少所处环境中外部组织的干扰（齐默尔曼和蔡茨，2002），从而降低环境不确定性所产生的负面影响。从这个角度讲，环境不确定性是企业构筑合法性的触发因素。

就集团从属企业而言，从属企业与其他成员企业共同形成的 BG 网络，为从属企业的生存与发展营造了一个"小生境"，通过"小生境"可以在一定程度上将外部环境的不确定性转化为内部市场的确定性，从而大大缓解环境不确定性给从属企业带来的压力。这种利益说明了在高不确定性的环境中更容易激发从属企业加强内部合法性的构建。而在外部的合法性方面，从属企业与非从属企业一样，需要在面临大量环境不确定性时通过与其他企业建立正式和非正式的联系方式〔乌尔里奇和巴尼（Ulrich & Barney，1984）；普费弗和诺瓦克（Pfeffer & Nowak，1976）〕，或者是通过广泛实施社会责任行为〔戈尔和拉希德（Goll & Rasheed，2002）〕等外部合法性构建措施来提高他们的外部合法性，从而降低不确定性。但是，与非从属企业相比，从属企业具有一定的先天性优势，一方面有"小生境"的保护，另一方面可以获得主导企业合法性溢出的利益，并进而有利于其外部合法性的巩固与提升。因此，在同等情况下，相对于那些非从属企业而言，从属企业感知到的环境不确定性程度往往要小于那些非从属企业。所以，即便环境不确定性程度对从属企业的内外部合法性均有影响，高不确定性也会激发从属企业的合法性构建与提升，但从激发程度上讲，远不如那些非从属企业。换句话说，环境不确定性对非从属企业合法性构建与提升的激发力度更大。

最后，环境不确定性对合法性与资源获取关系的影响。

希金斯和古拉蒂（Higgins & Gulati，2003）的研究表明市场环境不确定性越强，形象管理对于吸引资源就越重要，前者是影响后两者关系的重要权变因素。同时，本书还注意到不同的形象管理行为会导致不同形式的合法性〔卓德和夫伊（Zott & Huy，2007）〕。基于以上文献，可以推断环境不确定性越强的情形下,合法性对于企业资源获取的影响就越大。这与前文的分析结果也是基本一致的。通过前文的分析,环境不确定性使得资源拥有者的风险意识不断增强,这会影响到资源拥有者对机会的价值判断,使得资源拥有者对于资源的配置变得更加谨慎和相对显得比较保守。在这种情况下,合法性对于赢取资源而言就会显得愈加重要了,那些具有合法性的从属企业往往更能获取发展所需的资源。也就是说,合法性可以弥补环境的不确定性对从属企业资源获取所产生的不利影响,越是在高不确定性的环境条件下,内外部合法性对从属企业吸引内外部资源越重要。可以说,合法性与不确定性两者在一定程度上具有互补效应。因此,本书认为环境不确定性对于从属企业内外部合法性与内外部资源获取的关系具有正向调节的作用。基于以上论述,可得如下假设:

H4a:环境不确定性对内部合法性与从属企业资源获取的关系具有正向调节效应,不确定性越高的环境中合法性对企业资源获取的作用越大。

H4b:环境不确定性对外部合法性与从属企业资源获取的关系具有正向调节作用,不确定性越高的环境中合法性对企业资源获取的作用越大。

(二) 经营环境包容性的影响

首先,经营环境包容性与资源获取的关系。

环境包容性是指外部环境中存在的企业运营所需资源的丰裕程度〔戴斯和比尔德,1984;普费弗和萨兰西克,1978;伦道夫和戴斯,1984;斯朵和斯维科斯基(Staw & Szwajkowski,1975);塔什曼和安德森,1986〕。具体而言,一个包容性的环境通常意味着有较低的税收、较高的政府奖励、丰富的技术和知识、完善的基础设施、快速增长的市场、整体经济好转、高素质的人才供给〔卡欧里斯和迪德(Decarolis & Deeds,1999)〕。显然,在包容性高的环境中,企业比较容易通过市场方式获取资源。而在新兴市场中,企业经营环境的包容性程度比较低,此时通过市场方式获取资源就变得比较困难,因此,低包容性环境中的企业往往通过管理者的社会关系,如家庭关系及连锁董事会(席尔瓦、梅吉拉夫和帕雷德斯,2006;博伊索特和查德,1996)等,或者构建 BG 网络成为 BG 网络成员的方式来获取资源。可以说加入 BG 网络是低包容性环境中的企业获取外部资源的重要途径,这也一定程度上解释了为什么相对于发达经济而言,在新兴经济中 BG 网络比较多见并且成为普遍现象的原因。尽管新兴经济中环境包容性水平较低，但对不同的产业而言，产业环境的包容性存在很大的差异，通常国家重点扶持并持续发展较长时间相对优势产业中环境包容性相对较高；对不同的区域而言，环境包容性程度也会有明显的差异，在我国东部较发达地区环境包容性相对较高。这些为在同一新兴经济背景下讨论包容性程度不同对合法性与企业资源获取或成长绩效的研究提供了条件。

其次，经营环境包容性与合法性的关系。

在低包容性的环境中，由于企业运营所需的关键性资源比较稀缺，企业为了优先从外部环境中赢得生存和发展的资源，相互之间的竞争性就会加剧。在这种情形下，建立和保持有效的业务模式及运营的稳定性，以及如何构建和提高合法性成了管理者最为关心的问题［帕克和迈兹亚斯（Park & Mezias, 2005）］，也就是说，在低包容性的环境中企业更要注重合法性的构建或培育。然而，有趣的是，在低包容性环境中，企业更有可能从事非法行为（斯朵和斯维科斯基，1975），其结果往往导致合法性水平降低，从而使企业更难从环境中获取资源，这就容易使企业陷入恶性循环的困境。即便是那些自身资源比较丰富的企业，在环境的包容性程度低的情况下也会更加注意采取自我保护的行为，对生存以外的其他目标如社会责任等方面的态度就会变得保守，因此其合法性水平尽管较之前者要高，但终究还是有限的。而在高包容性环境中的企业则不同，研究表明，环境包容性与可供企业选择的战略和组织目标范围呈正相关［布里顿和弗里曼（Brittain & Freeman, 1980）；利伯森和奥康纳（Lieberson & O'Connor, 1972）；塔什曼和安德森，1986］。也就是说，在包容性强的环境中，外部资源丰富且可获得性高，企业生存显得相对比较容易，因此他们更能追求生存以外的其他目标，如社会责任目标等。高包容性环境中的企业往往更倾向于从事社会责任行为，其结果往往会导致外部合法性的提高，有利于进一步从环境中获取资源。

最后，经营环境包容性对合法性与资源获取关系的影响。

环境包容性高意味着企业能够比较容易地从外部环境中获取生存与发展所需的资源，对从属企业合法的要求相对就要宽松些。但在低包容性的环境中，受制于资源约束，对环境中的组织约束条件也就相对比较多（塔什曼和安德森，1986）。换句话说，在低包容性环境或资源约束环境中，内外部合法性对于从属企业获取内外部资源就会变得更为重要。正如希特、达钦和莱维塔斯（2000）的研究所指出的那样，环境包容性是企业管理资源的一个重要的权变因素，它会影响企业的资源需求以及获取和利用资源的行为。由此，本书认为环境包容性在合法性与企业资源获取之间也有重要的权变影响，对两者关系具有一定的调节作用。高包容性环境中，由于资源供给充足，环境的敌对性低，即便是合法性略显不足的企业也能获得较为理想的资源。因此，合法性与从属企业内外部资源获取的影响也就相对较弱。而在低包容性环境中，资源供给量很有限，企业在资源获取方面面临的竞争比较激烈。在僧多粥少的局面下，资源拥有者对企业获取资源的要求和条件就会相对比较严厉。此时，具有内外部合法性的从属企业就相对比较容易地实现较好理想的内外部资源获取。也就是说，在低包容性的环境中内外部合法性对于从属企业的内外部资源获取的作用变得更加显著了。由上可知，环境包容性对内外部合法性与从属企业内外部资源获取的关系具有反向调节的作用。环境包容性和合法性两者对从属企业资源获取的作用上具有一定程度的替代效应。基于此，可得如下假设：

H5a：环境包容性对内部合法性与从属企业内部资源获取的关系具有反向调节作用，在低包容性环境中内部合法性对从属企业内部资源获取的影响更加显著。

H5b：环境包容性对外部合法性与从属企业外部资源获取的关系具有反向调节作用，在低包容性环境中外部合法性对从属企业外部资源获取的影响更加显著。

（三）从属企业合法性、环境不确定性和环境包容性对资源获取的结构性影响

合法性对企业资源获取的影响会因环境不确性和环境包容性的不同而有所差异，环境不确定性和环境包容性两者分别与合法性交互影响着企业资源获取。既然本书分析的经营环境涵盖了不确定性和包容性两个维度，那么有必要将这两个维度与合法性联合起来观察它们对资源获取的结构性影响。新兴经济背景下的运营环境通常是以高不确定性和低包容性为主要特征，这两个环境特征都是不利于企业获取资源的。显然，处于这种环境之下的企业就需要投入更大的努力去构建和保持高水平的合法性，才能保持原有的资源获取水平。也就是说，在高不确定性和低包容性并发的环境条件下，具有内外部合法性对于从属企业的内外部资源获取的作用无疑是

最显著的。相反，在一个低不确定性和高包容性的环境中，不仅企业运营所需的资源丰富，而且环境具有相当的稳定性和可预见性，运营风险低且具有较强的可控性，机会利用的价值能够得到充分的保障。在这种情形下，资源供给充分且资源拥有者的资源分配态度相对不会显得那么保守，因此资源拥有者对从属企业合法性的要求也就要小得多。这就意味着低不确定性和高包容性条件下即便是合法性水平较低的从属企业，也能够获取比较理想的内外部资源。也就是说，在低不确定性和高包容性环境条件下，内外部合法性对于从属企业的内外部资源获取的影响程度就会明显降低，这就相当于低不确定性和高包容性从某种程度上替代了合法性对资源获取的作用。基于此，本书提出同时适用于从属企业外部资源获取与内部资源获取的结构性假设：

H6a：内部合法性、环境不确定性和环境包容性对从属企业资源获取产生结构性影响：具有内部合法性的从属企业，在面对高不确定性和低包容性的环境时，总体资源获取水平最高；在面对低不确定性和高包容性环境时，资源获取水平最低。

H6b：外部合法性、环境不确定性和环境包容性对从属企业资源获取产生结构性影响：具有外部合法性的从属企业，在面对高不确定性和低包容性的环境时，总体资源获取水平最高；在面对低不确定性和高包容性环境时，资源获取水平最低。

总揽以上分析，可以得到一个综合性的概念模型，如图4.2所示。

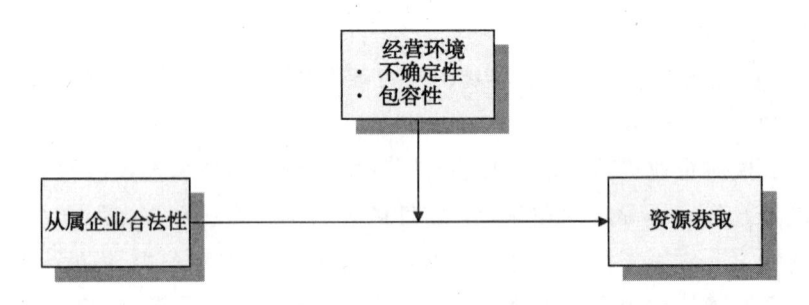

图 4.2　商业集团从属企业合法性与资源获取的概念模型

进一步地，根据以上的分析，本书将从属企业的合法性细分为内部合法性和外部合法性两个维度，将从属企业的资源获取细分为内部资源获取和外部资源获取两个维度，并分别来深入细致地检验这些概念的不同维度之间的相互关系，以及检验经营环境不确定性和包容性对这些关系的影响。鉴于

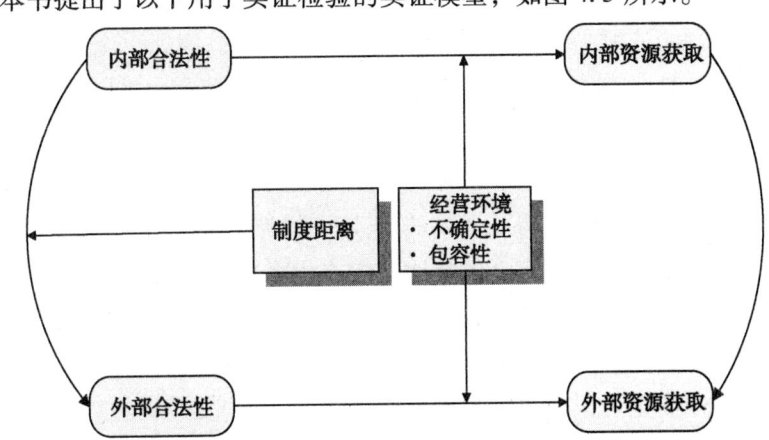

此，本书提出了以下用于实证检验的实证模型，如图4.3所示。

图4.3 商业集团从属企业合法性与资源获取关系的实证模型

第三节 研究方法

一 研究取样

本项子研究所使用的数据均与子研究一所使用的227个有效样本的数据相同，问卷发放和回收情况，以及样本的描述性统计情况详见子研究一，在此不再赘述。

二 变量测量

1. 自变量合法性的测量。首先，虽然合法性这一词的提法由来已久，但大多数有关合法性的研究属于定性研究，其中很大一部分原因在于合法性在理论上可以辨识，但在实际操作上往往难以区分。比如，新制度理论学家在概念上区分了合法性这一构念中认知维度和规范维度的不同，但在现实中是很难区分这两种类型的 [蔡茨、米塔尔和麦考利（Zeitz, Mittal & McAulay, 1999）]，这就为测量设计带来很大的问题。其次，学者们对合法性这一构念的维度解析存在着较大的分歧，有两分法、三分法和四分法等，并且在维度的命名上也有很大的差异。本书拟采用斯科特（1995）的维度划分，从规制、规范和认知三个维度来进行测量设计。之所以遵循他的做法主要原因在于这一划分认可程度较高（齐默曼和蔡茨，2002），因此采用这种维度划分也是本书获得合法性的重要来源。

首先，就规制合法性而言，斯科特（1995）认为它来自于遵守现有的法律和法规，它强调的是对现有正式制度的遵从。为此，企业若想获得较高规制合法性最基本的是不能有触犯相关规制的行为，并且要更多地从事规制主体鼓励或期望的活动。需要指出的是对于本书研究的商业集团从属企业而言，存在着两个规制主体，一个是作为地方法规、规章和制度制定者的地方规制主体，主要是地方政府或行业协会等；另一个则是作为商业集团内部规章和制度制定者的集团中的主导企业或核心成员。为此，本书分别针对从属企业面对的两个不同的规制主体设计了3个题项，对从属企业在规制遵从方面的行为或活动进行测量。企业通过这些活动不仅能赢得规制合法性甚至可以争取到规制支持［廖和于（Liao & Yu, 2012）］。

其次，就规范合法性而言，斯科特（1995）认为规范合法性主要来自于遵守既定的规范和价值观。这一个维度强调的是个体或组织应该遵循既有的行为标准和商业惯例。从评价的重点来看，规范合法性评价所关注的焦点是组织的活动是否是恰当的，以及是否与势力集团和社会规范相一致（萨奇曼，1995）。在具体的指标设计上主要体现出公众对个体行为或活动的恰当性的认可程度，即被公众所认可的程度越高越具有规范合法性［汤普森（Tompson, 1967）］。基于以上学者对规范合法性的操作性定义，可以得到本书对规范合法性的3个测量指标，在具体的语言表述上以埃尔斯巴赫（1994）为例。需要指出的是，对于从属企业而言，公众同样有两层含义。其一，是当地的社会公众；其二，是集团内部的其他成员企业。因此，所得的3项指标可以分别测量当地社会公众及集团内其他成员企业公众对从属企业运营活动的认可程度。

最后，就认知合法性而言，斯科特（1995）认为认知合法性主要来自于采用共同的参考框架（reference frame）。它强调个体或组织的行为或活动与其他个体或组织是否有共同的参考框架，而这些参照框架大部分来自于文化因素［阿尔斯特伦、布鲁顿和叶（Ahlstrom, Bruton & Yeh, 2008）］，即可以说有相似的文化基础便有了共同的参照框架。由于这一维度体现的是特定组织与其所处文化环境的一致性（迈耶和斯科特，1983），所以，在共同的参照框架下，意味着组织的行为或活动是融入在当地的文化氛围之中的，在这种情形下，组织的行为就容易被理解，也就是汤普森（1967）所说的"逻辑上认可"。其结果往往是特定组织所采取的行为或活动是在当地大多数组织当中都盛行的行为或活动，即特定组织的行为往往是当地组织所盛行程度很高的行为（卡罗尔和汉纳，1989），特别是采取当地组织所采取的统一性的集体行动就会受到当地组织的高度认同（郑小勇，2009）。基于以上理论分析，在指标设计上，主要从特定组织融入当地文化环境的程度和特定组织的行为在当地组织中的盛行程度两个方面来测量。

2. 因变量资源获取的测量。在此对资源获取的测量仍然采用对资源先分类，将资源分成知识资源和运营资源两类，再结合资源可获得性的测量设计，分别对知识资源和运营资源[①]获取的充分性和低成本性指标进行测量。

3. 调节变量的测量。本书的调节变量有环境不确定性、环境包容性和制度距离的测量三个。

（1）环境不确定性的测量。根据前文中有关环境不确定性和环境动荡性的阐述可知，以往文献中的学者们对两者的理解颇为相似，在测量上也几近相同。本书将环境不确定性视同环境动荡性来处理，而环境动荡性主要指的是组织环境变化、不稳定和不可预测性的程度［埃默里和翠丝特（Emery & Trist，1965）］。顺承战略管理领域一贯的做法，在变量的测量上，本书同样也以企业感知的环境不确定性或动荡性程度来表示。在具体的题项设计上，主要借鉴康德瓦拉（Khandwalla，1976）对环境不确定性的测量，实际上这种测量就等同于辛（1986）对环境动荡性的测量。他们对这一概念的操作性定义上均涵盖了需求的不确定性、竞争强度和技术的不确定三个方面，量表共包括4个题项。

（2）环境包容性的测量。对环境包容性的测量主要是基于卡斯特罗乔瓦尼（Castrogiovanni，1991）的研究，他从现有管理学文献中识别出的三个包容性内涵，即环境能力、环境成长和环境机会。其中，环境能力指的是在特定环境情境下可获取的资源水平（奥尔德里奇，1979）；环境成长指的是能力（资源水平）的相对变化［科贝格（Koberg，1987）］；环境机会则指的是能力（资源水平）未得到利用的程度［阿斯特利（Astley，1985）］。根据以上学者对于环境包容性的操作性定义，很容易得到与其相对应的测量指标，从而形成与此相对应的含有3个题项的量表来度量环境包容性。

（3）制度距离的测量。制度距离这一构念用来描述两个区域制度环境之间的差异［科丝托娃和查希尔（Kostova & Zaheer，1999）］，而制

[①] 具体详见葛宝山、董保宝（2009）的研究，他们将企业资源获取分成运营性资源获取和战略性资源获取，其中战略性资源又主要表现为知识资源。

度环境由正式制度和非正式制度组成［诺思（North，1990）］，因此测量两地之间的制度差异可以分别从正式制度和非正式制度两个方面来展开。其中，正式制度距离的测量设计主要源自于比奇和迈尔斯（Beach & Miles，2003）及埃斯特林等（Estrin et al.，2009）的研究当中所使用的6项指标：业务运营的许可要求；获得业务许可的难易程度；政府当局的腐败；劳动法的健全与执行；保障性制度；对企业造成负担的规制等。非正式制度距离的测量主要有两套方法，一套是源自于GLOBE系列研究的测量指标［豪斯等，2004；嘉维丹和豪斯（Javidan & House，2001）］，另一套是源自于霍夫施泰德（Hofstede，2001）有关国家文化差异性的测量指标。这两套测量指标目前均有学者在运用，前套测量包括了9个维度，题项众多，而后一套测量只包含了4个维度。考虑到本项研究涉及的变量较多，指标过多会让被调查者产生厌烦情绪致使数据质量下降。因此，在两者均适用的前提条件下，本书选择后一套测量方法。事实上，这一做法也得到很多学者的追随，其中包括魏江、郑小勇（2012）对作为非正式制度的文化根植性进行测量时主要就是基于以上4个维度而发展起来的。此外，吴（Wu，2006）对于中国台湾和美国两地非正式制度距离的测量，埃斯特林、巴达沙里安和迈耶（2009）以及缪仁炳（2004）对于中国内地温州和关中两个地区非正式制度距离的测量。这些研究足以说明采用上文所述的测量方法来观测两地非正式制度距离是可取的，是可行的。

4. 控制变量方面。首先，奥蒂、萨皮恩扎和阿尔梅达（Autio, Sapienza & Almeida，2000）发现企业规模可能影响企业资源获取，即企业越大越有可能吸引较多的资源投入，为排除由企业规模不同导致的资源获取差异需要予以控制。其次，莱恩和鲁巴特金（Lane & Lubatkin，1998）发现企业年龄可能会影响企业通过组织间关系学习的能力，而学习能力对企业资源获取尤其重要［济慈和希特（Keats & Hitt，1988）］，因此企业年龄也是影响资源获取的重要变量，需要在本书的研究中得以控制。最后，企业资源柔性会影响资源获取，资源柔性程度高的企业能够比较容易地以较低成本实现企业资源在不同任务中的转换，实现企业内部资源的充分利用，这种内部资源转换的便利性和低成本性会很大程度上影响企业的外部资源获取活动。具体地讲，就是在其他条件同等的情形下，资源柔性较大的企业从外部获取资源的可能性和幅度会相对变小。因此，本书对它所产生的影响也进行控制。具体到控制变量的测量问题，前两个控制变量的测量已在子研究一当中阐述过，在此不再赘述。而对于资源柔性的测量，本书采用学术界公认程度相对比较高的量表，包括资源有效使用范围的大小；资源移作他用的成本；资源移作他用的时间长短三个题项［桑切斯（Sanchez，1995）；桑切斯，1997；王铁男、陈涛、贾榕霞，2010］。

三 数据处理方法

首先运用探索性因子分析、信度分析和验证性因子分析的方法对内部合法性、外部合法性和非正式制度距离等测量的信度和效度进行检验，通过这些分析方法的应用，一方面有利于保障测量的有效性和可靠性，另一方面可以起到简化数据的作用，以便于在变量层次上开展定量分析。需要说明的是，根据以往学者对正式制度距离指标的设计，这些指标反映的只是正式制度的6个方面，而没有进行维度划分。根据以往学者的通常做法，也不对其进行因子分析。

第四节 研究结果

一 测量工具的检验

（一）内部合法性量表的检验

首先，本书用 SPSS 工具以探索性因子分析和信度分析为方法对内部合法性测量的信度和效度进行检验。在进行因子分析之前，本书对内部合法性测量的 KMO 样本测试和 Bartlett 球形检验进行测算，观察探索性因子分析对内部合法性的适用性。结果如表 4.1 所示。

表 4.1　　　内部合法性量表的 KMO 和 Bartlett 检验

Kaiser – Meyer – Olkin 度量值		.847
Bartlett 球形检验	近似卡方	1896.455
	自由度	28
	显著度	.000

从表 4.1 的结果来看，内部合法性测量的 KMO 值为 0.847（＞

0.70），Bartlett 球形检验也达到了显著水平，因此内部合法性测量适合进行探索性因子分析。表 4.2 给出了内部合法性的探索性因子分析结果，8 个题项析出了 3 个因子，总共解释了总体变异量的 91.570%，能够很好地反映底层指标的变异情况。三个因子的 Cronbach's α 值分别为内部规制 0.966、内部规范 0.936 及内部认知 0.916，均达到了农纳利（1978）所建议的标准，显示了较好的内部一致性。其中，最小因子载荷为 0.852，大于 0.7，说明所提取的因子具有较好的聚合效度。

表 4.2　内部合法性测量的探索性因子分析

指标	内部规制	内部规范	内部认知
Inr1 遵守集团规章制度	.875	.318	.242
Inr2 积极从事集团鼓励事务	.899	.297	.235
Inr3 集团的表彰、奖励和荣誉	.913	.238	.226
Inn1 集团认可运营和管理规范	.261	.882	.161
Inn2 集团赞许公司的运营管理	.299	.852	.267
Inn3 集团认可公司实践活动	.255	.895	.203
Inc1 公司行为在集团内盛行	.242	.260	.891
Inc2 公司能融入集团的文化	.256	.198	.906
Cronbach's α 系数	.966	.936	.916
特征值	2.753	2.655	1.918
解释的变异（%）	34.407	33.191	23.972
累积解释的变异（%）	34.407	67.598	91.570

其次，为进一步检验内部合法性测量的有效性，本书还以验证性因子分析的方法对内部合法性测量进行了检验。

分析结果如图 4.4 和表 4.3 所示。所有题项都对应于假设的因素，各个题项的标准化因子载荷均高于最低临界水平（0.60），并在 $p<0.01$ 水平上显著，显示了较高的聚合效度。

表 4.3　内部合法性的验证性因子分析参数估计

变量间关系	非标准估计值	标准化估计值	S.E.	C.R.	P
Inr3←内部规制合法性	1.000	.947			
Inr2←内部规制合法性	1.006	.973	.030	34.047	***
Inr1←内部规制合法性	.955	.935	.033	28.713	***

续表

变量间关系	非标准估计值	标准化估计值	S. E.	C. R.	P
Inn3←内部规范合法性	1.000	.930			
Inn2←内部规范合法性	1.014	.923	.043	23.506	***
Inn1←内部规范合法性	.965	.879	.046	20.893	***
Inc2←内部认知合法性	1.000	.897			
Inc1←内部认知合法性	1.035	.943	.068	15.160	***
内部规制合法性↔内部规范合法性	1.163	.619	.156	7.453	***
内部规范合法性↔内部认知合法性	.998	.553	.153	6.521	***
内部规制合法性↔内部认知合法性	1.049	.562	.157	6.688	***

注：*** 代表 p<0.001。

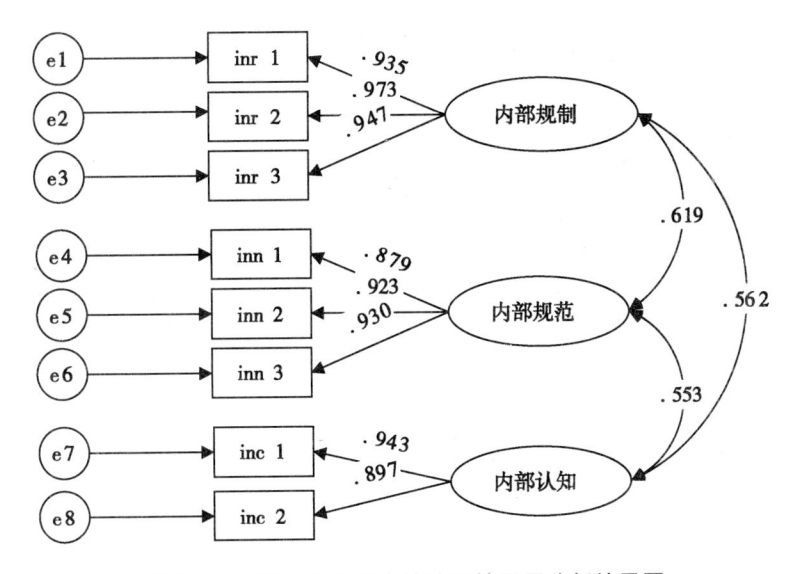

图 4.4 内部合法性构念的验证性因子分析结果图

拟合指数如表 4.4 所示，$\chi^2(8) = 22.700$，$p<0.05$；$\chi^2/df = 1.335$；RMSEA = 0.039；GFI = 0.975；AGFI = 0.947；NFI = 0.988；IFI = 0.997；CFI = 0.997。验证性因子分析的结果表明，内部合法性的测量具有很好的拟合效度。

表 4.4　内部合法性的验证性因子分析拟合指标

测量模型	χ^2	df	χ^2/df	RMSEA	GFI	NFI	IFI	CFI
验证模型	22.700	17	1.335	.039	.975	.988	.997	.997
独立模型	1926.287	28	68.796					

（二）外部合法性量表的检验

首先，本书用 SPSS 工具以探索性因子分析和信度分析为方法对外部合法性测量的信度和效度进行检验。外部合法性测量的 KMO 样本测试和 Bartlett 球形检验测算结果如表 4.5 所示。

表 4.5　外部合法性量表的 KMO 和 Bartlett 检验

Kaiser–Meyer–Olkin 度量值		.810
Bartlett 球形检验	近似卡方	2218.743
	自由度	28
	显著度	.000

表 4.6　外部合法性测量的探索性因子分析

指标	外部规范	外部规制	外部认知
Exr1 遵守政府和协会规章制度	.297	.866	.228
Exr2 积极从事政府或协会鼓励事务	.233	.921	.203
Exr3 当地政府或协会的表彰、奖励或荣誉	.190	.913	.213
Exn1 当地公众认可公司管理规范	.913	.260	.173
Exn2 当地公众对运营和管理持赞许态度	.929	.238	.186
Exn3 当地公众认可公司的运营活动	.916	.206	.207
Exc1 很多行为是当地企业所盛行的	.219	.251	.928
Exc2 能很好地融入当地文化	.213	.239	.933
Cronbach's α 系数	.953	.966	.972
特征值	2.809	2.719	1.978
解释的变异（%）	35.107	33.985	24.728
累积解释的变异（%）	35.107	69.092	93.820

从表 4.5 的结果来看，外部合法性测量的 KMO 值为 0.810（＞

第四章 子研究二：从属企业合法性与资源获取的关联机制

0.70），Bartlett 球形检验也达到了显著水平，因此外部合法性测量适合进行探索性因子分析。表 4.6 给出了外部合法性的探索性因子分析结果，8 个题项中共析出了 3 个因子，总共解释了总体变异量的 93.820%，能够很好地反映底层指标的变异情况。三个因子的 Cronbach's α 值分别为外部规制合法性 0.953、外部规范合法性 0.966 及外部认知合法性 0.972，均高于农纳利（1978）所建议的标准，显示了较好的内部一致性。其中，最小因子载荷为 0.866，大于 0.7，说明所提取的因子具有较好的聚合效度。

其次，为进一步检验外部合法性测量的有效性，本书还以验证性因子分析的方法对外部合法性测量进行了检验。分析结果如图 4.5 和表 4.7 所示。从结果看，所有题项都对应于假设的因素，并且题项的标准化因子载荷最低值为 0.904，也就是说，所有题项的标准化因子载荷均高于最低临界水平（0.60），且在 $p<0.01$ 水平上显著，显示了较高的聚合效度。拟合指数如表 4.8 所示，验证性因子分析的结果表明外部合法性的测量具有很好的拟合效度。

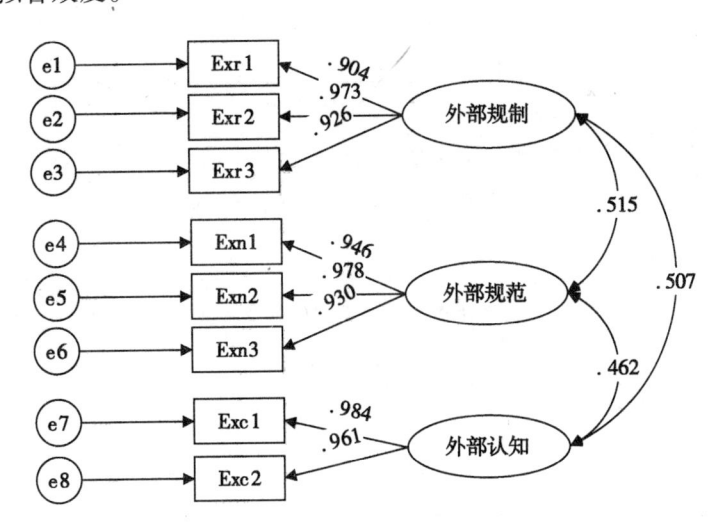

图 4.5 外部合法性构念的验证性因子分析结果图

表 4.7 外部合法性的验证性因子分析参数估计

变量间关系	非标准估计值	标准化估计值	S. E.	C. R.	P
Exr3←外部规制合法性	1.000	.926			
Exr2←外部规制合法性	1.036	.973	.036	29.161	***

续表

变量间关系	非标准估计值	标准化估计值	S.E.	C.R.	P
Exr1←外部规制合法性	.944	.904	.040	23.435	***
Exn3←外部规范合法性	1.000	.930			
Exn2←外部规范合法性	1.031	.978	.032	31.840	***
Exn1←外部规范合法性	.997	.946	.035	28.143	***
Exc2←外部认知合法性	1.000	.961			
Exc1←外部认知合法性	1.022	.984	.042	24.506	***
外部规制合法性↔外部规范合法性	1.136	.515	.174	6.531	***
外部规范合法性↔外部认知合法性	1.145	.462	.191	6.007	***
外部规制合法性↔外部认知合法性	1.240	.507	.193	6.427	***

注：*** 代表 $p<0.001$。

表4.8　　　　内部合法性的验证性因子分析拟合指标

测量模型	χ^2	df	χ^2/df	RMSEA	GFI	NFI	IFI	CFI
验证模型	26.054	17	1.533	.049	.971	.988	.996	.996
独立模型	2253.644	28	80.487					

（三）非正式制度距离量表的检验

非正式制度距离有四个维度，17个指标，对其进行 KMO 和 Bartlett 检验，结果如表4.9所示。

表4.9　　　　非正式制度距离测量的 KMO 和 Bartlett 检验

Kaiser – Meyer – Olkin 度量值		.890
Bartlett 球形检验	近似卡方	4623.756
	自由度	136
	显著度	.000

非正式制度距离测量的 KMO 值为 0.890（>0.70），Bartlett 球形检验也达到了显著水平，因此非正式制度距离的测量适合进行探索性因子分析。表4.10给出了探索性因子分析结果，17个题项中共析出了4个因子，总共解释了总体变异量的 86.455%，能够很好地反映底层指标的变异情况。三个因子的 Cronbach's α 值均高于农纳利（1978）所建议的标

准，显示了较好的内部一致性。其中，最小因子载荷为 0.802，大于 0.7，说明所提取的因子具有较好的聚合效度。

表 4.10　　　非正式制度距离测量的探索性因子分析

指标	权力距离	集体主义	性别距离	不确定规避
P1 管理者决策不与下属商量	.842	.218	.170	.210
P2 管理者用权力和权威处理下属关系	.855	.173	.193	.289
P3 管理者很少征求员工意见	.842	.130	.231	.295
P4 管理者避免与员工非工作性接触	.802	.212	.244	.196
P5 员工应赞成管理者的决策	.860	.138	.222	.306
C1 团体利益比个人利益更重要	.231	.871	.190	.085
C2 考虑团体利益后才能追求个人利益	.164	.913	.227	.064
C3 团体成功比个人成功更重要	.183	.929	.192	.085
C4 个人被团体认可非常重要	.123	.926	.223	.092
M1 会议由男士主持会更有效率	.269	.181	.847	.035
M2 男人比女人更应该有事业	.191	.224	.914	.013
M3 男人用逻辑解决问题而女人凭直觉	.242	.197	.851	-.021
M4 男人比女人更适合就任高职位	.142	.222	.891	.052
U1 详细列明工作要求很重要	.327	.083	.063	.823
U2 管理者让员工严格遵守指标和程序	.197	.132	-.018	.811
U3 标准的操作程序有助于员工的工作	.234	.029	.049	.925
U4 操作指导和说明对员工工作很重要	.228	.056	-.016	.936
Cronbach's α 系数	.956	.967	.944	.932
特征值	4.100	3.670	3.483	3.444
解释的变异（%）	24.118	21.591	20.489	20.258
累积解释的变异（%）	24.118	45.708	66.198	86.455

我们也对非正式制度距离的测量进行验证性因子分析，对探索性结果进行检验。分析结果如图 4.6 和表 4.11 所示。所有题项都对应于假设的因素，并且每个题项的标准化因子载荷均高于最低临界水平（0.60），且在 $p<0.01$ 水平上显著，显示了较高的聚合效度。拟合指数如表 4.12 所示，验证性因子分析的结果表明非正式制度距离的测量具有很好的拟合效度。

表 4.11　非正式制度距离的验证性因子分析参数估计

变量间关系	非标准估计值	标准化估计值	S. E.	C. R.	P
P5←权力距离	1.000	.944			
P4←权力距离	.881	.830	.045	19.425	***
P3←权力距离	1.011	.926	.037	27.217	***
P2←权力距离	1.024	.940	.035	28.921	***
P1←权力距离	.900	.857	.043	21.109	***
C4←集体主义	1.000	.967			
C3←集体主义	1.023	.972	.025	40.172	***
C2←集体主义	.966	.930	.031	30.910	***
C1←集体主义	.902	.876	.037	24.179	***
M4←性别距离	1.000	.917			
M3←性别距离	.874	.848	.045	19.318	***
M2←性别距离	1.042	.974	.037	28.231	***
M1←性别距离	.887	.851	.046	19.495	***
U4←不确定规避	1.000	.982			
U3←不确定规避	1.008	.965	.025	40.287	***
U2←不确定规避	.770	.749	.047	16.263	***
U1←不确定规避	.855	.828	.041	20.804	***
权力距离↔集体主义	1.098	.407	.201	5.476	***
集体主义↔性别距离	1.231	.468	.202	6.106	***
性别距离↔不确定规避	.212	.086	.169	1.254	
权力距离↔性别距离	1.313	.461	.220	5.982	***
权力距离↔不确定规避	1.328	.525	.196	6.758	***
集体主义↔不确定规避	.422	.181	.161	2.613	**

注：*** 代表 $p<.001$；** 代表 $p<.01$；* 代表 $p<.05$。

表 4.12　非正式制度距离测量的验证性因子分析拟合指标

测量模型	χ^2	df	χ^2/df	RMSEA	GFI	NFI	IFI	CFI
验证模型	274.595	113	2.430	.080	.875	.942	.965	.965
独立模型	4585.005	136	35.005					

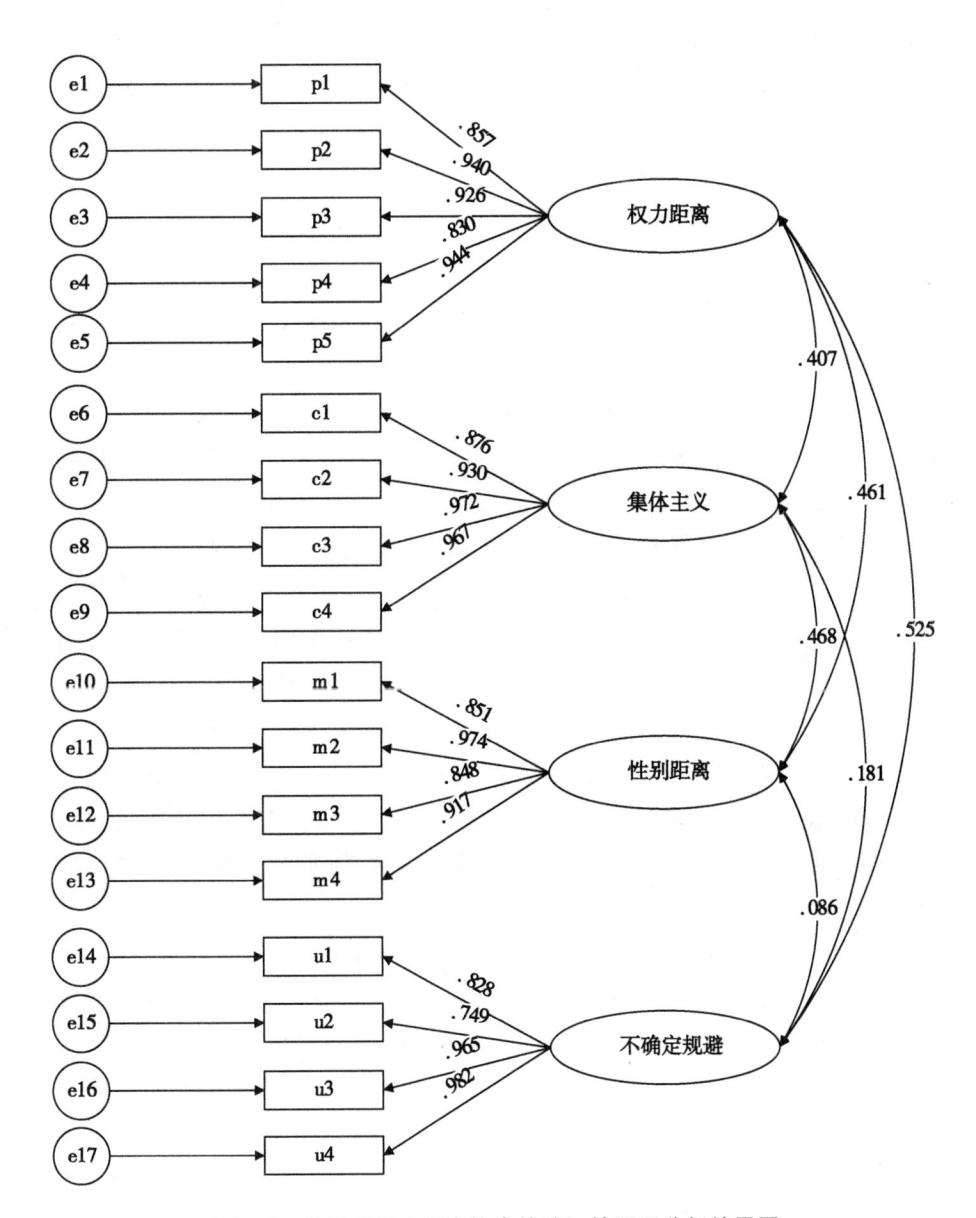

图 4.6 非正式制度距离构念的验证性因子分析结果图

(四) 环境不确定性和环境包容性测量检验

首先,对于环境不确定性的测量共有 4 个指标,通过因子分析之后,析出一个因子,特征值为 3.066,累积解释总体变异的 76.650%,能够很好地反映底层指标的变异程度 (KMO 值为 0.793,Bartlett 球形检验的近似卡方值 624.655,显著度为 0.000)。内部一致性系数为

0.896，组合信度（CR）为0.9288，说明环境不确定性测量的信度是比较理想的。其中，最小因子载荷为0.771（＞0.7），具有较好的聚合效度。

测量环境包容性的指标有3个，通过因子分析之后，析出一个因子，特征值为2.916，累积解释总体变异的97.200%，能够很好地反映底层指标的变异程度（KMO值为0.766，Bartlett球形检验的近似卡方值1226.859，显著度为0.000）。内部一致性系数为0.986，组合信度（CR）为0.9903，说明环境包容性测量的信度是比较理想的。其中，最小因子载荷为0.980（＞0.7），具有较好的聚合效度。

以上检验了各变量的内部一致性信度和聚合效度，在此，我们还对以上各个变量之间的区分效度进行了检验。检验所使用的方法仍然是通过变量的平均抽取变异量（AVE）与相关系数平方的比较来判断。通过计算，内部合法性变量的平均抽取变异量为0.6486，组合信度为（CR）0.9363；外部合法性变量的平均抽取变异量为0.6244，组合信度为0.9299；正式制度距离的平均抽取变异量为0.8655，组合信度为0.9748；非正式制度距离变量的平均抽取变异量为0.4716，组合信度为0.9304；环境不确定性变量的平均抽取变异量为0.7663；组合信度为0.9288；环境包容性变量的平均抽取变异量为0.9716；组合信度为0.9903。通过比较，AVE各值均大于相关系数的平方，显示了较好的区分效度。

（五）同源偏差的检验

子研究二同样也对同源偏差问题进行了相应的预防措施。根据泡德沙科夫和奥根（1986）的建议，在研究设计上，与子研究二相关的问卷所采取的措施包括问卷填写以匿名的方式进行；在问卷说明部分告知被试所列问题的答案无对错之分；在问项的表述上尽可能使用清晰而无歧义的语句等。在统计上，通过Harman单因素检验来分析同源误差的严重程度。将问卷中有关子研究二的所有条目放在一起做因子分析。分析结果表明，在未旋转的状态下分析出12个因子，累积解释了总体变异的82.452%，其中第一个因子解释了30.986%的变异。从结果来看，不存在一个单一因子解释大部分变异的现象，这表明在子研究二中同源误差的问题并不是很严重。

二 合法性的二阶因子分析

从属企业的合法性，即内部合法性和外部合法性是本项子研究的两个重要的自变量。由于本项研究所提的假设均是在从属企业合法性变量层次上提出的，也就是说我们关注的是内部合法性及外部合法性与其他焦点变量之间的关系。为此，需要在原有合法性三个维度的基础上进一步考察高阶的潜在变量。如果一阶潜变量能够形成更高阶的潜变量，则表示低阶潜变量具有高阶的单维性，也就意味着用高阶潜变量进行分析是可行的。为此，下文将进一步对合法性这个构念进行二阶因子分析。

（一）内部合法性的二阶因子分析

图 4.7 和表 4.13 呈现了内部合法性二阶因子分析的结果，所有项目都对应于假设的一阶因子，标准化后的因子载荷都高于最低临界水平 0.60，并且在 $p<0.001$ 水平上显著。将内部合法性作为二阶因子名，它与三个一阶因子的标准化路径系数均超过 0.70，并且在 $p<0.001$ 水平上显著。根据内部合法性二阶因子的拟合指数（见表 4.14）判定内部合法性的二阶因子模型具有很好的拟合效度。因此，将内部合法性作为内部规制、内部规范和内部认知的共同因子进行分析是可行的。

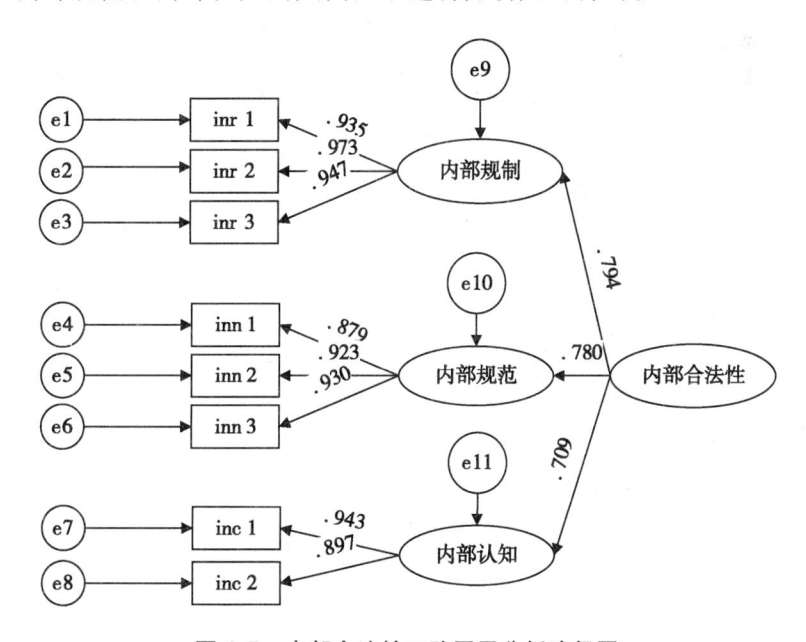

图 4.7 内部合法性二阶因子分析路径图

表4.13　　　　　内部合法性二阶因子分析路径系数估计

路径	非标准路径	标准化路径	S.E.	C.R.	P
内部规制←内部合法性	1.000	.794			
内部规范←内部合法性	.951	.780	.113	8.414	***
内部认知←内部合法性	.858	.709	.109	7.858	***
Inr3←内部规制合法性	1.000	.947			
Inr2←内部规制合法性	1.006	.973	.030	34.047	***
Inr1←内部规制合法性	.955	.935	.033	28.713	***
Inn3←内部规范合法性	1.000	.930			
Inn2←内部规范合法性	1.014	.923	.043	23.506	***
Inn1←内部规范合法性	.965	.879	.046	20.893	***
Inc2←内部认知合法性	1.000	.897			
Inc1←内部认知合法性	1.035	.943	.068	15.141	***

注：*** 代表 $p<0.001$。

表4.14　　　　　内部合法性的二阶验证性因子分析拟合指标

测量模型	χ^2	df	χ^2/df	RMSEA	GFI	NFI	IFI	CFI
验证模型	22.700	17	1.335	.039	.975	.988	.997	.997
独立模型	1926.287	28	69.796					

（二）外部合法性的二阶因子分析

图4.8和表4.15给出的是外部合法性二阶因子分析的结果，显示所有测量项目都对应于假设的一阶因子，标准化后的因子载荷都高于最低临界水平0.60，并且在 $p<0.001$ 水平上显著。以外部合法性作为二阶因子名，它与三个一阶因子的标准化路径系数均超过0.60，略高于临界水平，并且在 $p<0.001$ 水平上显著。根据内部合法性二阶因子的拟合指数（见表4.16），判定外部合法性的二阶因子模型具有很好的拟合效度。因此，将外部合法性作为外部规制、外部规范和外部认知三个一阶因子的共同因子进行分析是可行的。

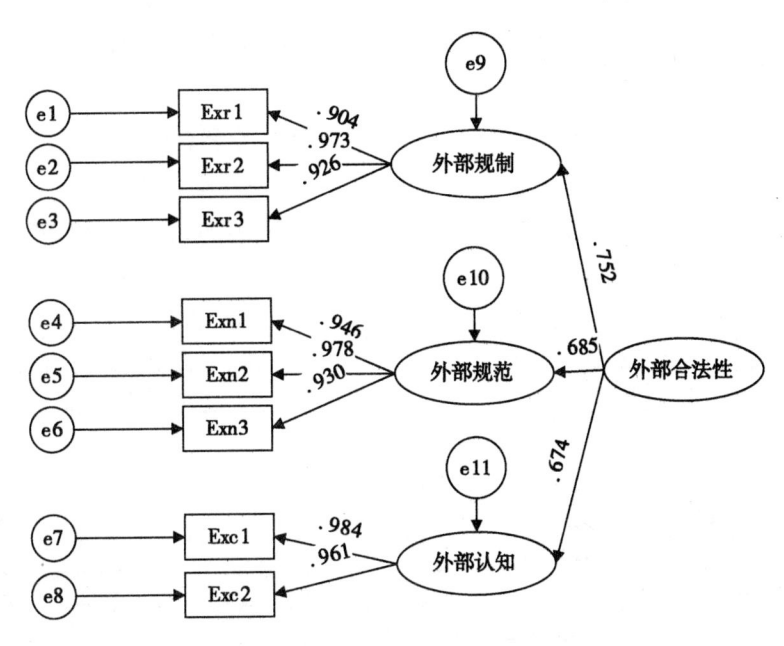

第四章 子研究二：从属企业合法性与资源获取的关联机制

图 4.8　外部合法性二阶因子分析路径图

表 4.15　外部合法性二阶因子分析路径系数估计

路径	非标准路径	标准化路径	S.E.	C.R.	P
外部规制←外部合法性	1.000	.752			
外部规范←外部合法性	.923	.685	.135	6.834	***
外部认知←外部合法性	1.008	.674	.149	6.786	***
Exr3←外部规制合法性	1.000	.926			
Exr2←外部规制合法性	1.036	.973	.036	29.161	***
Exr1←外部规制合法性	.944	.904	.040	23.435	***
Exn3←外部规范合法性	1.000	.930			
Exn2←外部规范合法性	1.031	.978	.032	31.840	***
Exn1←外部规范合法性	.997	.946	.035	28.143	***
Exc2←外部认知合法性	1.000	.961			
Exc1←外部认知合法性	1.022	.984	.042	24.506	***

注：*** 代表 $p<0.001$。

表 4.16　外部合法性的二阶验证性因子分析拟合指标

测量模型	χ^2	df	χ^2/df	RMSEA	GFI	NFI	IFI	CFI
验证模型	26.054	17	1.533	.049	.971	.988	.996	.996
独立模型	2253.644	28	80.487					

三 描述性统计分析

本项子研究所涉及的变量包括内部合法性、外部合法性、正式制度距离、非正式制度距离、环境不确定性和环境包容性等焦点变量，还包括了企业年龄、企业规模和资源柔性三个控制变量。在描述性统计分析部分，本书对这些变量之间进行了皮尔逊相关分析（双侧检验），结果如表4.17所示。

表4.17　描述性统计分析结果

		均值	标准差	1	2	3	4	5	6	7	8	9	10	11
1	企业年龄（log）	.7812	.25595	1										
2	企业规模	4.2819	1.67749	.369**	1									
3	资源柔性	4.2232	1.71073	.074	.003	1								
4	内部合法性	3.4664	1.46849	.180**	.161*	.112	1							
5	外部合法性	4.7786	1.61893	.142*	.194**	-.109	.778**	1						
6	正式制度距离	4.6153	1.66928	.065	.122	-.093	.428**	.576**	1					
7	非正式制度距离	4.9316	1.65757	.078	.174**	.010	.582**	.654**	.287**	1				
8	环境不确定性	4.3238	1.66976	.019	.139*	-.058	.186**	.258**	.155*	.335**	1			
9	环境包容性	4.0867	1.62512	-.024	.109	-.092	.002	.151*	.183**	.239**	.619**	1		
10	内部资源获取	3.7577	1.75670	.101	.123	.169*	.375**	.302**	.283**	.313**	.354**	.310**	1	
11	外部资源获取	4.0565	1.52101	.044	.230**	.013	.410**	.421**	.304**	.378**	.532**	.454**	.395**	1

注：*代表$p<0.05$；**代表$p<0.01$。

四 分层回归分析

首先，我们检验了内部合法性与内部资源获取的关系，并观察环境不确定性和环境包容性对两者关系的调节作用。如表4.18所示，模型2将内部合法性作为自变量引入，在控制了相关控制变量之后，内部合法性对从属企业的集团网络内部资源获取的影响达到了显著水平（$\beta = 0.350$，$p<0.001$）。这说明内部合法性与内部资源获取确实有正向的积极作用，从而验证了假设H1a。模型3引入了环境不确定性和环境包容性两个变量，结果显示两者对从属企业内部资源获取均有影响，特别是环境不确定的影响更为显著。模型4引入内部合法性与环境变量的乘积项（内部合法

性*环境不确定性；内部合法性*环境包容性），可以看到自变量（内部合法性）以及它与环境变量的两个乘积项均达到了显著水平。其中环境不确定性对内部合法性与内部资源获取的关系具有显著的正向调节作用（β=0.192，p=<0.05），而环境包容性对内部合法性与内部资源获取的关系具有显著的反向调节作用（β=-0.271，p=<0.001），从而验证了假设H4a和假设H5a。模型5对内部合法性、环境不确定性和环境包容性三者对从属企业内部资源获取的结构性影响进行了检验，结果显示结构性影响的β系数为0.217，且在0.01水平上显著。表明高内部合法性、高环境不确定性和低环境包容性对从属企业内部资源获取具有结构性影响，从而验证了假设H6a。

表4.18 经营环境对内部合法性与内部资源获取的调节作用检验

	模型1	模型2	模型3	模型4	模型5
企业年龄（log）	.051	.005	.030	.041	.045
企业规模	.104	.064	.013	.040	.034
资源柔性	.165*	.129*	.161*	.165**	.139*
内部合法性		.350***	.319***	.276***	.168*
环境不确定性			.165*	.157*	.176*
环境包容性			.221**	.235***	.204**
内部合法性*环境不确定性				.192*	.300***
内部合法性*环境包容性				-.271***	-.292***
内部合法性*环境不确定性*环境包容性					.217**
R^2	.046	.161	.278	.319	.344
Adjusted R^2	.033	.146	.258	.294	.317
ΔR^2	.046	.116	.117	.041	.025
F	3.556*	10.677***	14.118***	12.784***	12.668***
F change	3.556*	30.625***	17.773***	6.618**	8.309**
VIF最大值	1.165	1.183	1.724	1.808	2.277

注：因变量为内部资源获取；†$p<0.10$，*$p<0.05$，**$p<0.01$，***$p<0.001$。

其次，我们检验了外部合法性与外部资源获取的关系，并观察环境不确定性和环境包容性对两者关系的调节作用。如表4.19所示，模型2引入了外部合法性作为自变量，结果显示在控制相关控制变量之后，外部合法性对从属企业的外部资源获取具有显著的积极作用（β=0.404，p<0.001），这意味着假设H1b得到了验证。模型3引入了环境不确定性和环境包容性，观察两者对因变量的独立影响，结果显示环境不确定性和环

境包容性对从属企业外部资源获取均有显著的影响。模型 4 引入了外部合法性与环境不确定性的乘积项以及外部合法性与环境包容性的乘积项，以检验环境不确定性和环境包容性对外部合法性与外部资源获取关系的调节效应。结果显示在自变量显著（β = 0.250，p < 0.001）的同时，两个乘积项也达到了显著水平（β = 0.195，p < 0.001；β = - 0.365，p = 0.055 < 0.001）。这说明环境不确定性对外部合法性与从属企业外部资源获取的关系具有显著的正向调节作用，而环境包容性则对两者的关系具有显著的反向调节作用，从而验证了假设 H4b 和假设 H5b。最后，模型 5 对外部合法性、环境不确定性和环境包容性对从属企业外部资源获取的结构性影响进行了检验，结果显示高外部合法性、高不确定性和低包容性对外部资源获取的结构性影响达到了显著水平（β = 0.122，p < 0.05），从而验证了假设 H6b。

表 4.19　经营环境对外部合法性与外部资源获取的调节作用检验

	模型 1	模型 2	模型 3	模型 4	模型 5
企业年龄（log）	-.049	-.086	-.052	-.023	-.023
企业规模	.249***	.184**	.125*	.138**	.138**
资源柔性	.015	.063	.086†	.080†	.062
外部合法性		.404***	.301***	.285***	.250***
环境不确定性			.315***	.355***	.345***
环境包容性			.207**	.172**	.152*
外部合法性 * 环境不确定性				.195***	.237***
外部合法性 * 环境包容性				-.365***	-.354***
外部合法性 * 环境不确定性 * 环境包容性					.122*
R^2	.055	.210	.416	.518	.528
Adjusted R^2	.043	.195	.400	.500	.508
ΔR^2	.055	.154	.206	.102	.010
F	4.351**	14.717***	26.109***	29.255***	26.933***
F change	4.351**	43.336***	38.854***	23.016***	4.550*
VIF 最大值	1.165	1.186	1.705	1.722	1.731

注：因变量为外部资源获取；†P < 0.10，* p < 0.05，** p < 0.01，*** p < 0.001。

最后，以从属企业的外部合法性为因变量，检验了从属企业内外部合法性的关系，并观察制度距离对两者关系的调节作用。模型1，把对从属企业外部合法性获取有影响的外源变量控制起来。模型2引入内部合法性作为自变量，结果显示在控制相关控制变量之后，内部合法性对于从属企业外部合法性具有很强的解释力（β=0.769，p<0.001），这说明内部合法性对于从属企业的外部合法性具有显著的影响，从而验证了假设H2。同时，在模型3开始引入制度距离变量，分别引入了正式制度和非正式制度。模型4分别对正式制度距离和非正式制度距离的调节作用进行检验。结果显示在自变量显著的同时，内部合法性与正式制度距离的乘积项以及内部合法性与非正式制度距离的乘积项的β系数均为负值。其中，前者β=-0.102，p<0.01；后者β=-0.159，p<0.001。实证结果表明，正式制度距离和非正式制度距离对从属企业内部合法性与外部合法性的关系具有显著的反向调节作用。其结果验证了假设H3。

表4.20　制度距离对内部合法性与外部合法性的调节作用检验

	模型1	模型2	模型3	模型4
企业年龄（log）	.081	-.026	.003	.001
企业规模	.163*	.079†	.030	.055
内部合法性		.769***	.486***	.472***
正式制度距离			.282***	.267***
非正式制度距离			.285***	.263***
内部合法性*正式制度距离				-.102**
内部合法性*非正式制度距离				-.159***
R^2	.043	.610	.732	.774
Adjusted R^2	.035	.605	.726	.767
ΔR^2	.043	.567	.122	.042
F	5.052**	116.208***	120.890***	107.018***
F change	5.052**	323.953***	50.511***	20.100***
VIF最大值	1.158	1.178	1.749	1.761

注：因变量为外部合法性；†$p<0.10$，*$p<0.05$，**$p<0.01$，***$p<0.001$。

为保证多元回归分析方法的使用是正确得当的，需要对此方法在经济管理研究中常遇到的多重共线性、序列相关性和异方差三大问题进行检验。多重共线性问题一般可用方差膨胀因子（VIF）指数来判断（马庆国，2002）。判断的标准如下：当 0 < VIF < 10，不存在多重共线性（查特吉和普赖斯，1991）；当 10 ≤ VIF < 100，存在较强的多重共线性；当 VIF ≥ 100，存在严重多重共线性。本项子研究中各个回归模型中最大的 VIF 指数小于 3，大多数的 VIF 指数均在 2 以下，表明不存在共线性的问题。对序列相关性的检验，通常使用 DW（Durbin - Watson）值为判断回归模型是否存在序列相关的问题，一般来说只要 DW 值介于 1.5 至 2.5 之间，均可认为回归模型不存在序列相关性的问题。通过计算各回归模型的 DW 值之后发现所有模型的 DW 值均在上述可接受的范围之内，说明回归模型不存在序列相关性。对于异方差问题的检验，通常用散点图来判断，以标准化的预测值为横轴，以标准化的残差为纵轴，进行残差项的散点图分析，散点呈无序状，因此各个模型不存在异方差问题。经由以上三大问题的检验，结果表明本项子研究的回归模型是可靠的。

第五节　结果讨论

一　从属企业合法性与资源获取的关系再讨论

关于合法性与资源获取的关系，总体上而言，合法性的构建有利于企业的资源获取。具体到从属企业的合法性，实证检验的结果证明了内外部合法性与内外部资源获取的正相关关系。就内部合法性而言，它对于从属企业来讲是必要的，因为任何一个从属企业都少不了控制公司的支持，或多或少具有一定的依赖性，特别是对于中小型或新创从属企业而言更是如此。他们对来自于控制公司的内部资源和支持有相当的依赖性，并将其作为企业竞争优势的主要来源（Westney，1993）。而本书认为控制公司对从属企业的支持力度会因不同从属企业的内部合法性的差异而不同，即内部合法性越高，内部资源支持也就越大。所以，对于任何一个从属企业来说，首要的任务就是要构筑起良好的内部合法性，至少在初期理应如此。同理，从属企业是否能够得到集团网络外其他组织机构或投资人的支持，以及支持程度的大小就取决于从属企业是否具有外部合法性以及外部合法性水平的高低。也就是说，一般而言，从属企业内部资源获取水平的高低取决于内部合法性，而外部资源获取水平的高低取决于外部合法性。

在此基础上，本书把子研究一与本项子研究联系起来，有了新的发现。在本项子研究中，已经得到实证支持的假设 H1a 提出内部合法性有利于从属企业的内部资源获取；并且在子研究一中，已经得到实证支持的假设 H1c 提出内部资源获取对从属企业的外部资源获取有积极的正向影响。综合以上两项假设可以得到一个推论。

推论1：从属企业内部合法性也有利于其外部资源获取，这种影响的过程是经由内部资源获取所中介的。

二 制度距离对合法性传递效应的调节效应

在本项子研究中提出并得到验证的假设 H2 指出从属企业内部合法性对外部合法性有积极影响。并且，从属企业外部合法性有利于从属企业的外部资源获取。综合以上两项假设，可以得到如下一个推论，即推论2：从属企业内部合法性对其外部资源获取有积极的正向影响，这种影响的过程是经由外部合法性所中介的。

但并非所有的从属企业均能同等地享受合法性传递的利益，或者说不同从属企业实际上所真正从合法性传递中受益的程度是有较大差异的，这种差异就是由于制度距离的因素所造成的。正如得到实证支持的假设 H3 所指出的那样，制度距离会侵蚀合法性的传递效应。那些从属企业所在地与控制公司所在地之间制度距离较小的情形下，从属企业从合法性传递中受益就相对较大，比如那些完全由本地化企业所组成的商业集团中的从属企业就是如此，而那些在异地的从属企业则相对较少地从合法性传递中直接受益。本书进一步将制度距离细分成正式制度距离和非正式制度距离，并分别检验了它们两者对合法性传递效应侵蚀的程度。在图 4.9 中可以看到正式制度距离对内部合法性与外部合法性关系的调节性效应。当正式制度距离较小的情况下，表征内外部合法性关系的直线斜率较大，说明在这种情况下，内部合法性更有利于外部合法性的获取。而在正式制度距离较大的情况下，表征内外部合法性关系的直线斜率较小，这说明在正式制度距离大的情况下，内部合法性较前者更为不利于外部合法性的获取。从而证明了正式制度距离对两者关系的反向调节作用。此外，从图 4.10 可以看到非正式制度距离对内外部合法性关系的调节效应。当非正式制度距离小的时候，表征内外部合法性关系的直线斜率要大于非正式制度距离大的情况。这说明在非正式制度距离小的情况下，内部合法性更有利于外部合法性的获取。从而证明了非正式制度距离对两者关系具有反向调节作用。

实证结果还表明，非正式制度距离对合法性传递负向影响的程度要高于正式制度距离所产生的负面影响。本书认为，这与两种制度对组织影响的方式有关。正式制度对组织是带有一定强制性的影响，组织多以被动适应为主，随着组织外部正式制度环境的变化之后，这种被动适应性的组织行为是比较容易改变的。而非正式制度对组织则是一种潜移默化的影响，往往会内化为组织的主动性行为，这就容易被认为是难以改变的，即从属企业会更多地携带控制公司所在地的非正式制度特征，而正式制度环境发生改变的情形下，这种非强制性的适应行为往往改变的速度或幅度都会落后于前者。这样就会与当地组织的同构性方面形成较大的差异，也就会使得其外部合法性水平受到影响。

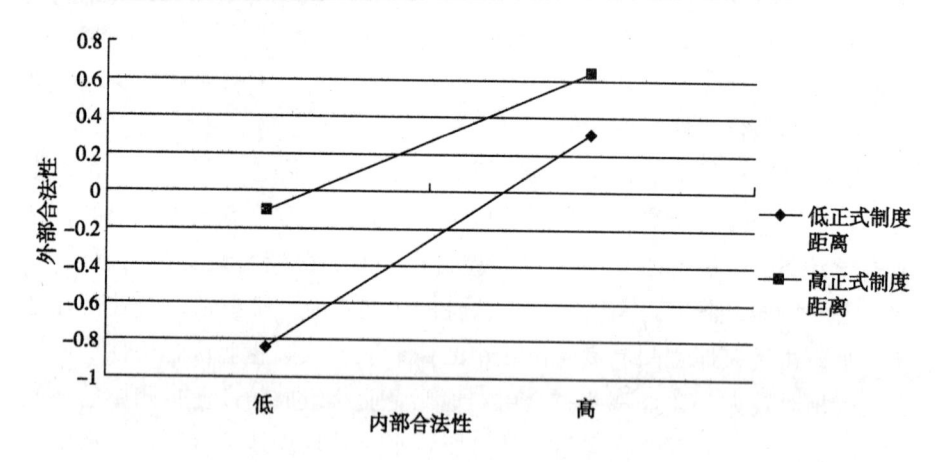

图 4.9 正式制度距离的调节效应图

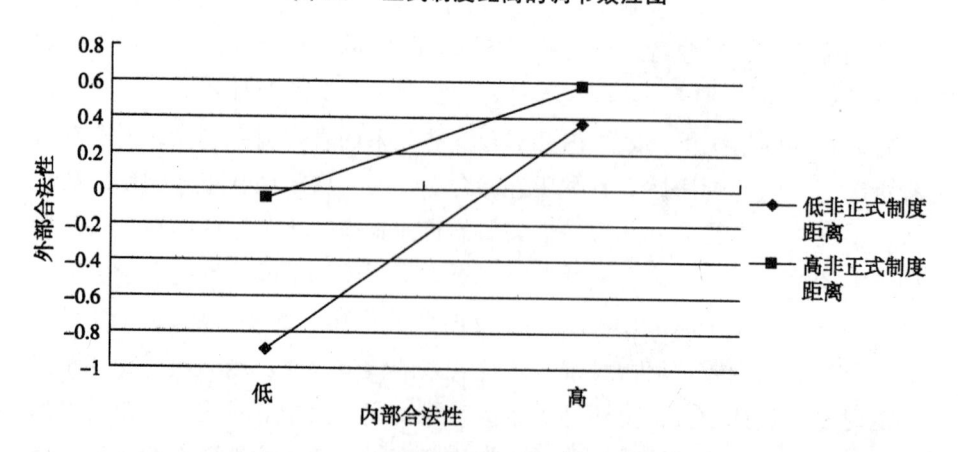

图 4.10 非正式制度距离的调节效应图

三 经营环境对合法性与资源获取关系的调节效应

环境不确定性对从属企业内部合法性与内部资源获取，以及对从属企业外部合法性与外部资源获取均具有正向的调节关系，实证的结果验证了这一效应。为更为直观地呈现以上结果，本书用图4.11和图4.13进行了描述。从图中可以看到，在环境不确定性较高的情况下，表征内部合法性与内部资源获取，以及外部合法性与外部资源获取关系的直线斜率均要高于环境不确定性较低情况下的斜率。这说明了在环境不确定性高的情况下，上述的两两关系更为紧密，即内部合法性更有利于内部资源获取，而外部合法性更有利于其外部资源获取。从而证实了环境不确定性对上述两两关系的正向调节作用。同时，实证结果还清晰地呈现出环境不确定对前者的调节效应明显要弱于后者。本书认为从商业集团的研究文献中可以得到解释，正如埃斯特林、泡科里科娃和夏皮罗（2009）所指出的那样，商业集团的内部市场的功能之一就是减小不确定性的不利影响。这就使得在环境不确定性提高之后，虽然它同样会使得拥有较高内部合法性的从属企业的资源获取利益更为显著，但这种调节性影响也理应会得到减弱。

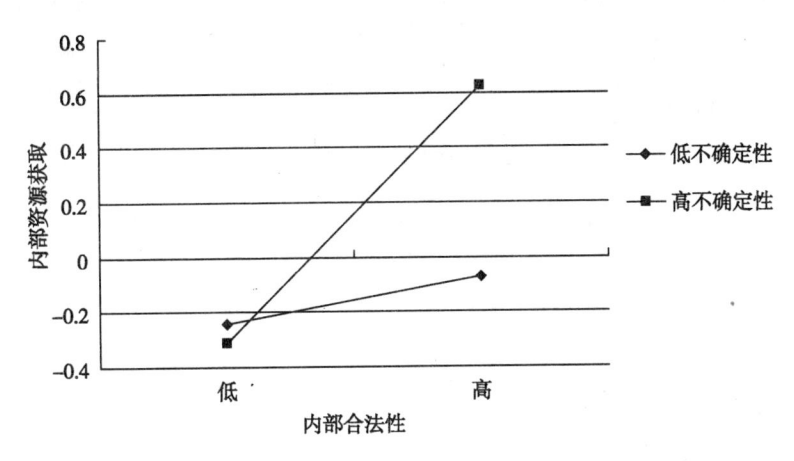

图4.11 环境不确定性对内部合法性与内部资源获取的调节效应图

本书用图4.12和图4.14对环境包容性的调节效应进行了描述。从图中可以看到，在环境包容性较低的情况下，表征内部合法性与内部资源获取关系的直线斜率，以及表征外部合法性与外部资源获取关系的直线斜率均要大于环境包容性高的情形。这说明在环境包容性较低的情形下，内外部合法性更有利于其内外部资源获取，而当环境包容性提高之后，内外部合法性的资源获取效应反而会变得更小。这就证实了环境包容性对上述两两关系的反向调节作用。

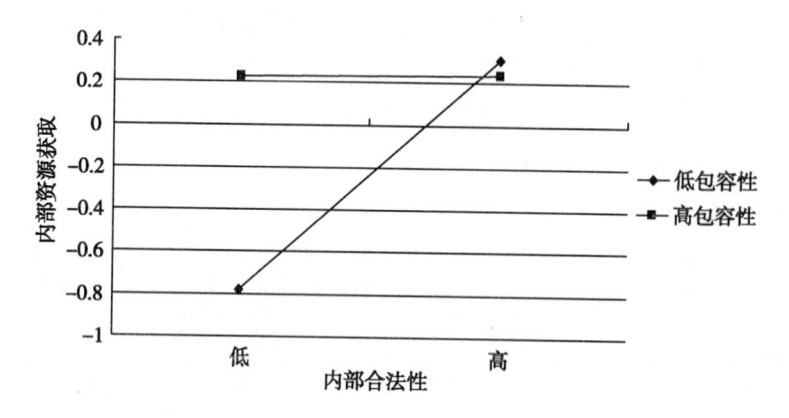

图 4.12　环境包容性对内部合法性与内部资源获取的调节效应图

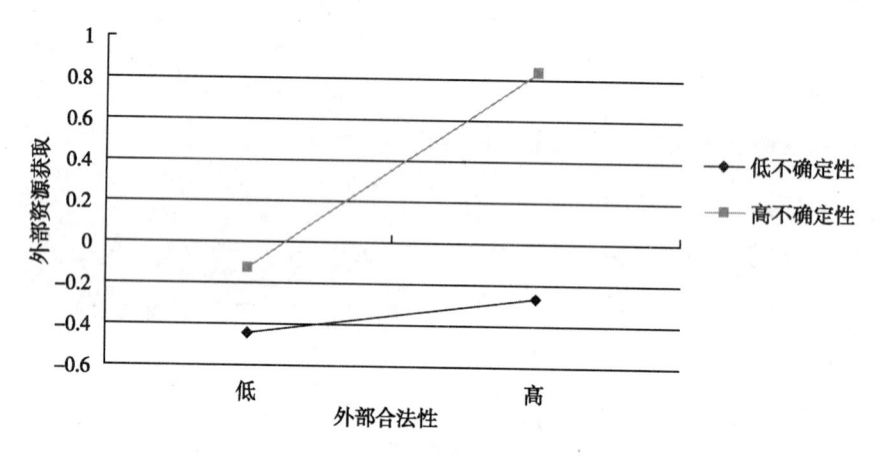

图 4.13　环境不确定性对外部合法性与外部资源获取的调节效应图

四　结构性影响讨论

从实证检验的结果看，合法性、环境不确定性和环境包容性对资源获取所形成的结构性影响的结论是成立的，但这种结构性影响的程度也有显著的差异。内部合法性、环境不确定性和环境包容性对从属企业内部资源获取的结构性影响要明显强于外部合法性、环境不确定性和环境包容性对从属企业外部资源获取的结构性影响。换句话说，拥有较高内部合法性的从属企业在高不确定性和低包容性环境条件下的内部资源获取利益较之拥

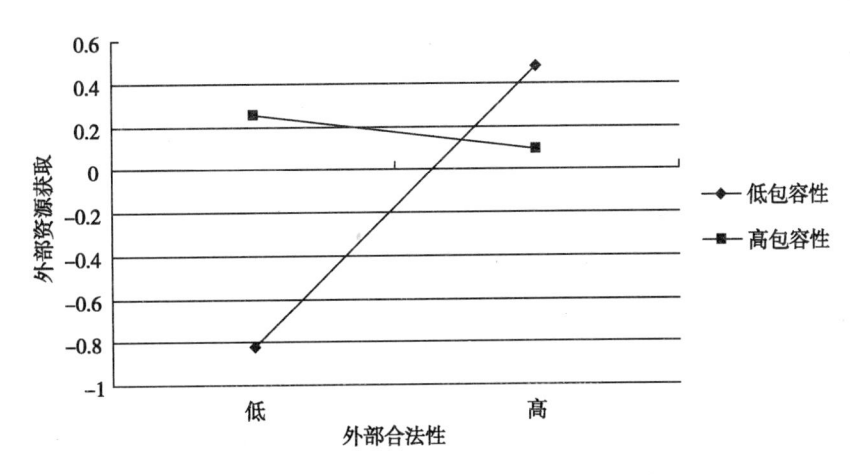

图 4.14　环境包容性对外部合法性与外部资源获取的调节效应图

有较高外部合法性从属企业在高不确定性和低包容性环境条件下外部资源获取利益要更为明显。也可以说，在高不确定性和低包容性的环境中，拥有较高内部合法性所产生的内部资源获取效应优于外部合法性所生产的外部资源获取效应。这其实可以帮助解释一些从属企业为什么在不确定性高和（或）包容性低的苛刻环境条件下，能够较好地生存下去并发展起来的原因。

第六节　理论贡献与实践意义

一　理论贡献

1. 对 BG 理论的贡献

（1）本书以合法性理论为理论基础，讨论了 BG 从属企业的内部合法性和外部合法性对资源获取的影响，研究结果回答了特定 BG 网络中不同从属企业资源获取差异性的原因这一问题，从而弥补了前文中所提出的 BG 现有文献存在的理由缺失。并且，本书的研究结果从资源获取的角度印证了金、霍斯金森和王（2004）关于成员资格对不同成员企业而言具有不同利益的论断。

（2）本书还对从属企业内部合法性与外部合法性之间的关系进行了探讨，提出了合法性的溢出效应或传递效应，以及制度距离对溢出效应的影响。达钦等（2007）的研究表明了联盟的合法化功能，本书在此基础之上，发现 BG 网络有更为显著的合法化的功能，BG 从属关系能够为从属企业带来良好的合法性基础，本书称之为 BG 网络的合法性溢出效应。并且本书还发现制度距离对这种合法性溢出效应具有调节作用，从而能够较好地解释本地化 BG 网络和跨区域 BG 网络对从属企业合法性的不同影响。这一研究发现对于合法性理论中有关合法性获取策略的研究是个有益的补充，同时对于 BG 领域跨区域构建 BG 网络具有重要的理论价值。

2. 对合法性理论的贡献

（1）识别了从属企业合法性作用于企业资源获取过程中环境因素的权变影响。正如前文所述，现有合法性文献中并没有就环境因素的权变作用展开细致的讨论。本书分析了环境不确定性和环境包容性两个环境因素在合法性对从属企业资源获取影响过程中的调节作用。一方面，更有力地回答了同一 BG 中不同从属企业资源获取差异性的根源问题。另一方面，弥补了前文所提出的现有合法性文献中的 GAP。所以，本书研究结果对于合法性理论也具有一定的理论贡献。

（2）有利于推进合法性理论的实证研究。本研究对合法性这一构念的测量进行了探索，在斯科特（1995）三个维度的基础上，对各个维度的内涵进行了解读，一方面，深化了对制度理论视角下的合法性这一构念的理解；另一方面本书针对各个维度设计了测量指标，形成了合法性量表。经检验，量表具有较好的信度和效度，可用于一般性的组织合法性的测量，这对于推进合法性的实证研究，构建相关理论起到了一个很好的工具性作用。

二 实践意义

1. 为新创企业或中小企业合法性获取指出了途径。在以往有关组织合法性的相关研究中，学者们指出，通过构建战略联盟的方式可以使得联盟企业获得合法性，即战略联盟有使企业合法化的重要功能（达钦等，2007）。而本书研究的结果表明加入 BG 网络，成为 BG 从属企业之后能够享受 BG 主导企业或其他成员企业的合法性溢出，从而有助于企业获得合法性或提升合法性。因此，BG 网络同样具有使企业合法化的重要功能。但这种合法性溢出效应会受到制度距离的调节，这就意味着在其他条件相同的情形下，为更好地获取合法性，企业应尽量选择与本企业制度距离小的主导企业构建的 BG 网络，此时企业所获的合法性利益是最大的。这为新创企业或中小企业合法性的获取与提升提供了一条新的思路。

  2. 提出了不同经营环境下合法性对企业资源获取的重要程度，为企业合法化战略提供参考依据。本书的研究表明，在经营环境具有高不确定性和低包容性的情形下，企业越需要构筑和提升合法性。此时，BG从属关系的合法化功能的价值就会得到充分的体现。特别具有实践指导意义的是对于低包容性环境中的企业，比较容易陷入"合法性困境"。越是处于这种情形下的企业越要有超前的合法性意识，适当地选择合法化战略，走出合法性困境。

第五章

子研究三：从属企业合法性对成长绩效的作用机制研究

第一节 问题的提出及与其他子研究的关系

通过前面两个子研究的推进，本书已然将资源获取对从属企业成长绩效的权变影响进行了探讨，建立了资源获取与成长绩效的关联机制；也对从属企业合法性对资源获取的权变影响进行了讨论，建立了从属企业合法性与资源获取的关联机制。也就是说，以上两个子研究分别对从属企业合法性、资源获取及成长绩效之间的两两关系做出了分析，但未能从全局的角度来考虑它们之间的关系问题，如从属企业合法性与从属企业成长之间的关系如何？合法性是如何影响从属企业成长绩效的？以及资源获取扮演的角色或作用又是什么？简单地讲，就是前面两项子研究未能对从属企业合法性对成长绩效的内在作用机制问题进行讨论。因此，本项子研究（子研究三）就是要在整合前两项子研究（子研究一和子研究二）的基础上对从属企业合法性作用于从属企业成长的内在中介机制进行分析和检验。

事实上，通过相关的文献搜索与阅读，本书发现关于合法性与成长绩效的讨论仍然是一个新兴的话题。在中文数据库中，本书首先以"企业成长"或"成长绩效"为主题，以题名或关键词为"合法性"等较为宽松的搜索条件对中文数据库进行文献搜索，得到相关文献18篇，其中期刊论文12篇，学位论文6篇。这说明相关度高的文献非常有限。于是进一步放松搜索条件，以"企业成长"和"组织合法性"[①]为主题进行搜索，

[①] 在中文数据库中，很多有关合法性的论文均指的是法律意义上的合法性，与国外文献中的"legitimacy"一词并不对等。本书研究所指的合法性就是legitiamcy一词，在国内以组织合法性为主题的论文才属于此类。同时，用组织合法性作为搜索主题还可以避免错误地将很多社会学领域中谈论个体合法性而非企业或组织合法性的主题文章统计进来。

共获得中文文献 72 篇，其中期刊论文 18 篇，学位论文 54 篇。国外文献通过 SCI – E/SSCI/A&HCI 三大索引数据库，以"growth"或"grow"和"organizational legitimacy"为主题进行对应检索，共获得外文期刊论文 66 篇。我们分别将中文期刊论文、外文期刊论文和中文学位论文三部分文献的发展状况通过图 5.1 来呈现。从发展趋势图中可以看到，相关主题的研究主要是在 2000 年以后才开始受到学者们的关注，尽管经历了十年的发展，但发展的速度并不是很快，因此总体研究规模还很小。从中外文献的比较来看，外文期刊论文的增长趋势要比中文期刊的论文更为显著一些。

笔者通读国内文献之后，发现重点探讨合法性与企业成长关系问题的只有十余篇。从我们对相关文献的把握来看，在有关企业成长理论的文献当中，基于资源观的企业成长论和基于网络化的企业成长论受到学者们比较广泛地关注，研究也相对比较充分，而对于基于合法性的企业成长问题相对较弱。特别是在国内，企业的合法化成长论还没有引起学者们的重视（杜运周等，2008），相关的研究自然也极为少见。

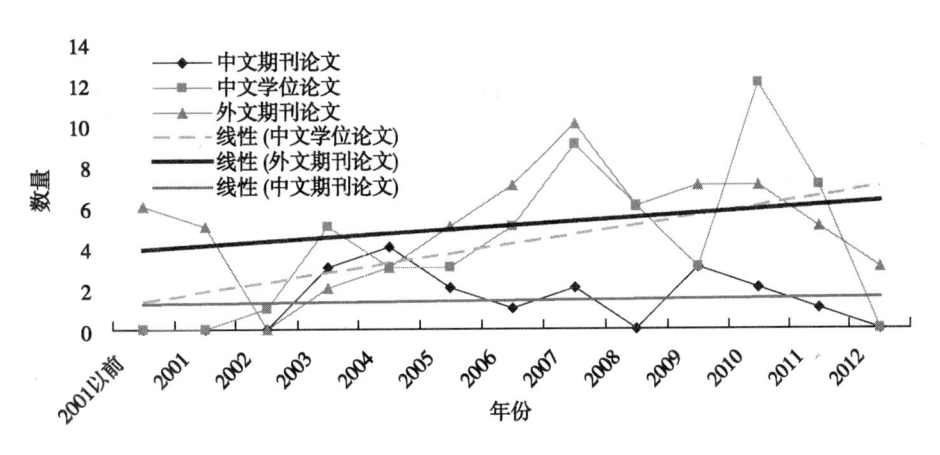

图 5.1 主题文献的数量及趋势对比

本书认为导致这一结果的原因有二：其一，从战略管理视角来研究合法性问题不可避免地要经历一个从引入到发展的过程。战略管理领域内的学者们从资源观视角或者从网络视角来探讨企业成长的问题已经有了较为深厚的基础，也正如此，它们成了企业成长理论的中心和重点。而正如本书在理论综述部分所指出的那样，合法性问题产生于制度理论，并最初沿袭的就是制度理论的视角，后来才逐渐进入战略管理学者们的研究视野。因此，不可避免地会有一个从引入再到快速发展的过程。相信研究推进之后，相关的文献也将会越来越丰富。其二，合法性的概念界定不够清晰。合法性是一个有着不确定意思的术语（迈耶和斯科特，1983），它的含义不是直接明了的（马丁，1990），学者在理解什么是合法性、合法性的基础是什么以及如何构建合法性等问题上均存在差异，对于这些基本问题认知上的差异不利于合法化企业成长理论的推进，特别是合法性的操作性定义及其测量的滞后性对定量研究所产生的制约。虽然一些学者如辛（1986）、斯科特（1995）、齐默曼等（2002）及高丙中（2004）等对合法性进行了类型或维度的划分，有利于推动合法性的操作化定义，但显然这方面研究的力度仍然有限，学者们在定量研究上所做的努力和尝试还远远不够。也正因如此，关于合法性对企业成长绩效内在作用机制的实证性研究少有文献涉及。

鉴于此，本项子研究（子研究三）旨在分析从属企业合法性与成长绩效关系的基础上探讨从属企业合法性对成长绩效的内在作用机制，通过整合前两个子研究的一些研究结果，检验资源获取在合法性与从属企业成长关系中的中介性作用。本书期望通过本项子研究的开展，有助于弥补现有相关主题文献中关于合法性对企业成长绩效作用机制的定量研究的不足。

第二节 理论框架

一 从属企业的合法性与成长绩效的关系

首先，一些学者认为企业绩效有助于企业获取合法性。尽管现有研究表明合法性对于组织的生存与成功发展是至关重要的（道林和普费弗，1975；汉纳和弗里曼，1977；迈耶和罗恩，1977），但公司创业领域的文献指出，相对于在位的成熟型企业而言，合法性对于新创企业更为重要。因为老企业往往更具有合法性（辛、塔克和豪斯，1986），或者说老企业已经具有一定的合法性基础。其中一个主要原因在于成熟企业有较多的绩效记录和运营记录，这些为利益相关者判断企业合法性提供了重要的参考依据，而新创企业不是没有就是很少有过往的绩效记录。也就是说，过往的绩效可以为企业提供合法性。劳恩斯伯里和格林（Lounsbury & Glynn，2001）对新创企业作了对比分析，发现那些强调创业者成功历史或者过往业绩历史的创业故事能够使得新创企业更容易获取合法性。这就是说，即使对新创企业而言，有一定成功历史的要比没有成功历史的更具有合法性，这一发现进一步证实了已有企业绩效有利于企业获取合法性。但也并不总是如此，迪普豪斯和卡特（2005）对银行业的调查研究表明，绩效能够提高银行的声誉而并非总能提高银行的合法性，因为只有在低绩效水平的银行中绩效与合法性才有正相关关系。因此，推而广之可以认为绩效水平较低的企业可以通过提高绩效的方式来提高企业合法性，而对于绩效水平较高的企业，再通过提高绩效的方式来提高合法性是不可取的，此时需要通过其他的非绩效途径，比如更多更好地履行捐资助学或环境保护等社会责任，才能获取更高的合法性。

其次，另一些学者认为合法性有利于提升企业绩效，促进企业成长。已往基于资源观理论的研究表明，企业的资源禀赋是导致企业绩效差异的主要原因。然而近来一些基于制度理论的研究发现，企业主动寻求合法化比被动地依赖资源禀赋更有利于企业的生存，并促进企业成长（托尔尼科斯基和斯科特，2007）。特别是在快节奏的技术环境，合法性对于那些新创企业的成长显得尤其重要（尚恩和富，1999）。在制度理论学者们看来，一个企业的成功或者失败不是因为企业的产品理想与否或者是资源缺乏与否，而在于企业能否构建理想的合法性（阿尔斯特尼和布鲁顿，2001；陈、格里菲思和胡，2006）。在多数制度理论学者的眼里，合法性是导致组织能否生存和成功发展的一个重要因素，也是导致企业绩效差异的主要原因。通常来说，拥有高水平合法性的企业往往拥有更高的企业绩效（达钦、奥利弗和罗伊，2007），而缺乏合法性的企业则会导致现有股东退出并损害企业绩效［罗和钟（Luo & Chung，2005）］。

最后，还有一些学者提出不同的看法，认为合法性有损于组织绩效。他们认为合法性驱动的企业往往采取不恰当的资源决策，也就是说在注重合法性导向的企业中很多行为是基于社会正当性的规范性理性，而不是基于营利性的经济合理性（奥利弗，1997）。这就意味着，合法性驱动下的某些企业行为可能会是非理性的，不仅不会产生积极的绩效，反而可能会有损于绩效。如巴雷托和巴登-富勒（2006）研究中的案例便是一个典型，金融产业中当组织面临较大的合法性压力时，组织会采取模仿行为，甚至模仿其他银行在没有太大经济吸引力的地方开设分支机构。这些行为显然是非经济理性的，虽然提升了组织的合法性，但对组织绩效的提升不仅没有什么帮助，也会增加企业的运营成本，对绩效而言是不利的。

从以上论述可见，合法性与企业绩效之间可以互为因果，合法性既可以是企业绩效或企业成长的前置因素也可在某种程度上作为绩效的后果，两者形成相互作用，但更多的是把合法性作为影响企业成长的前因。在这种情形下，研究人员可以根据自己的研究聚焦于一条关系主线。在本项研究中是从通过寻找造成商业集团从属企业资源获取差异的原因入手，并将制度理论的视角下从属企业的合法性差异视为从属企业资源获取差异的原因。遵循这一逻辑，本项研究也将围绕合法性作为成长绩效的前因这样一条关系主线而展开。在这种关系主线下，尽管有研究发现合法性有损于企业绩效（巴雷托和巴登-富勒，2006）。但本书认为巴雷托和巴登-富勒（2006）所指出的这种银行间的模仿行为虽然从眼前来看是不利于绩效的，但这提高了组织在这种产业环境及社会环境中生存下去的可能性。只不过，这种生存的可能性是以牺牲部分绩效为代价而获得的（亨德森，1999）。看起来合法性与绩效似乎有一定的冲突之处，需要企业进行权衡。但这仅仅是就短期之内的当前利益而言的，从长远来看，本书认为两者是一致的，即合法性的提升对于企业的中长期发展仍然是有利的。

具体到商业集团从属企业而言，本书认为从属企业内外合法性均对从属企业成长绩效产生积极影响。虽然现有 BG 文献很少基于合法性视角下的研究，但本书通过比较那些绩效较好的从属企业与那些绩效比较糟糕的从属企业之后发现能够找到它们在内外部合法性方面存有差异的证据，并且这些合法性方面的差异与绩效差异密切相关。如伯特兰等（2002）将从属企业的行为及绩效与他们在集团层级中的位置联系起来，认为他们的行为和绩效是由其在集团中所处的位置所决定的。处于金字塔偏上部分位置的从属企业绩效一般要优于那些处于金字塔底部的从属企业。这些从属企业与核心成员企业之间的关系往往更亲密，主导企业对从属企业的控制距离相对较短（哈梅林，2011），有利于实施实质性控制，从属企业更容易遵守内部约定，此种情形下的从属企业就会因此具备较高的内部规制合法性，相对更易于受到主导企业或核心成员的信赖与支持，从而表现出较好的绩效和成长优势。如果说层级中的控制距离是一种有形的控制距离，那么战略控制便是一种无形的控制距离，同样能够增强从属企业的内部合法性，从而增强其成长优势。如从属企业拥有与主导企业或核心成员企业相似的经营哲学［希尔和黑尔里格尔（Hill & Hellriegel, 1994）］，企业的使命、战略与经营原则等方面均与他们有很大的相似性,从而无形中与其保持较高的一致性[严和段(Yan & Duan, 2003)]。这种相似性使得企业表现出来的行为也极具相似性,并且对相互之间的行为表现具有高度的发自于内在基于价值认同的认可。因此,这种情形下的从属企业就意味着具备了高水平的内部规制合法性、内部规范合法性和内部认知合法性。按照前文中合法性有利于提升成长绩效的逻辑,这些从属企业的绩效和成长优势理应也要强于其他从属企业。而从属企业的外部合法性与前文所述的一般意义上的合法性或者说独立企业的合法性无异,它与企业成长之间的关系已经在前文中得到阐述,不再赘述。基于以上论述,本书假设:

H1:从属企业的合法性有利于提升从属企业成长绩效。

H1a:从属企业的内部合法性有利于提升从属企业成长绩效;

H1b:从属企业的外部合法性有利于提升从属企业成长绩效。

二 资源获取对合法性与成长绩效的中介作用分析

切尔托(Certo, 2007)指出,组织合法性与投资者对企业未来财务绩效的感知正相关。而这一关系成立的内在逻辑是说如果合法性水平高,会使投资者相信企业会产生或保持理想的绩效,那么投资者的投入会得到相应的产出,从而使得投资者能够得到应有的投资回报。在这种情形下,作为一个经济理性的投资者才会比较乐意将资源投向企业。而作为企业若要赢得这部分资源投入就必须提高自身的组织合法性,争取到更多的资源拥有者的支持,获取企业发展所需的充足资源,才能有更好的绩效,实现企业的快速成长。换句话说,投资者的资源投入或者企业的资源获取是合法性与绩效产生联系的内在机制。在此之前本书曾经先后通过子研究一、子研究二和本研究的前半部分分别阐述了合法性、资源获取与企业成长三者之间的两两关系,表明资源获取与企业成长、企业合法性与资源获取以及合法性与企业成长均体现为正相关关系。根据巴伦和肯尼(1986)所提出的关于中介效应的条件来看,可以由此初步推断从属企业成长绩效的合法性机制是以资源获取为中介的,基于此,可得假设 H2a 和假设 H2b。

H2:从属企业的合法性对成长绩效的影响是通过资源获取的中介作用而实现的。

H2a:内部资源获取对从属企业内部合法性与成长绩效之间的关系具

有中介性作用；

H2b：外部资源获取对从属企业外部合法性与成长绩效之间的关系具有中介性作用。

但值得注意的是，很多新创企业或中小企业自身的外部合法性不足，但仅仅由于加入某个拥有较强外部合法性的商业集团，成为商业集团成员企业之后就拥有了一定的外部合法性，这样的例子在公司创业实践中是屡见不鲜的。本书将这一现象称之为合法性的传递效应。并且，这种外部合法性传递效果会因从属企业内部合法性的强弱而表现出一定的差异。正如本书在子研究二中所指出的那样，从属企业的内部合法性对于外部合法性获取有一定的积极影响，而外部合法性有助于从属企业的外部资源获取，由此可以推出，内部合法性对于从属企业外部资源获取也有帮助，并经由外部资源获取进一步对从属企业成长绩效产生作用。因此，内部资源获取与外部资源获取对内部合法性与企业成长绩效之间的关系均有中介作用，也就是说，从属企业内部合法性与成长绩效之间存在着双重中介机制。基于此，进一步得出以下假设：

H2c：外部资源获取对从属企业内部合法性与成长绩效之间的关系具有中介性作用。

如果以上两个假设成立的话，那么可推出内部合法性通过内部资源获取、外部合法性—外部资源获取以及内部资源获取—外部资源获取三种途径对从属企业的成长发挥作用。但并非所有从属企业均能享受到这一优势，因为通过子研究一可知内部合法性对外部合法性的影响大小视从属企业与主导企业或核心企业的制度距离而异，只有在制度距离小的情形下，内部合法性才能对从属企业外部合法性获取起到强有力的支持，此时从属企业才能享受到内部合法性的三重绩效效应。而在制度距离大的情形下，内部合法性的绩效效应主要通过内部资源获取及内部资源获取—外部资源获取两种途径来实现。也进一步说明了在这种情形下，从属企业若要实现更快地成长，构建外部合法性以及平衡内外部合法性显得非常必要。基于此，可以得到一个推论：

推论1：制度距离越大的情形下，从属企业的内外部合法性的协调与权衡对于企业成长越重要。

综合以上分析，本书得到本项子研究的实证框架如图5.2。

此外，为了更为总括性地呈现本书所研究的全部内容和逻辑关系，本书

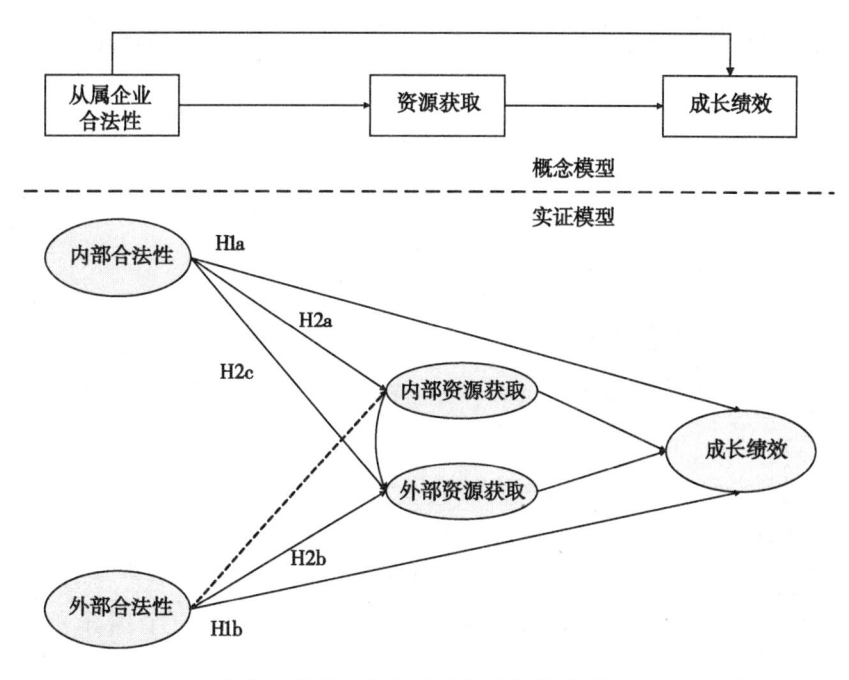

第五章 子研究三：从属企业合法性对成长绩效的作用机制研究

图 5.2 商业集团从属企业合法性与成长绩效的中介机制检验

认为在此需要对前面所做的几项子研究进行一下整合，从而勾勒出有关本项研究全局性的总体概念框架，详见图 5.3 所示。行文至此，已经完成了子研究

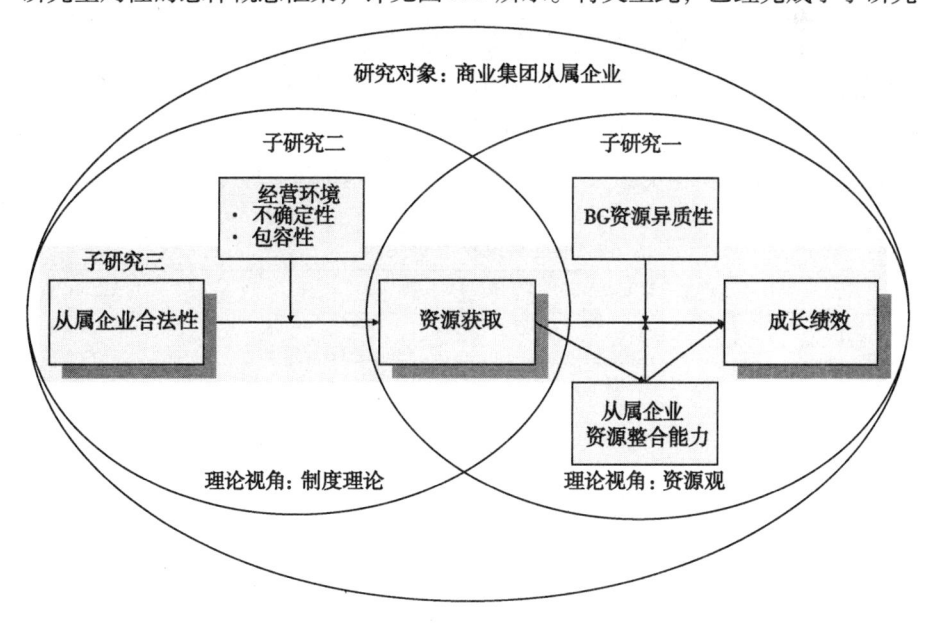

图 5.3 子研究三的总体框架

一和子研究二的两个相对独立而又有关联的研究。在这两项研究中，主要是分别检验了相关的调节性因素。而子研究三则主要是将前两项研究进行初步的整合，检验内外部合法性与从属企业成长绩效的内在中介机制。

第三节 研究结果

一 同源偏差的检验

子研究三对同源偏差问题所进行的预防措施包括问卷填写以匿名的方式进行；在问卷说明部分告知被试所列问题的答案无对错之分；在问项的表述上尽可能使用清晰而无歧义的语句等。在统计上，子研究三通过Harman单因素检验来分析同源误差的严重程度。将问卷中有关子研究三的所有条目放在一起做因子分析。分析结果表明，在未旋转的状态下分析出9个因子，累积解释了总体变异的81.083%，其中第一个因子解释了37.175%的变异。从结果来看，不存在一个单一因子解释大部分变异的现象，这表明在子研究三中，同源误差的问题并不是很严重。

二 描述性统计分析

子研究三所涉及的变量包括焦点变量即内部合法性、外部合法性、内部资源获取、外部资源获取和成长绩效，以及对企业成长绩效可能影响的若干个控制变量。本书通过皮尔逊相关分析，结果表明这些焦点变量之间均呈现出显著的相关关系（$p<0.01$），表5.1给出了具体的分析结果。

表5.1 描述性统计分析结果

		均值	标准差	1	2	3	4	5	6	7	8	9
1	企业年龄（log）	.7812	.25595	1								
2	企业规模	4.2819	1.67749	.369**	1							
3	集团规模（dummy）	.5991	.49116	.021	.147*	1						
4	集团多元化（dummy）	.5110	.50098	-.101	.012	.476**	1					
5	内部资源获取	3.7577	1.75670	.101	.123	.004	-.033	1				
6	外部资源获取	4.0565	1.52101	.044	.230**	.092	.021	.395**	1			

第五章 子研究三：从属企业合法性对成长绩效的作用机制研究

续表

		均值	标准差	1	2	3	4	5	6	7	8	9
7	内部合法性	3.7548	1.57172	.180**	.161*	.110	.014	.375**	.410**	1		
8	外部合法性	3.8869	1.58406	.142*	.194**	.039	-.023	.302**	.421**	.778**	1	
9	成长绩效	3.2232	1.51467	.119	.240**	.105	.085	.512**	.600**	.467**	.440**	1

注：* 代表 p<0.05；** 代表 p<0.01。

三 多元回归分析

考虑到资源获取属于高阶潜变量，本书在收到数据之后对数据进行尝试性检验，发现内部知识性资源获取、内部资产性资源获取、外部知识性资源获取和外部资产性资源获取存在共同的高阶潜变量，即本书中所指的资源获取变量。高阶因子分析的结果，所有测量项目均对应于假设的一阶因子，标准化后的因子载荷均高于最低临界水平（0.60），并且达到了显著水平（p<0.001）。本书将生成的高阶因子取名为资源获取，它与四个一阶因子的标准化路径均在0.001水平上显著。根据资源获取高阶因子的各项拟合指数（χ^2 = 62.809；χ^2/df = 1.282；RMSEA = 0.035；GFI = 0.956；NFI = 0.977；IFI = 0.995；CFI = 0.995），可以断定资源获取的高阶因子模型具有很好的拟合效度。因此，可以将资源获取作为内部知识性资源获取、内部资产性资源获取、外部知识性资源获取和外部资产性资源获取的共同因子进行分析，分析过程见表5.2。

表5.2 资源获取对内外部合法性与成长绩效的中介作用检验

	模型1	模型2	模型3
企业年龄（log）	.045	-.011	.015
企业规模	.217**	.160**	.081
集团规模（dummy）	.040	.003	.004
集团多元化（dummy）	.067	.080	.089
内部合法性		.307***	.115
外部合法性		.174†	.098
资源获取			.550***
R^2	.067	.264	.492
Adjusted R^2	.051	.244	.475

续表

	模型 1	模型 2	模型 3
ΔR^2	.067	.197	.228
F	4.007**	13.157***	30.260***
F change	4.007**	29.407***	98.054***
VIF 最大值	1.329	2.607	2.769

注：因变量为成长绩效；†$P<0.10$，*$p<0.05$，**$p<0.01$，***$p<0.001$。

如表 5.2 所示，本书在总体上检验了资源获取的中介性作用。在模型 2 中同时纳入了内部合法性和外部合法性来检验两者对从属企业成长绩效的解释力，结果表明，尽管两者均能对从属企业的成长绩效起到解释作用，但内部合法性的解释力（$\beta=0.307$，$p<0.001$）要明显高于外部合法性（$\beta=0.174$，$p<0.10$）。因此，假设 1a 和假设 1b 得到了初步的验证。在模型 3 中，研究人员引入资源获取变量，结果发现原本对从属企业成长绩效具有不同解释力的内外部合法性，此时均变得不显著了，而资源获取变量则达到了显著水平（$p<0.001$）。这说明，资源获取可以作为解释内外部合法性影响从属企业成长绩效的内在中介机制。特别是对于内部合法性的绩效效应而言，资源获取的中介效应更加显著，起到了完全中介的作用。因此，假设 2 得到了验证。在此基础上，本书进一步分别地对内部合法性和外部合法性对成长绩效的内在作用机制进行了检验。

表 5.3　　　　　内部合法性与成长绩效的中介机制检验

	模型 1	模型 2	模型 3	模型 4
企业年龄（log）	.045	-.017	-.020	.021
企业规模	.217**	.175**	150*	.077
集团规模（dummy）	.040	-.006	.008	-.006
集团多元化（dummy）	.067	.077	.085	.087
内部合法性		.442***	.300***	.184***
内部资源获取			.386***	.279***
外部资源获取				.395***
R^2	.067	.253	.380	.494
Adjusted R^2	.051	.236	.363	.477
ΔR^2	.067	.185	.127	.114

续表

	模型1	模型2	模型3	模型4
F	4.007**	14.925***	22.430***	30.503***
F change	4.007**	54.720***	45.072***	49.359***
VIF 最大值	1.329	1.340	1.341	1.395

注：因变量为成长绩效；†P<0.10，*p<0.05，**p<0.01，***p<0.001。

如表 5.3 所示，本书对内部合法性对成长绩效影响过程中的双重中介机制进行了检验。模型 2 在控制相关控制变量之后，内部合法性的绩效效应显著（p<0.001），从而保证了主效应的存在。模型 3 先将内部资源获取引入，结果发现，尽管内部合法性对成长绩效的影响仍然显著，但解释力出现了明显地下降，由原来的 0.442 降至 0.300，降低幅度达 32.13%。因此，结合前两个子研究的结果，我们认为内部资源获取对内部合法性与成长绩效的关系具有一定的中介作用。在此基础上，模型 4 引入了外部资源获取，结果使得内部合法性及内部资源获取对成长绩效的影响再度出现下降。其中，内部合法性的解释力下降了 38.67%，内部资源获取的解释力下降了 27.72%。结合前两个子研究的结果，可以得出内部资源获取部分中介了内部合法性的绩效效应，而外部资源获取也部分中介了内部合法性的绩效效应。因此，假设 2a 和假设 2c 得到了验证。

表 5.4　　　　　外部合法性与成长绩效的中介机制检验

	模型1	模型2	模型3
企业年龄（log）	.045	.013	.052
企业规模	.217**	.151*	.065
集团规模（dummy）	.040	.029	.001
集团多元化（dummy）	.067	.080	.083
外部合法性		.410***	.216***
外部资源获取			.490***
R^2	.067	.228	.418
Adjusted R^2	.051	.210	.402
ΔR^2	.067	.161	.190
F	4.007**	13.042***	26.360***
F change	4.007**	45.940***	71.998***
VIF 最大值	1.329	1.329	1.333

注：因变量为成长绩效；†P<0.10，*p<0.05，**p<0.01，***p<0.001。

如表 5.4 所示，本书还检验了外部资源获取在外部合法性与成长绩效关系中的中介作用。模型 2 呈现了控制相关控制变量之后，外部合法性对成长绩效的影响，结果表明主效应是显著的（$\beta = 0.410$，$p < 0.001$）。模型 3 中将外部资源获取纳入之后，显示外部合法性对成长绩效的影响作用显著（$\beta = 0.395$，$p < 0.001$），此时外部合法性对成长绩效的解释力仍然达到了显著水平（$\beta = 0.216$，$p < 0.001$），但解释力有了明显的下降，系数下降幅度达 47.32%。由此可见，外部资源获取对外部合法性的绩效效应具有部分中介作用。因此，假设 2b 得了验证。

第四节　结果讨论

在早期有关组织合法性的研究当中，学者们已经意识到一个组织的合法性水平对其生存和发展具有举足轻重的作用（道林和普费弗，1975；迈耶和罗恩，1977），尤其是对于组织的长期发展而言，更是如此（斯科特和迈耶，1985）。也正是基于此，本书提出假设 H1a 和 H1b，认为从属企业的内部合法性与外部合法性对于其成长绩效而言有积极的正向影响。通过实证分析，这一假设也得到了数据支持。特别地，相对于外部合法性，内部合法性对从属企业成长绩效的贡献度更为显著。本书认为这一结论或许并不适用于所有的商业集团从属企业，但至少对于中小型或新创从属企业而言，这一论断是有经验性证据支持的。而对于大型的从属企业或者上市公司而言，情形或许并非如此。因为这些企业的成长往往需要更多的外部支持，相应地，外部合法性对于其成长绩效的贡献度理应也会有所不同。

对于从属企业的内外部合法性是如何影响其成长绩效的问题，需要综合前面两项子研究一起来讨论。首先，从整体上看，合法性对从属企业成长绩效的影响机制可以从资源获取的角度来解释，即内部合法性和外部合法性会不同程度地对从属企业的整体资源获取水平产生影响，并进而致使从属企业的成长绩效出现差异。也就是说，从属企业合法性直接导致的是资源获取的差异，然后才是资源获取的差异导致成长绩效的差异。其次，具体而言，我们可以根据实证检验的结果，将从属企业合法性致使从属企业成长绩效差异的机制总结为以下四种路径。路径一，从内部合法性到内部资源获取再到成长绩效。路径二，从内部合法性到内部资源获取，再到外部资源获取，最后到成长绩效。路径三，从外部合法性到外部资源获取再到成长绩效。路径四，从内部合法性到外部合法性，再到外部资源获取，最后到成长绩效。其中，路径一和路径三是相对比较简单的两条并行路径，而路径二和路径四则是两条相对比较复杂的交叉路径。四条路径均能对合法性影响从属企业成长绩效的内在机制做出解释。由此可见，本书对于从属企业合法性与成长绩效的内在关联机制的解析是深入而细致的。

第五节　理论贡献与实践意义

一　理论贡献

1. 对合法性理论的贡献。在前文关于组织合法性的文献回顾中，本书已然发现这样一个问题，即合法性领域的很多学者均提出合法性对组织的生存有不可低估的价值（齐默曼和蔡茨，2002）。也就是说，现有文献关于合法性对组织生存和发展的重要性与意义已经有了较为明确的论断，但正如本书在相关综述中所指出的那样，文献缺乏对合法性对组织生存与发展的作用机理的讨论。而本项子研究所做的尝试就是在整合前两项子研究的基础上，对合法性作用于企业成长的内在机理进行探索和检验，并最终提出了资源获取的中介作用可作为解释合法性影响组织成长绩效的内在机制之一。这对于补充和丰富合法性理论是一种有益的尝试。

2. 对商业集团领域内从属企业成长理论的贡献。对于商业集团领域来说，本书从合法性这样一个新颖的视角来审视商业集团从属企业的成长问题，从而对从属企业的成长差异给出了新的机理性解释。首先，本书从合法性的角度提出了内外部合法性水平的差异是导致从属企业成长差异的主要原因。并根据从属企业的特点，提出从属企业合法性致使其出现成长差异的四条主要路径。这些路径经过实证检验，可以视为解释从属企业合法性与成长绩效的内在关联机制。因此，对于商业集团领域的文献来讲，本项子研究所做的尝试弥补了从属企业成长的合法性机制的缺失，为解释商业集团从属企业的成长问题充实了理论基础。

二　实践意义

1. 为商业集团从属企业提高成长绩效提出了新的思路，即从属企业可以通过主动性的合法化策略，构筑内部合法性或外部合法性的方式来提升成长绩效。本书从组织合法性视角来为商业集团从属企业的成长问题寻找出路，提出了从属企业合法性的发展道路。在理论上，内部合法性和外部合法性都可以解释从属企业成长绩效的差异，特别是内部合法性对于成长绩效的影响更为显著。从实践的角度来解读这一结论，就在于提示从属企业可以从内外部合法性构筑的角度来寻找成长的出路，特别是对于一些中小型或是新创企业而言，要想取得较好的成长绩效，重中之重是要构筑起坚实的内部合法性。

2. 为中小企业进一步明确了构建或加入 BG 网络的根本利益及其实现方式。对于中小企业而言，BG 网络的根本利益在于资源获取。具体而言，包括内部资源获取和外部资源获取，但重中之重是来自于 BG 网络的内部资源获取。而为了获取内部资源，从属企业需要构建内部合法性，并且根据本书的分析，这种内部合法性还有助于从属企业外部资源的获取，从而大大提高了从属企业的生存保障，为从属企业的成长奠定坚实的资源基础。因此，这一研究为中小企业进一步明确了加入或构建 BG 网络的根本性利益，同时强调了从属企业内部合法性对于实现根本性利益的重要意义。

第六章

子研究四：从属企业合法性双元、资源获取与成长绩效的关联机制

第一节 问题的提出及与子研究三的关系

在前面的子研究中，顺承商业集团成员资格的利益会因不同的成员企业而有所不同（金、霍斯金森和王，2004）的观点，首先探讨了资源观视角下商业集团从属关系（即从属企业所拥有的商业集团成员资格）所产生的利益主要体现为资源获取上的差异，继而从合法性的视角剖析了造成这种利益差异的根源，认为其根源主要是由于从属企业内部合法性和外部合法性不同导致了其资源获取的差异。同时，还解释了从属企业内部合法性对其外部合法性的影响，发现制度距离会对两者之间的关系有明显的调节作用。其结果的一个重要启示在于表明了制度距离越小的情形下，从属企业的内部合法性对外部合法性的影响较大，两者之间也就越具有一致性；而当制度距离较大时，从属企业的内部合法性对外部合法性的影响就小，两者趋于一致性的空间也就越小。由此不难发现，在跨制度距离商业集团中的从属企业的合法性问题将是一个更加复杂的问题，需要进一步地对其进行讨论。因此，本项研究将会在前面几项子研究的基础上，进一步探讨跨制度距离商业集团从属企业成长的合法性机制问题。

在跨制度距离的商业集团中，如果从属企业所在地与集团主导企业或核心成员企业所在地之间制度距离较大，那么此时从属企业就会面临更多的合法性挑战。因为制度距离大就意味着从属企业所在地的组织、机构、社会团体及个人所建构的标准、价值观、信仰和定义系统与主导企业或核心成员企业所在地的组织、机构、社会团体及个人所建构的标准、价值观、信仰和定义系统就会存在着很大的差异。在这种情形下，某些被当地组织机构和社会成员看来是令人满意的或合适的行为，在集团主导企业或

核心成员企业看来却未必同样会认为是令人满意的或合适的。也就是说，由于制度距离的存在，两地的组织、机构和社会团体等对从属企业行为的要求和判断标准或多或少会有差异，甚至是相互冲突。处于这种情形之下的商业集团从属企业若想最大化资源获取的整体利益，就需要能够妥善地协调和权衡两者的关系。具体而言，就是跨制度距离商业集团中的从属企业如何利用内外部两种合法性机制实现整体资源获取利益最大化，并最终实现快速成长的问题。这在前面对从属企业资源获取的合法性机制分析中未能就此展开讨论，因而成了本项子研究探讨的重点。本书认为对这一问题的分析适合用双元性的逻辑。

为什么要强调以跨制度距离商业集团的从属企业为例？本书认为在进入正文之前有必要对这个问题进行些许说明。本项子研究所提出的问题是商业集团从属企业如何利用内外部合法性机制实现资源获取利益的最大化。这个问题实际上既具有普遍性也有特殊性。一方面，普遍性指的是对于任何一个商业集团从属企业而言，均不同程度地存在着这个问题，这个问题的存在是由于从属企业的从属身份所决定的。因此，对这个问题的讨论结果适用于所有的商业集团从属企业，从这个意义上讲，本书的研究对于商业集团从属企业具有普遍性的现实意义。另一方面，这个问题又具有一定的特殊性，它指的是对于那些跨制度距离的商业集团从属企业而言具有特别重要的现实意义。因为通过子研究三，发现在跨制度距离的商业集团中，从属企业内外部合法性的不一致性会表现得比较明显。因此，如何妥善地利用好内外部合法性机制从而实现资源获取利益最大化的问题也就愈加突出。从这个意义上讲，本书的研究对于这样一些商业集团从属企业具有特别的意义。也正因如此，跨制度距离商业集团从属企业在本项子研究所涉及的问题上具有典型性，以跨制度距离相对明显的商业集团从属企业为例来分析这一问题相对更加容易理解。在这种情形下，本书将完全本地化的商业集团视为跨制度距离商业集团的特例来处理，即集团总部与从属企业两地制度距离为零。由此可见，子研究四所研究的问题对于从属企业而言也可以说是一个普遍性问题，最终研究结果对商业集团从属企业是普遍适用的。

对于这一问题的具体分析，本书在回顾了相关的文献之后，发现比较适合用组织双元性的逻辑，具体原因将在下文中详细阐述。因此，下文将首先对组织双元性的研究进行简要地回顾，并在此基础上用双元性的分析逻辑来探讨从属企业的合法性问题，提出从属企业合法性双元的概念，讨论合法性双元对成长绩效的作用机制。

第二节 组织双元性研究回顾

一 双元性研究的基本问题

双元性（ambidexterity）概念的提出实际上是源于管理研究中普遍存在的双元悖论，比较典型的一个例子就是利用性学习（或创新）和探索性学习（或创新）等。以往的研究普遍认为两者是不可调和的，相互之间具有替代关系［麦克多诺和莱费尔（McDonough & Leifer, 1983）；阿德勒和博雷斯（Adler & Borys, 1996）］。基于这种认识，组织在从事相关活动时就面临着权衡与取舍。直到20世纪90年代由马奇（1991）及利文索尔和马奇（1993）等研究所引发的一系列关于探索性学习（或创新）与开发性学习（或创新）双元关系的大讨论后，人们才意识到两者之间并非只有替代关系，并非一定要取舍，而是可以共生的，即一个真正成功的组织可以有效地协调两者的关系（古普塔、史密斯和谢莉，2006；塞巴斯蒂安和伯金肖，2008）。此后学者才把研究焦点从"取舍"转移到了"双元性"（雷斯、伯金肖、普罗布斯特和塔什曼，2009；塔什曼和奥赖利，1996）。

虽然到目前为止双元性的概念仍然没有一个清晰的界定，但从现有的研究可以发现双元性所涉及的研究问题大都具有以下特点：其一，存在着两种可供组织选择的战略行为，而这两种不同的战略行为将会导致组织实现不同的战略目标；其二，这两种战略行为相互之间至少是有明显差异性的，甚至是相互矛盾的或者是相互冲突的；其三，这两种行为常常面临着难以取舍的问题，因为从不同的角度看，两种行为均在某种意义上对组织是有利的。从某种程度上讲，具备以上三个特征的议题可纳入到双元性的研究当中。事实上，这样的问题广泛存在于管理研究中，除了上述的一对关系之外，技术创新研究中内部知识源与外部知识源的关系（罗瑟米尔和亚历山大，2009）、战略管理研究中延续与变革的关系（吉普森和伯金肖，2004）及组织设计研究中柔性与效率的关系（阿德勒、哥德夫泰斯和莱文，1999）等都是近年来的研究热点。那么，对于本书研究的从属企业合法性问题是否同样也适用于双元性的分析逻辑呢？对于这个问题，本书认为可以从分析从属企业合法性问题的特有属性入手，再来看是否符合上述有关双元性的基本特征，从而确定双元性分析逻辑的适用性问题。

二 双元性与组织绩效的关系

虽然自20世纪90年代末期以来，有关组织双元性研究的数量在不断增加，但针对组织双元性与绩效之间关系的讨论仍然很不充分。在这些讨论中，学者们的观点分歧很大，大体上存在以下5种观点。第一种观点，认为双元性会对绩效产生直接的正向影响。持这一观点的学者相对较多，其中塔什曼和奥赖利（1996）是最早提出这一观点的学者之一，他们在邓肯（1976）早期研究的基础上首次提出了组织双元性理论。他们认为，有能力同时追求探索和利用的企业比那些只强调一个方面而牺牲另一方面的企业更有可能取得较高的绩效，简单地讲，就是双元性组织会有更好的绩效，并且还描述了促进双元性的结构机制。此后，有不少讨论双元性与绩效关系的学者得到了类似的证据，如鲁巴特金等（2006）检验了中小企业中双元性导向的绩效效应，发现双元性导向与企业绩效（成长性和营利性）呈正相关关系，双元性越突出的中小企业相对绩效越高；贾斯廷等（Justin et al.，2008）认为，能够同时追求探索和利用的组织往往可以获得更好的绩效。第二种观点，认为双元性会对绩效产生负面影响。持这种观点的代表人物是曼古和奥赫（Menguc & Auh，2008）。由于双元性的主要途径靠结构的方法（阿德勒等，1999）来实现，导致了组织结构上和文化上的分化与摩擦，使得控制、整合及协调这些相互隔离的子单元需要更多的管理投入，从而对组织绩效造成不利影响。第三种观点，认为双元性不同的维度对绩效的影响是不同的。比较典型的是何和王（2004）的研究，他们通过对206个制造企业的调研发现，探索与利用创新战略的交互项与销售增长率正相关，而探索和利用创新战略的相对平衡与销售增长率负相关。如果双元性的绩效效应果真在维度上存有差异，那么后续的研究中对双元性的维度划分及在维度层次上讨论双元性对组织的影响就显得很重要。第四种观点，认为双元性与绩效之间并非线性关系，而是曲线关系。一般认为两者之间是一种倒"U"形关系，杨和阿图赫尼-吉玛（Yang & Atuahene-Gima，2007）对双元性与创新绩效的研究，以及罗瑟米尔和亚历山大（2009）对技术来源组合（内部来源/外部来源；已知技术/新颖技术）与企业绩效之间关系的研究均支持这一观点。第五种观点，认为双元性与绩效之间并没有直接关系。代表性的两篇文献为拜尔利和戴利（Bierly & Daly，2001）与文卡特拉曼等（Venkatraman et al.，2007）的两项研究。拜尔利和戴利（2001）以 98 个制造企业为样本的研究，以及文卡特拉曼等（2007）以 1005 个软件企业为样本数据的研究都没有发现双元性与企业绩效呈正相关的证据。由此可见，组织双元性与绩效之间关系的结论是混合的。

三 双元性研究的简要述评

回顾现有组织双元性的相关文献之后，本书发现

1. 双元性研究的范畴需要进一步得到拓展。从目前组织双元性的研究来看，主要集中在组织学习领域、组织设计领域、技术创新领域和组织适应领域四个领域内。其中组织学习领域的双元性研究主要集中于讨论开发性学习和探索性学习的均衡对组织绩效的影响，此类研究包括古普塔、史密斯和谢莉（2006）、利文索尔和马奇（1993）、何和王（2004）等。组织设计领域内的双元性研究主要聚焦于讨论实现效率和柔性的主要机制，如结构双元性和情境双元性［艾森哈特、弗和宾厄姆（Eisenhardt, Furr & Bingham，2010）］。技术创新领域的双元性研究主要集中于讨论渐进性创新和突破性创新对组织竞争优势的影响［詹森等（Jansen et al.，2006）］及实现两者均衡的机制（詹森等，2009）。组织适应领域的双元性研究则聚焦于讨论连续和变革之间的均衡对企业的影响（塔什曼和奥赖利，1996）。近年来，国内一些学者就曾经在双元性研究领域的拓展方面做了一些新的尝试，将双元性的研究引入到新的领域中，如张婧、段艳玲（2010）研究了市场导向均衡对产品创新绩效的影响；李新春、梁强和宋丽红（2010）研究了外部关系与内部能力的平衡对新创企业成长的影响等。这些研究一定程度上拓展了组织双元性的研究领域，也证实了双元性研究可以在其他领域内开展的可行性。因此，后续相关研究中可以在更多的领域内开展双元性的研究，这将有助于拓宽双元性的研究范畴，丰富双元性的理论文献。

2. 现有双元性的文献中对于双元性的前因与后果的研究较多，而对于双元性对绩效的作用机制的讨论相对缺乏。在现有组织双元性相关研究文献中，学者们关注的最多是双元性的前因与后果问题，并因此发现双元

性可以作为解释某些冲突性战略或不同情境如何影响绩效之类问题的中介变量。如吉普森和伯金肖（2004）调查了10个跨国公司中41个业务单位，发现情境双元性是解释不同业务单位情境影响业务单位绩效的内在机制，完全中介了两者之间的关系；普列托等（Prieto et al., 2007）通过对瑞典80个产品开发经理的调研之后发现双元性是解释信息技术与新产品开发绩效的内在机制，中介了两者的关系；雷斯和伯金肖（2008）则围绕组织双元性的前因和后果及可能存在的调节变量，构筑了一个组织双元性研究的整体框架。也有一些研究只探讨了双元性与绩效的关系，如何和王（2004）以双元性的逻辑讨论了探索性创新战略和利用性创新战略对销售增长率的影响；曼古和奥赫（2008）也以双元性的视角分析了探索性创新和利用性创新对企业绩效的影响，以及市场导向对两者关系的调节性作用。在这些研究当中，本书注意到前期学者们较多地把注意力放在双元性的前因与后果的探索上，但较少有研究对双元性对绩效产生作用的内在作用机制进行剖析，从双元性到组织绩效的中间黑箱是什么还缺乏较好的研究。为此，本书认为后续研究当中将会有更多的研究人员对双元性与结果变量之间的内在作用机制展开讨论，更好地解构双元性与组织绩效或竞争优势之间的黑箱。

3. 环境变量的调节效应需要更多地研究。在雷斯和伯金肖（2008）所提出的双元性研究框架中，我们可以看到环境变量对于双元性与前因的关系以及双元性与后果的关系，均有可能起到调节性作用。塞加拉－纳瓦罗和杜赫斯特（Cegarra-Navarro & Dewhrust, 2007）在分析了组织学习、双元性和顾客资本之间的关系之后，也承认所构建的模型中没有抓住环境动荡性和不确定性可能的调节作用。他们认为在不确定性条件下，双元性可能会产生不同的结果，但他们的研究只是指出了这一问题，而未能对这一猜想进行详细的论述和检验。由此可见，对于不同环境变量在具体的双元性研究中所产生的调节效应究竟如何，有待于后续大量的相关研究来探索和检验。这也将是对推进双元性研究的有益补充。

第三节　从属企业合法性的双元属性分析及概念界定

一　从属企业合法性的双元属性分析

一些学者认为合法性是一个有着不确定意思的术语（迈耶和斯科特，

1983），它的含义不是直接明了的（马丁，1990），制度理论家在讨论合法性问题时也总是带着拐弯抹角的方式（迪马乔，1988），这使得不同组织对合法性的主观判断会有很大的差异（阿什福思和吉布斯，1990；马丁，1991）。鉴于认知上的差异，可能出现以下三种情形：第一，相同的活动或行为在不同的组织看来其合法性是不同的，从而组织在这一行为上表现出差异性，这是由不同的认知主体所引起的合法性差异。第二，不同的活动或行为在同一组织看来其合法性也是不同的，从而很可能会使一个组织在某些方面是合法的，而在其他方面却不是。第三，在不同的情境下，相同的活动或行为在同一组织看来其合法性也是有差异的，这是由制度情境的差异或情境的改变所引起的。特别是对于本书所研究的集团从属企业而言，它处于集团制度情境和社会制度情境两种情境当中，当两者不相一致时，从属企业的合法性便面临双元性的情境。

事实上，在很多情况下，集团内部的规制、规范和认知与从属企业所处当地社会的规制、规范和认知并不完全是一致的，从而导致从属企业对内部合法性的诉求和外部合法性的诉求也不一样。因此，从属企业的同一活动和行为往往难以两全其美的同时满足两种不同的诉求。以内部交易问题，也就是俗称的关联交易为例。虽然关联交易在市场经济条件下广为存在，但它与市场经济的基本原则却不相吻合。按市场经济原则，一切企业之间的交易都应该在市场竞争的原则下进行，而在关联交易中由于交易双方存在各种各样的关联关系，有着利益上的牵扯，因而交易并不是在完全公开竞争的条件下进行的。关联交易客观上可能给企业带来或好或坏的影响。从有利的方面讲，交易双方因存在关联关系，可以节约大量商业谈判等方面的交易成本，并可运用行政的力量保证商业合同的优先执行，从而提高交易效率。并且，在很多情况下关联交易是作为集团成员企业之间相互支持的方式之一，因此具有内部合法性。从不利的方面讲，由于关联交易方可以运用行政力量撮合交易的进行，从而有可能使交易的价格、方式等在非竞争的条件下出现不公正情况，形成对股东或部分股东权益的侵犯，甚至对从属企业所在当地的地方利益也会有所侵害。这就会影响到从属企业在当地的合法性。所以，对于集团从属企业而言，一方面需要遵循集团网络成员的规则，以取得内部的合法性；另一方面又需要遵循作为独立法人的规则，以取得外部的合法性。特别是对于制度距离比较远的从属企业，在这个问题上表现得就更加明显。

为了更加清晰地说明这个问题，本书以红绿蓝集团为例，这是一个由红绿蓝印染（A）、纺织（C）和进出口公司（B）三家企业所构成的一个小型商业集团，分别分布于绍兴滨江工业区（甲地）、安徽泾县工业开发区（乙地）和绍兴县城区（丙地）三地。其中，A为控制企业，B和C分别是两家被控制企业，如图6.1所示。

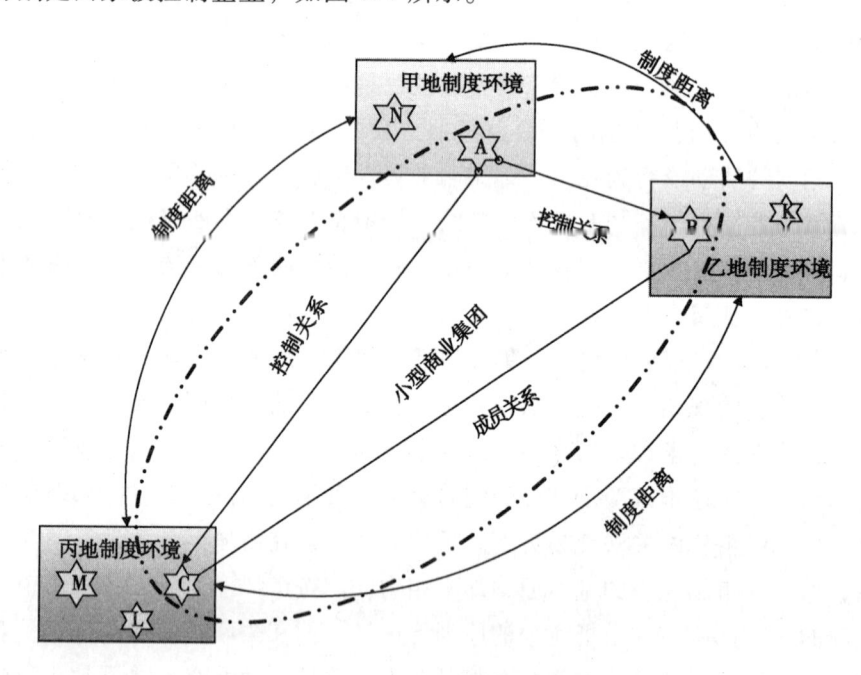

图6.1 跨制度距离商业集团示意图

根据奥利弗（1996）的观点，A企业在甲地，长期受甲地制度环境的影响，甲地的规制、规范和认知不可避免会或多或少地内化成为A企业对BG内部合法性的基础。此时，若B企业所在的乙地与A企业所在的甲地制度距离较短，那么B企业在相对比较容易取得外部合法性的同时也就取得了集团内部的合法性。但这并不是说B企业就不需要在两者之间进行协调与权衡，由于集团网络内部的标准、价值观和定义系统不可能与外部社会环境的标准、价值观和定义系统完全一致，所以，B企业仍然需要面对内外部合法性的协调和权衡问题。只不过相对于C来讲，这种情形出现的概率要小，协调的努力程度要低而已。而C企业所在的丙地与A企业所在的甲地制度距离甚远，这种情形下往往使得集团内部的合法性与集团外部的合法性表现出更多的不一致，此时，C企业就更需要具备在两者之间进行权衡和协调的能力，需要付出更多的努力。

基于以上分析可知：第一，对于商业集团的从属企业，在合法性问题上存在着两种合法化战略行为，一是通过内部合法化战略行为赢得商业集团内部的合法性；二是通过外部合法化战略行为赢得它作为独立法人的外部合法性。第二，这两种合法化战略行为或多或少是存有差异或冲突的。基于对合法性的理解，可知两者完全一致的情形是非常少见的，更为常见的是两者具有一定差异性或冲突性的情形，特别是对于跨制度距离商业集团中的从属企业而言更是如此。第三，从某种程度上讲这两种合法化战略行为对于从属企业的发展都是有利的。从子研究三的结果来看，外部合法性有利于从属企业获取来自商业集团网络之外的资源，而内部合法性有利于从属企业获取来自商业集团网络内部的资源。因此，从属企业就需要在两者之间进行权衡和协调，以实现两者利益的最大化。可以说，从属企业的合法性问题符合前文中有关双元性问题的基本特征。因此，本书认为从属企业的合法性具有双元属性。

二 从属企业合法性双元的概念界定

从前文关于从属企业合法性的双元属性分析中，不难发现以下两个结论：第一，所有的商业集团从属企业的合法性均具有双元属性。也就是说，合法性的双元属性是由从属企业的身份所决定的。因此，只要是商业集团的从属企业就存在着如何协调和权衡内外部合法性的问题。第二，从属企业通过协调和权衡内外部合法性的努力目的在于实现两者的均衡发展，即在可能的条件下实现对两种合法性的同时追求，并且尽可能地使两者保持较高水平的状态。基于此，本书将商业集团从属企业通过协调和权衡内外部合法性，实现内外部合法性均衡发展的能力[①]称为合法性双元（ambidexterity of legitimacy）。

根据这一界定，合法性双元是一个连续变量，它体现的是特定从属企业内外部合法性的均衡状况。这种均衡并不意味着中等对分或者温和的妥协，而是要完全发挥内外部合法性的优势（阿图赫尼-吉玛，2005）。所以，具备合法性双元的从属企业应该是在高水平上平衡内外部合法性，而

[①] 在概念界定上主要参考了利文索尔和马奇（1993）以及塔什曼和奥赖利（1996）等人对双元性的解释。

不是阶段性或者在空间上实现两者之间的切换，或者在任意水平上平衡两者，一个拥有低水平内部合法性和外部合法性的组织可以算是平衡组织，但不是双元性组织（希姆塞克，2009）。

根据曹等（Cao et al., 2009）的研究，我们可以把合法性双元进一步解构为内外部合法性的平衡（balanced dimension）和内外部合法性的联合（combined dimension）两个维度，分别简写为 BD 和 CD。其中，内外部合法性的平衡维度强调的是从属企业充分运用协调机制，协调从属企业的内部合法性和外部合法性，使从属企业的内部合法性水平与外部合法性水平处于某一特定时点上的最佳组合状态，实现两者的平衡发展。此时，两者的水平是比较相近的。在具体的测量中，一般是以两者差的绝对值来表示。而内外部合法性的联合维度则强调的是内部合法性和外部合法性整合的重要性，在具体的测量中一般是以两者的乘积来表示。因此，它考察的是内外部合法性交互所产生的协同效应。至此，我们就可以分别以从属企业内外部合法性的平衡水平（balanced magnitude of legitimacy）和内外部合法性的联合水平（combined magnitude of legitimacy）来表征从属企业合法性双元。鉴于以上分析，后续讨论从属企业合法性双元的问题也是从其内外部合法性的平衡及内外部合法性的联合两个方面进行探讨。

第四节 从属企业合法性双元与资源获取的关系

一 合法性双元与资源获取的基本关系

现有双元性的研究集中在组织学习领域、技术创新领域和组织设计领域等。这些研究有一个共同的特点，就是将两种战略行为如探索式学习与开发式学习、渐进性创新和突破性创新、效率和柔性、连续和变革等视为对组织资源和组织惯例有不同的要求，且在很多情况下以一种零和博弈方式形成竞争关系（雷斯等，2009）。从这一点上看，特定资源的获取有利于实现组织双元性。特别是对于组织双元性直接推动者的高管团队而言，高层管理者从外部网络获取各种有价值的资源能够帮助高管团队对企业有整体的把握和理解，可以使高管团队和企业避免过分强调单方面因素而达到组织双元性（曹、希姆塞克和张，2010）。

本书所讲的合法性双元与前文述及几个领域是有区别的，合法性双元所涉及的两类合法性行为也存在着资源竞争关系，但它们同时又是资源获取的重要影响因素。为更深入地分析合法性双元与资源获取的关系，本书将分别阐述内外部合法性的平衡与联合对资源获取的影响。

首先，平衡在很大程度上具有静态的性质，强调组织充分运用协调机制，协调从属企业的内部合法性和外部合法性，在两者之间取得平衡。根据前文子研究二的结果可知，内部合法性可以帮助从属企业获得集团网络资源，而外部合法性则可以帮助从属企业获取外部资源。那么，在这种情形下，一个从属企业若能很好地协调这两种合法性，实现内外部合法性的平衡发展，那么它既可以从集团内部较好地获取资源，也可以较好地实现外部资源获取，其整体资源获取状态也将会比较理想。当然，企业也可以采取比较极端的一边倒策略，即完全倾注于内部合法性的构建或者完全倾注于外部合法性的构建，此时合法性的平衡水平是最低的。但对于从属企业而言，稍加思考便会发现后者几乎是不可能或者是极为少见的。因为完全倒向于外部合法性的构建意味着完全强调从属企业作为独立法人的一面，跟普通独立企业无异，那么它就没有必要拥有这层从属关系。再者，即便从属企业想这么做，核心企业及其他成员企业也是不允许的。另一种极端情况就是完全倒向于内部合法性的构筑，相对于前者要更为普遍一些，特别是对于多数小企业而言更是如此，从属关系对于他们来说就是用来弥补外部合法性不足的。尽管这样，他们也不可能完全放弃外部合法性的构建，因为毕竟他们除了商业集团成员企业的身份之外，还有独立法人的身份，所以即便是小企业也应考虑当地合法性问题，否则也是难以在当地的社会环境中立足的。所以，一般情况下，更为多见的规律是企业首先集中他们的资源、管理惯例和知识流在一个方向上，而对另一方向只做一些边缘性的思考（巴尼，1991；格玛沃特和科斯塔，1993；波特，1985），并在有条件的情况下再实现两者的均衡。通常，可采用的策略包括时间策略（吉普森和伯金肖，2004）和空间策略（雷斯等，2009），或者是结构性策略（詹森等，2006）和情境性策略（吉普森和伯金肖，2004）等。很显然这种均衡不是在低水平上的中庸策略，而是建立在高水平协调基础之上的。

其次，联合维度强调的是两者的整合（combination）。具体到从属企业的合法性双元问题，联合强调的是从属企业的内部合法性和外部合法性两者相互整合的程度，突出的是内外部合法性的联合效果（combined magnitude）。一般而言，学者均会以乘积来表示两者的联合效果（何和王，2004；吉普森和伯金肖，2004）。在这种情形下，内部合法性或者外部合法性中的一方或者双方得到大幅提升，都能提高两者的联合效果。而通过子研究二的讨论和实证检验已知内外部合法性与从属企业内外部资源获取均呈正相关关系。因此，从这个角度讲，联合维度与从属企业整体资源获取水平也应该是正相关关系。并且，正如前文已指出的那样，内部合法性可以很大程度上弥补从属企业外部合法性的不足，从这个角度讲，内外部合法性对于从属企业资源获取是一种互补性的关系，两者的交互对资源获取的影响应该是正向的。鉴于以上分析，本书得出以下两个假设：

H1a：从属企业内外部合法性的平衡水平与其资源获取正相关，即从属企业内外部合法性的平衡水平越高，则资源获取越充分；

H1b：从属企业内外部合法性的联合水平与其资源获取正相关，即从属企业内外部合法性的联合水平越高，则资源获取越充分。

二 环境不确定性的调节效应

1. 经营环境因素的引入

前文提到一般情况下从属企业合法性双元，无论是内外部合法性的平衡还是内外部合法性的联合均与资源获取总体水平呈正相关。但在子研究二中已然分析了在从属企业内外部合法性作用于企业资源获取的过程中，一些经营环境因素如环境不确定性和环境包容性等会对内外部合法性的资源获取效应产生调节性作用。而子研究二是本项子研究的重要基础，因此，本书认为在从属企业合法性双元作用于资源获取的过程中，这些经营环境因素同样也会对两者的关系产生影响。

不仅如此，组织理论的一个重要特点就是强调企业环境的重要性，在组织双元性的研究中也是如此。很多学者认为业务环境中动态水平和竞争水平是组织双元性的重要边界条件（如吉普森和伯金肖，2004；利文索尔和马奇，1993；西格尔考和利文索尔，2003；沃尔伯达，1997）。纵观现有双元性研究当中的环境条件，基本上可以归为两大类型：一是将环境因素作为自变量，研究环境条件对组织双元性的直接影响；二是将环境因素视为调节变量，研究其对双元性与组织绩效之间关系的调节作用，或者是研究其对双元性前置因素与组织双元性之间关系的调节作用。其中该领域内绝大多数的涉案研究属于后一类型。鉴于此，本书也将进一步分析这两个环境因素对合法性双元的资源获取效应影响。仍以环境不确定性和环境包容性为主要环境特征，阐述其在从属企业合法性双元与资源获取之间关系的调节作用。

2. 环境不确定性的调节效应分析

一般而言，当企业所处的经营环境具有较高的不稳定性或动荡性，同时企业之间的相互竞争又比较激烈的情形下，企业最好要努力成为一个双元性的企业［佛洛伊德和莱恩（Floyd & Lane，2000）；利文索尔和马奇，1993；马奇，1991；沃尔伯达，1997］，这样才能更好地应对环境的快速变化，并保持竞争优势。因此，可以说环境的动态性与竞争程度均与企业对双元性的追求呈正相关关系（罗瑟米尔和亚历山大，2009）。从子研究三中有关环境不确定性的分析可知，本书所采用的环境不确定性概念指的就是环境变化、不稳定和不可预测性的程度（埃默里和翠丝特，1965），与以上学者描述的环境特征颇为相似。由此本书认为在环境不确定性较高的情形下，从属企业也应该成为一个具有合法性双元的组织，才能保持较好的资源获取水平。也就是说，合法性双元对于高不确定性环境中的企业而言更为重要。这一基本结论奠定了环境不确定性正向调节从属企业合法性双元与资源获取关系的基础。

为更加清晰地分析环境不确定性的调节作用，以下将分四点来进一步推演。第一，环境不确定性对内部合法性与内部资源获取具有正向调节作用，这使得内部合法性的资源获取效应得到放大。在高不确定性的环境中企业从外部环境中获取资源的难度就会变大，而此时从集团网络内部获取资源相对就会显得更为重要，这种系统内的联系为成员企业带来的利益在某种程度上将他们与环境不确定性和动荡性隔离了开来［德兰诺夫和尚利（Dranove & Shanley，1995）］。具有较高内部合法性的从属企业更容易从集团内部网络中获得资源，从而缓解了环境不确定性的部分不利影响。第二，环境不确定性对外部合法性与外部资源获取具有正向调节作用，这使得在环境不确定性条件下外部合法性的资源获取效应得到放大。环境的不确定性使那些具有较高外部合法性的企业更容易获取资源。但由于高不确定性环境意味着环境变化很快（艾森哈特，1989；戴斯和比尔德，1984），往往是难以预测和解释的，所以在多数情况下，企业在不确定的情形下往往会选择通过模仿成功企业的主流组织行为和结构以获取所在制度环境的合法性［陈和马奇诺（Chan & Makino，2007）］。即使有时候某些行为是非经济理性的,甚至是有损于企业短期利益的,但在不确定性高的环境中企业仍然得采取这些措施,如巴雷托和巴登-富勒(2006)研究金融产业时发现在不确定性环境条件下,企业合法性压力很大时,无论是好的决策还是糟糕的决策,企业都会采取模仿行为。其目的就在于要赢得外部合法性从而赢得更多的发展空间和发展机会。这正说明了高不确定性的环境中,外部合法性对于企业发展就愈加重要。同理,对于企业的资源获取也是如此。第三,在高不确定的环境条件下,适当地权衡并协调内部合法性与外部合法性将会使得从属企业的资源获取取得最佳状态。由以上三点的分析可知,在高不确定性的环境中从属企业的内外部合法性对于资源获取都很重要。内外部合法性当中任何一方存在不足都将影响到从属企业内部资源获取或外部资源获取,进而造成总体资源获取水平的下降。也就是说,高不确定性环境下这种内外部合法性的失衡会给从属企业资源获取带来不利的影响。因此,从属企业在高不确定性的环境上应努力协调内外部合法性以实现平衡发展,那些能够较好地权衡和协调内外部合法性的从属企业就越能够灵活地从内部或外部获取发展所需的资源。特别是对于那些资源约束比较明显的从属企业而言,更应适当地权衡与协调两者的关系,从而更多地享受平衡双元性的利益(曹等,2009)。由以上分析可知,在高不确定性环境条件下,就从属企业的资源获取整体水平而言,内外部合法性的平衡会导致更好的资源获取效应。第四,在高不确定性的环境条件下,内外部合法性的联合水平较高的从属企业将更有利于资源获取。以上分析中的第一点和第二点表明环境的不确定性会使内部合法性或外部合法性对内部资源获取或外部资源获取的影响变得更加显著。并且从前文中有关联合维度的阐述中可知,内部合法性与外部合法性的整合效果构成了联合水平。由这样两个条件不难推断,在环境不确定性的情形下,内外部合法性联合水平对从属企业整体资源获取的影响也将变得更为显著。从另一个角度讲,不确定性高的环境会侵蚀从属企业的外部合法性,此时内部合法性对于外部合法性不足的弥补作用会显得更加明显,两者体现出更高的互补性,反之亦然。这就是说,高不确定性环境下内部合法性与外部合法性交互对从属企业资源获取的作用会更加显著。换句话说,环境不确定性正向调节从属企业内外部合法性联合与资源获取的关系。基于以上论述,本书得到如下假设:

H2a:环境不确定性对从属企业内外部合法性的平衡与其资源获取的

关系具有正向调节作用：环境不确定性越高，内外部合法性的平衡对从属企业资源获取的作用越显著；

H2b：环境不确定性对从属企业内外部合法性的联合与其资源获取的关系具有正向调节作用：环境不确定性越高，内外部合法性的联合对从属企业资源获取的作用越显著。

三 环境包容性的调节效应

首先，包容性环境对从属企业内外部合法性平衡与资源获取关系的影响。包容性环境意味着资源供给比较充分，企业比较容易从环境中获取生存与发展所需的各种资源，如来自于业务伙伴或者金融机构的资源〔林肯等（Lincoln et al., 1996）〕。在这种情况下，从属企业即使缺乏对内外部合法性的有效协调，也能够获取必要的资源。也就是说，高包容性环境下内外部合法性的平衡对资源获取的影响相对较小。但是，在低包容性的环境中，资源相对比较稀缺，企业在资源获取方面的竞争程度就会比较激烈，无论是在商业集团内部还是在集团外部均是如此。并且从子研究二的结果已知，在低包容性环境条件下，内部合法性对内部资源获取或外部合法性对外部资源获取的影响均变得更加显著。因此，从属企业在内外部任何一方面合法性的缺失或不足均会严重制约资源获取水平。在这种情形下，从属企业若想获取充分的资源就必须在内外部合法性之间进行协调，把相对存在短板的一面给补上，使内外部合法性得到相对平衡的发展，从而使整体资源获取达到比较理想的水平。综合以上分析，环境包容性越低，内外部合法性的平衡对从属企业资源获取的作用就越显著，实现内外部合法性平衡发展的从属企业越有利于其资源获取。所以，在低包容性环境中的从属企业需要更好地协调内外部合法性的平衡发展。由此可知，环境包容性对内外部合法性的平衡与从属企业资源获取的关系具有反向调节作用。

其次，包容性环境对从属企业内外部合法性联合的水平与资源获取关系的影响。通过前文的分析，表明了内外部合法性的联合水平越高越有利于从属企业的资源获取。但在包容性的环境中，这种联合的积极效应会被削弱。因为在高包容性的环境中，相对丰富并可接触的外部资源可以帮助企业克服资源束缚，并会为企业提供很多的发展机会（戴斯和比尔德，1984；普费弗和萨兰西克，1978）。在这种情况下，即便是那些内外部合法性整合水平较低的从属企业也如此。这就是说，环境包容性部分地替代了联合双元性的资源获取效应。更具体地讲，在包容性高的情形下从属企业从集团内部获取的资源也能够以低廉的成本较为便利地从外部获得。因此，对于高包容性环境下从属企业的资源获取而言，内部合法性对资源获取的补充性作用是相对较弱的。相反地，在低包容性环境中由于外部资源供给缺乏，在这种情形下对于从属企业的资源获取而言，内部合法性与外部合法性的互补性效应就会变得更加明显。这就是说，在低包容性环境中，内外部合法性的联合水平对从属企业的资源获取来说显得更为重要，那些具有较高联合水平的从属企业的资源获取较为理想。换句话说，环境包容性对内外部合法性的联合与资源获取的关系具有反向调节作用。

基于以上分析，本书得到以下两个假设：

H3a：环境包容性对从属企业内外部合法性平衡水平与资源获取的关系具有反向调节作用：环境包容性越低，内外部合法性的平衡对从属企业整体资源获取水平的影响越显著；

H3b：环境包容性对从属企业内外部合法性联合水平与资源获取的关系具有反向调节作用：环境包容性越低，内外部合法性的联合对从属企业整体资源获取水平的影响越显著。

四 结构性影响分析

前文分析得知，环境不确定性对于从属企业内外部合法性的平衡与资源获取的关系以及内外部合法性联合与资源获取的关系均有正向调节作用；而环境包容性对内外部合法性平衡与资源获取的关系以及内外部合法性联合与资源获取的关系均具有反向调节作用。由此可知，越是在低包容性和高不确定性的条件下，从属企业越要重视内外部合法性的权衡和协调，实现内部合法性的平衡发展，并重视内外部合法性的同时提升，努力提高和保持内外部合法性的总体水平。在这种情况下，从属企业的资源获取水平才能达到最为理想的状态。也就是说，具有合法性双元的从属企业在低包容性和高不确定性的环境条件下其资源获取的水平最高。基于此，本书提出如下的结构性假设：

H4a：内外部合法性的平衡维度、环境不确定性及环境包容性对从属企业的资源获取形成结构性影响：具有较高平衡水平的从属企业在低包容性和高不确定性环境条件下的资源获取水平最高；

H4b：内外部合法性的联合维度、环境不确定性及环境包容性对从属企业的资源获取形成结构性影响：具有较高联合水平的从属企业在低包容性和高不确定性环境条件下的资源获取水平最高。

第五节　从属企业合法性双元与成长绩效的关系

一　从属企业合法性双元对成长绩效的主效应

从前文对于双元性与组织绩效的关系梳理中，可以看到双元性与绩效关系存在较多的观点。那么，从属企业合法性双元与绩效之间的关系又该如何确定，是否也同样会存在着五种可能呢？本书认为并非如此。首先，以往双元性的相关研究中认为探索性创新与利用性创新的协调往往需要通过结构双元性的方式来实现，这会增加企业的整合及管理成本从而对绩效产生不利影响。而合法性双元则可以不通过结构分化的方式来实现，而是通过情境性均衡①来实现，因此不会导致组织结构分化所产生的管理成本提升，也就不会对组织绩效产生不利的影响。所以，合法性双元与从属企业绩效的关系不符合双元性综述中观点二的逻辑，即合法性双元与从属企业绩效不会是负相关关系。其次，合法性双元与绩效之间的关系也不可能像观点四所述的倒"U"形关系。因为观点四的结论有一定的特殊性，由于内部技术源与外部技术源均与绩效呈倒"U"形关系，有鉴于此才导致与此相关的双元性与绩效也呈现出倒"U"形的关系，而合法性与绩效的关系则不然。关于合法性与绩效关系的基本认知是两者为线性关系，一些相关研究已经指出合法性水平越高的企业其生存的可能性或成长绩效越显著（齐默曼和蔡茨，2002；达钦、奥利弗和罗伊，2006；廖和于，2010），这也是本书假设H5的认知前提。最后，跨国公司的相关研究已经证实尽管内部一致性可能会使得子公司实现外部合法性更为困难，但那些既注重与母公司保持一致性并同时注重适应本地的情境要求而拥有特殊性的子公司通常表现得更为出色［特瑞格西斯（Tregashis，2003）；科丝

---

① 情境性均衡（伯金肖和吉普森，2004；吉普森和伯金肖，2004；雷斯和伯金肖，2008），是创设一种组织情境——组织刺激、引导和奖励人们以特定方式行事（戈沙尔和巴特莱特，1997）——这使得两种看似冲突的行为（如利用和探索行为）能够在同一个组织单元内发生。

托娃和查希尔，1999]。子公司这种一致性和特殊性实际上反映的就是企业的内部合法性和外部合法性问题，因此可以认为合法性双元与企业绩效之间是有直接关系的，这不仅说明了合法性双元与企业绩效之间是有关系的，而且两者是正相关关系。这可以从正面推出从属企业合法性双元与绩效关系的同时，也就排除了两者没关系之说。综上可得，从属企业的合法性双元与成长绩效正相关，从属企业合法性双元水平越高，越有利于企业成长。基于此，本书提出如下假设：

H5a：从属企业内外部合法性的平衡水平与其成长绩效正相关；

H5b：从属企业内外部合法性的联合水平与其成长绩效正相关。

二 合法性双元对成长绩效的作用机制分析

从前文关于双元性的回顾中我们看到学者们关注最多的是双元性的前因与后果问题，而有关双元性与绩效之间关系的内在机制研究较少。其中只有很少部分学者在这方面做了些许尝试，如伊姆和雷（Im & Rai, 2008）与沙蒂和布普赫（Schudy & Bruch, 2010）的研究就属于该类研究的尝试。其中，伊姆和雷（2008）发现情境双元性对绩效的作用部分被探索性知识分享及利用性知识分享所中介，而沙蒂和布普赫（2010）则发现生产组织能力（productive organizational energy）中介了情境双元性与绩效之间的关系。从仅有的文献中本书发现前者属于组织学习领域的双元性问题，双元性对绩效的作用机制可以用知识分享来解释，这是组织学习领域内一个重要的构念。而后者则属于生产管理相关的双元性问题，从而提出了生产组织能力的中介效应。由此可以推断，对于特定领域内双元性的作用机制的探讨，应该挖掘该领域内对特定双元性作用机制问题有解释力的构念来作为中介变量。应用到本书对合法性双元的研究中，就是挖掘合法性所导致的直接后果变量对合法性双元与成长绩效的中介性作用。从子研究二可知，这个构念就是资源获取。因此，后文中将着重探讨资源获取在从属企业合法性双元与成长绩效之间所扮演的角色。

关于合法性双元对从属企业成长绩效作用机制的讨论，需要综合本书的基本假设及前面几项子研究的结果一起来分析。首先，我们在子研究二的基础上讨论了从属企业合法性双元与资源获取的关系，得到了关于合法性双元与资源获取关系的基本假设，认为合法性双元对于从属企业的整体资源获取有积极的正向影响。其次，前文中我们还在子研究三的基础上讨论了合法性双元与从属企业成长绩效的关系，得到了两者关系的基本假设，认为合法性双元有利于提升从属企业的成长绩效。最后，对于资源获取与成长绩效的关系，本书在子研究一中已经有了详细的论述，提出并检验了从属企业资源获取与成长绩效的正相关关系。并且在子研究三中，还就整体资源获取对内外部合法性与成长绩效的中介作用进行了检验，基本结论表明，整体资源获取水平完全中介了内部合法性和外部合法性对成长绩效的影响。综合以上几项研究，并结合巴伦和肯尼（1986）的观点，我们就可以得到一个基本认识，即合法性双元首先影响的是从属企业的资源获取水平，然后才是由于资源获取水平的差异导致从属企业成长绩效的差异。也就是说，资源获取对合法性双元与从属企业成长绩效的关系具有中介性作用。由此，可得如下假设：

H6a：从属企业内外部合法性平衡对其成长绩效的影响是通过资源获取的中介作用而实现的，资源获取对两者关系起到了中介性的作用；

H6b：从属企业内外部合法性联合水平对其成长绩效的影响是通过资源获取的中介作用而实现的，资源获取对两者关系起到了中介性的作用。

综合以上的分析，可以提炼出本项子研究的基本框架，如图 6.2 所示。

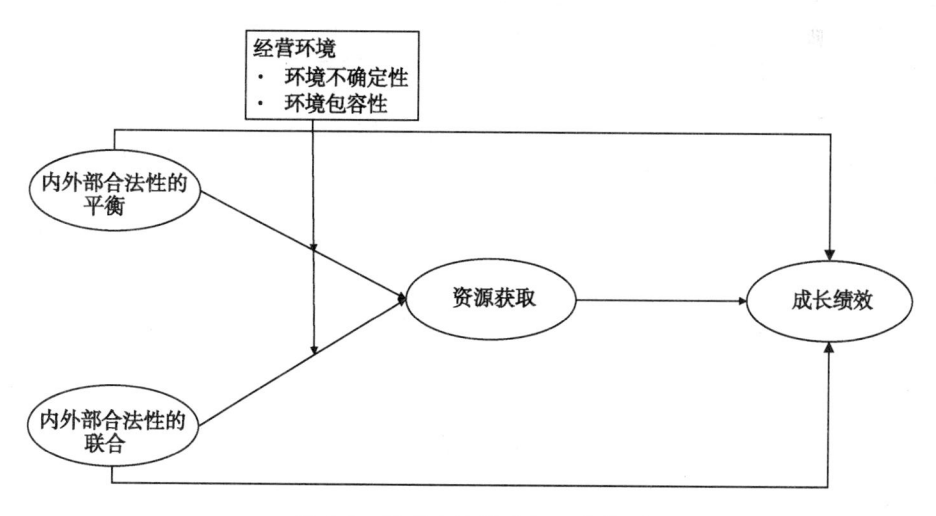

图 6.2 子研究四的实证研究模型

第六节 研究结果

一 描述性统计分析

表6.1　　　　　　　　描述性统计分析结果

		1	2	3	4	5	6	7	8	9	10	11
1	企业年龄（log）	1										
2	企业规模	.369**	1									
3	集团规模（dummy）	.021	.147*	1								
4	集团多元化（dummy）	-.101	.012	.476**	1							
5	资源柔性	.074	.003	.067	.078	1						
6	合法性平衡	.082	-.104	.042	.073	.229**	1					
7	合法性联合	.180**	.204**	.093	-.004	-.086	.027	1				
8	环境不确定性	.019	.139*	-.083	-.035	-.058	-.165*	.214**	1			
9	环境包容性	-.024	.109	-.080	-.030	-.092	-.206**	.041	.619**	1		
10	资源获取	.089	.208**	.055	-.009	.114	-.063	.510**	.526**	.453**	1	
11	成长绩效	.119	.240**	.105	.085	.145*	-.091	.507**	.390**	.283**	.664**	1

注：*代表 $p<0.05$；**代表 $p<0.01$。

二 合法性双元与资源获取：主效应及调节变量

表6.2　环境变量对内外部合法性平衡与资源获取关系的调节效应

	模型1	模型2	模型3	模型4	模型5
企业年龄（log）	.004	.013	.029	.043	.033
企业规模	.207**	.196**	.122*	.133*	.127*
资源柔性	.113†	.129†	.148**	.134*	.136*
平衡		-.073	.023	.008	-.051

续表

	模型1	模型2	模型3	模型4	模型5
环境不确定性			.384***	.460***	.490***
环境包容性			.221**	.161*	.169*
平衡*环境不确定性				-.227**	-.206*
平衡*环境包容性				.221**	.199*
平衡*环境不确定性*环境包容性					.124†
R^2	.056	.061	.345	.369	.379
Adjusted R^2	.043	.044	.327	.346	.353
ΔR^2	.056	.005	.284	.024	.009
F	4.425**	3.611**	19.323***	15.958***	14.689***
F change	4.425**	1.162	47.706***	4.186*	3.227†
VIF 最大值	1.165	1.183	1.659	2.479	2.530

注：因变量为资源获取；†$P<0.10$，*$p<0.05$，**$p<0.01$，***$p<0.001$。

如表6.2所示，首先，在控制了相关控制变量之后，我们发现从属企业内外部合法性平衡对资源获取的影响并未达到显著水平，从而使得假设H1a未得到验证。其次，通过观察模型4中相关乘积项的回归系数值，发现环境不确定性与平衡维度乘积项达到了显著水平（$p<0.01$），且系数值为负（$\beta=-0.227$）。由此可见，环境不确定性对平衡维度与资源获取的关系确实具有显著的调节作用，但它是反向调节而不是正向调节，与原有假设不相吻合，所以假设H2a未得到验证。同时，环境包容性与平衡维度乘积项的回归系数也达到了显著水平（$p<0.01$），且系数值为正（$\beta=0.221$）。由此可知，环境包容性对平衡维度与资源获取的关系也具有显著的调节作用，但它是正向调节而不是反向调节，与原有假设不相吻合，也就是说假设H3a未得到验证。最后，通过观察模型5，发现内外部合法性平衡、环境不确定性和环境包容性三者乘积项的回归系数达到了显著水平（$p<0.01$），这说明三者对资源获取所形成的结构性影响是存在的，但由于环境不确定性的正向调节效应和环境包容性的反向调节效应均与原假设不同，所以由它们所形成的结构性影响也会与原假设有些出入，也就是说假设H4a并未完全得到验证。

如表6.3所示，首先，在控制了相关控制变量之后，发现内外部合法性联合水平对资源获取仍然具有显著的正向影响（$\beta=0.487$，$p<$

0.001),这说明从属企业内外部合法性联合水平与资源获取正相关关系成立,从而验证了假设 H1b。其次,观察环境确定性与内外部合法性联合的乘积项,发现其系数值为正且达到了显著的水平(β = 0.192,p < 0.001),这说明环境确定性对内外部合法性联合与资源获取的关系具有一定的正向调节作用,从而验证了假设 H2b。同时,还可以看到,环境包容性与内外部合法性联合乘积项的系数值为负(β = -0.370),并且也达到了显著水平(p < 0.001),这说明环境包容性对内外部合法性联合与资源获取的关系具有显著的反向调节作用,与原假设吻合,从而验证了假设 H3b。最后,通过观察模型 5,内外部合法性联合、环境不确定性和环境包容性三者乘积项的回归结果,检验结果显示其值达到了显著水平(p < 0.001),这说明以上三者对从属企业资源获取所形成的结构性影响是存在的,从而验证了假设 H4b。

表 6.3　环境变量对内外部合法性联合与资源获取关系的调节效应

	模型 1	模型 2	模型 3	模型 4	模型 5
企业年龄(log)	.004	-.052	-.017	-.006	-.005
企业规模	.207**	.128*	.061	.091†	.091†
资源柔性	.113†	.075	.119*	.133**	.110*
联合		.487***	.423***	.370***	.271***
环境不确定性			.262***	.272***	.287***
环境包容性			.277***	.289***	.257***
联合*环境不确定性				.192***	.277***
联合*环境包容性				-.370***	-.386***
联合*环境不确定性*环境包容性					.191***
R^2	.056	.279	.505	.583	.603
Adjusted R^2	.043	.266	.490	.567	.587
ΔR^2	.056	.223	.225	.079	.021
F	4.425**	21.460***	37.218***	38.042***	36.687***
F change	4.425**	68.564***	49.846***	20.609***	11.373***
VIF 最大值	1.165	1.186	1.727	1.823	2.167

注:因变量为资源获取;†P<0.10, *p<0.05, **p<0.01, ***p<0.001。

三 合法性双元与成长绩效：主效应及中介变量

如表 6.4 所示，本书对内外部合法性平衡与成长绩效的主效应及资源获取对两者关系的中介效应进行了检验。结果显示，在控制了成长绩效相关控制变量之后，平衡维度对成长绩效的影响未达到显著水平，也就是说假设 H5a 未通过检验。由于这一结果的影响导致资源获取对以上两者的中介效应也就无法得到验证，所以假设 H6a 也未能得到检验。

表 6.4 资源获取对内外部合法性平衡与成长绩效关系的中介效应

	模型 1	模型 2	模型 3
企业年龄（log）	.045	.058	.046
企业规模	.217**	.203**	.081
集团规模（dummy）	.040	.042	.016
集团多元化（dummy）	.067	.074	.090
平衡		-.081	-.053
资源获取			.640***
R^2	.067	.074	.464
Adjusted R^2	.051	.053	.449
ΔR^2	.067	.006	.390
F	4.007**	3.518**	31.734***
F change	4.007**	1.525	160.077***
VIF 最大值	1.329	1.329	1.331

注：因变量为成长绩效；†$P<0.10$，*$p<0.05$，**$p<0.01$，***$p<0.001$。

表 6.5 资源获取对内外部合法性联合与成长绩效关系的中介效应

	模型 1	模型 2	模型 3
企业年龄（log）	.045	-.012	.014
企业规模	.217**	.146*	.078
集团规模（dummy）	.040	-.001	.000
集团多元化（dummy）	.067	.084	.090
联合		.480***	.214***
资源获取		.554***	.538***
R^2	.067	.284	.494
Adjusted R^2	.051	.267	.480

续表

	模型1	模型2	模型3
ΔR^2	.067	.216	.210
F	4.007**	15.169***	31.034***
F change	4.007**	66.684***	91.463***
VIF最大值	1.329	1.336	1.398

注：因变量为成长绩效；†$p<0.10$，*$p<0.05$，**$p<0.01$，***$p<0.001$。

本书检验了内外部合法性联合对从属企业成长绩效的影响，如表6.5所示。首先，通过观察模型2，结果发现控制了相关变量之后联合维度对从属企业成长绩效的积极影响仍然非常显著（$\beta=0.480$，$p<0.001$），即假设H5b得到了实证支持。其次，模型3在模型2的基础上将资源获取纳入回归模型中以检验资源获取对联合维度与成长绩效关系的中介作用。结果发现，在模型3中资源获取对成长绩效的影响达到了显著水平（$\beta=0.538$，$p<0.001$），而与此同时，联合维度对成长绩效的影响程度却显著下降了。模型3中联合维度对成长绩效的影响程度较之模型2有了很大程度的削弱，β系数由原来的0.480降为0.214，下降了55.42%。可以说，由于资源获取这一变量的介入从而使得联合维度对成长绩效的解释力度大幅度地下降了。这就说明资源获取对联合维度与成长绩效的关系具有中介性作用，从而验证了假设H6b。

第七节 结果讨论

一 合法性双元的资源获取效应

首先，就联合维度与资源获取的关系而言，通过实证检验的结果可知，联合维度对从属企业资源获取水平具有显著的正向影响。环境不确定性对两者的关系起到了正向调节的作用，而环境包容性则对两者有反向调节的作用。并且研究表明，内外部合法性联合水平、环境不确定性和环境包容性三者对资源获取的结构性影响成立。也就是说，在环境不确定性高和环境包容性低的条件下，内外部合法性联合的资源获取效应将更为显著。

其次，就平衡维度与资源获取的关系而言，内外部合法性平衡对资源获取的主效应未达到显著水平，但环境不确定性和环境包容性两者与平衡维度的乘积项均达到了显著水平，这说明环境不确定性和环境包容性对平衡维度与资源获取的调节效应是存在的。并且，平衡维度、环境不确定性和环境包容性三者对资源获取的结构性影响也同样是存在的。实证显示环境不确定性表现为反向调节作用，而环境包容性则表现为正向调节作用。也就是说，在低不确定性或者高包容性环境条件下，或者是两者并存的环境条件下，内外部合法性平衡的资源获取效应更为显著。实证结果没能支持原假设的理论推定，本书分析认为可能是由于以下两方面的原因所致。第一，可能由于在高不确定性的环境条件下，商业集团网络外部的投资人或资源拥有者的风险意识增强，而商业集团本身具有降低外部不确定性的作用。因此，在这种情形下外部合法性的资源获取效应相对于内部合法性的资源获取效应而言就会显得较弱。换句话说，高不确定性使得内部合法性对于从属企业资源获取而言显得更为重要，因此从属企业在内外部合法性的权衡上可能会偏向于认为内部合法性是较好的策略，从而偏向于内部合法性以至于平衡性较差。特别是对于那些资源约束较为明显的小企业而言，这一点可能表现得更为明显些。而在低不确定性的条件下，内部合法性与外部合法性之间资源获取效应的差异相对较小，因此从属企业在内外部合法性权衡上认为两者均衡才是较好的策略。从而使得环境不确定性对内外部合法性平衡与资源获取的关系表现出反向的调节作用。第二，环境包容性在这里表现出正向调节作用，本书认为可能与调研对象多为规模偏小的从属企业有关。规模较小的从属企业受到的资源约束较多，所以往往会在环境包容性低的环境下偏向于采取一边倒的策略，以更好地实现内部或外部某一方面的资源获取。而当环境包容性高，在能够较为容易克服资源约束的条件下才会更多地考虑内外部合法性平衡的问题。从而使得环境包容性对平衡维度与资源获取的实证结果表现出反向调节的效应。

二 合法性双元的绩效效应

首先，就联合维度与从属企业成长绩效的关系而言，联合维度对成长绩效有显著的积极影响。并且，通过中介效应的检验方法，本书发现资源获取部分中介了联合维度对成长绩效的积极作用。其次，就平衡维度与从属企业成长绩效的关系而言，从理论上讲本书认为两者是正相关的，但实证结果不显著，未能有效支持本书的理论推定。本书认为，统计结果不显著的原因与样本有关，也就是说，这可能与调研样本中很多是以规模偏小的从属企业为对象有关。规模偏小的企业往往更会集中他们的资源、管理惯例和知识流在一个方向上，而对另一方向只做一些边缘性的思考（巴尼，1991），这样反而能把有限的资源和能力用到点上，从而实现较好的成长绩效。所以，正是因为可能存在着这样一种影响，使得平衡对成长绩效的影响变得不显著了。

这一子研究中关于合法性双元对从属企业成长绩效的内在中介机制的讨论和检验具有重要的意义。在子研究三中，我们讨论并检验了从属企业合法性（内部合法性和外部合法性）与从属企业成长绩效的关系及内在作用机制，这一机制可视为从属企业成长的合法性机制Ⅰ或称为基础机制，它是本项子研究深入讨论从属企业成长的合法性双元机制的重要基础。本项子研究是在更高一层次，更为抽象地讨论并检验了从属企业成长的合法性机制，可称为从属企业成长的合法性双元机制，这可视为从属企业成长的合法性机制Ⅱ，它是在合法性机制Ⅰ的基础上的一种深化。

第八节　理论贡献与实践意义

一　理论贡献

1. 对组织合法性领域的贡献

该子研究对于组织合法性领域的主要贡献在于提出了从属企业合法性双元的概念，并分析了合法性双元与从属企业资源获取之间的关联机制。在以往有关企业国际化和跨国公司的相关研究中，一些学者已经注意到了跨制度距离情境下处于不同制度中的分支机构的合法性困境问题，即一方面要保持分支机构与其他分支机构之间以及分支机构与总部之间的一致性；另一方面又要保持与本地区域内其他组织和机构等的一致性，在这种情形下对组织的合法性就提出了挑战。但由于这些领域内的文献与商业集团的文献之间缺少对话，在现有商业集团的研究中还没有对这个问题引起足够的重视。而本书的研究恰当地将这两个领域内的共性问题建立起了对话的桥梁，提出了商业集团从属企业的合法性双元概念用以解释从属企业面临合法性困境下的合法化逻辑。并且，还分析了合法性双元与从属企业资源获取上的关系。这对于推动商业集团理论中从属企业合法性的研究具有重要的启示性作用。而书中对于从属企业合法性双元与资源获取关联机制的分析，即识别出经营环境不确定性和包容性的调节效应，这对于现有的组织合法性理论来说也是一项具有创新性的研究。

2. 对组织双元性领域的贡献

本项子研究对组织双元性领域的理论贡献有三个方面：第一，拓展了组织双元性的研究范畴。从目前组织双元性的研究来看，主要集中在开发性学习和探索性学习的双元关系（马奇，1991；利文索尔和马奇，1993）、渐进性创新和突破性创新的双元关系（史密斯和塔什曼，2005）、内部技术知识源和外部技术知识源的双元关系（罗瑟米尔和亚历山大，2009）、柔性与效率的双元关系（阿德勒、哥德夫泰斯和莱文，1999）、搜索（search）与稳定（stability）的双元关系（里夫金和西格尔考，2003）等方面问题上的讨论。而没有在合法性领域内引入双元性的分析逻辑开展过相关的研究。尽管在一些企业国际化或跨国公司（MNCs）的文献中已经注意到了这个问题，但并没有将这一问题引申到组织合法性双元的研究上，也缺乏对这一问题的规范分析。本书注意到，将双元性逻辑引入到合法性领域的研究是可以尝试的。国内一些学者就曾经在双元性研究领域的拓展方面做了一些新的尝试，将双元性的研究引入到新的领域中，如张婧、段艳玲（2010）研究了市场导向均衡对产品创新绩效的影响；李新春、梁强和宋丽红（2010）研究了外部关系与内部能力的平衡对新创企业成长的影响等。这些研究一定程度上拓展了组织双元性的研究领域，也为本书在合法性领域内进行双元性研究给予了重要的启示。因此，此项研究的开展对于组织合法性领域和组织双元性领域内的文献均会是个有益的补充。

第二，以合法性双元为例，提出了环境不确定性和环境包容性两个情境对双元性结果的影响，印证了以往学者的猜测。塞加拉－纳瓦罗和杜赫斯特（2007）在分析了组织学习、双元性情境和顾客资本之间的关系之后也承认，所构建的模型中没有抓住环境动荡性和不确定性可能的调节作用。他们认为在不确定性条件下，双元性情境可能会产生不同的结果。所以，在本书的研究中尤其关注了经营环境的不确定性和包容性的调节效应问题，即两者是如何调节合法性双元与资源获取之间关系的问题。因此，本项子研究的实施进一步推进了双元性领域中关于经营环境对双元性与后果变量关系的调节效应的相关研究。

第三，探索了合法性双元对成长绩效的作用机制，这对于双元性作用机制的讨论是一个有益的补充。现有关于组织双元性的研究，一般都是将组织双元性作为中介变量（雷斯和伯金肖，2008）来研究，而对于双元性与结果变量之间的中介变量的探讨较少。本书以合法性双元为例，讨论了将合法性双元与从属企业成长绩效关联起来的中介变量。这对于讨论组织双元性与结果变量之间的中介性机制这一类型的文献是一个有益的补充。

二　实践意义

1. 对不同环境条件下商业集团从属企业的合法化成长实践具有指导意义。对于商业集团从属企业的合法化实践而言，总体上讲，合法性双元对于从属企业的整体资源获取具有积极的效应，但这种效应很大程度上受经营环境的调节。其结论带来的实践启示就是，当从属企业面临不确定性高和包容性低的环境条件时，要更多地发挥内外部合法性的协同效应；而在不确定性低和包容性高的环境条件下，企业需要更多地采取内外部合法性平衡的策略，以更好地获取企业发展所需的各种资源。

2. 对跨制度距离商业集团中从属企业的合法化成长实践具有指导意义，对于商业集团的跨区域发展具有启示性作用。从从属企业的层次讲，本书一个重要的潜在假设就是在跨制度距离商业集团中的从属企业会普遍面临着合法性的权衡与协调问题。在子研究三的推论中，本书指出这种制度距离越大，从属企业的合法性挑战也就越大，从而内外部合法性的协调对于从属企业的成长意义也就越大。这就意味着，当从属企业面临的跨制度情境越明显的情形下越要注重合法性双元的构建，如此才能赢得更多的资源获取利益和更高的成长绩效。从商业集团层次讲，集团层面要充分考虑从属企业的合法化压力。特别是在制度距离较大的商业集团中，充分考虑从属企业的合法化压力，将有助于从属企业更好地实现合法性双元，从而有利于从属企业的快速成长。

第七章

研究结论与未来展望

通过前面六章的内容,本书对商业集团从属企业成长的合法性机制进行了深入而全面的探讨。本章将在前面研究主体的基础上,对全书进行概括和总结。系统地梳理一下研究的主要结论、理论贡献、实践启示、存在的不足及对未来研究的展望。

第一节 研究结论

虽然有关商业集团的研究经历了很长时间的研究历程,但关于商业集团从属关系的绩效效应仍然是该领域内颇有争议性的话题。也正因如此,直到近些年来学术界对于商业集团从属关系与从属企业绩效之间关系的讨论仍然保持着极高的热情(辛等,2007)。认真回顾一下该领域的研究,会发现学者们关注的焦点有一个明晰的推进过程。最初,学者们关注不同制度发展水平所产生的影响,通过比较发达经济与新兴经济中的商业集团来探索商业集团所扮演的角色和作用(莱夫,1978;乔根森等,1986),从而解释商业集团从属关系对从属企业绩效的影响。但来自新兴经济背景下的一些经验研究的结果表明,即便在新兴经济中的商业集团其从属关系对从属企业的影响也是有争议的(卡纳和亚夫,1999;卡纳和里夫金,2001)。之后,学者们开始关注商业集团层面的因素所产生的影响,研究新兴经济中集团层面的一些协变量对从属关系的绩效效应的作用(张和蔡,1988)。再到后来,学者们注意到,其实对于不同的从属企业而言,其商业集团成员资格的利益也是不同的(金等,2004)。至此之后,学者们开始将关注的焦点转向新兴经济中企业集团从属关系的权变价值(陆和马,2008)。本书就是在这样一个大背景下,加入到商业集团从属关系绩效效应的讨论与对话当中。本书综合了资源观理论和制度理论等研究视角，重点探讨为什么某些从属企业能从集团从属关系中受益更多的问题（卡尼、夏皮罗和唐，2008），并得出一些研究结果。下文将对研究结果进行总结与呈现。

一 从属企业资源获取与成长绩效的关联机制

子研究一是在资源观理论视角下所进行的一项研究。在哈梅林（2011）等研究的基础上，从资源观的视角来解读商业集团从属关系对从属企业的意义，将从属关系对从属企业所产生的利益解读为从属企业在资源获取上的利益。以此作为起点观察从属企业内部资源获取与外部资源获取的关系，以及分析内外部资源获取与从属企业成长绩效的关系，并研究对资源获取与从属企业成长绩效之间关系具有影响的关键因素。具体而言，可以概括成如下四点。

第一，从资源获取与成长绩效的关系来看，源自商业集团的内部资源获取对于从属企业成长而言是非常重要的。我们将从属企业的资源获取分成内部资源获取和外部资源获取两个维度，实证结果表明，两者对于从属企业的成长绩效均有着显著的影响作用。其中，本书的研究指出从商业集团内部获取的资源，如知识性资源和资产性资源不仅会直接刺激成长绩效，而且还会对从属企业的外部资源获取产生影响，继而通过外部资源获取的方式刺激从属企业的成长绩效。也就是说，外部资源获取对内部资源获取与成长绩效之间的关系具有一定的中介作用。由此可见，内部资源获取对从属企业成长绩效的积极影响具有原发性的特点。

第二，资源获取对成长绩效的作用受集团资源异质性的调节。本书的研究表明，无论是内部资源获取还是外部资源获取的绩效效应会因集团资源异质性程度不同而表现出差异性。本书分别在企业层次和跨层次上，经由多元回归分析和多层线性模型等方法检验了这一结果。具体而言，集团网络资源异质性正向调节内部资源获取与成长绩效的关系，反向调节外部资源获取与成长绩效的关系。特别是对于前两者的关系，集团网络资源异质性的调节作用尤其显著。因此，当我们在谈论从属企业内外部资源获取的绩效效应时，不可避免地要从商业集团层面考虑其集团网络资源的异质性问题。

第三，从属企业的资源整合能力对资源获取与成长绩效的关系具有中介性调节作用。资源获取的绩效效应很大程度上会受到从属企业资源整合能力的约束。相对于集团网络资源异质性，资源整合能力从中所起的作用要更为复杂些。从内部资源获取的绩效效应来看，资源整合能力主要起到的作用是中介性作用，而调节作用不显著（未得到验证）。本书从嵌入性理论的角度解释了导致这一现象可能的原因，商业集团内部成员企业之间由于股产、资金借贷、高管互派、经营特许或者在产业链上有上下游联系并进而形成控制与被控制关系，因此相互之间少不了频繁地互动与交流，相互之间的信任程度也相对较高，这些特征均表明成员企业之间的关系属于强关系（格兰诺维特，1973）。在强关系中，公司之间有着深刻的相互理解，高质量的信息和不成文的隐性的知识更容易得到分享和跨越组织边界转移（汉森，1999；鲍威尔等，1996；乌兹，1996）。这就非常有利于特定组织的能力提升。而对于外部资源获取而言，资源整合能力既有中介作用，也有调节作用。一方面，从属企业也会从外部获取知识性资源，这对于能力提升是有益的，所以，外部资源获取也会导致资源整合能力的提升，继而导致成长绩效的提升。另一方面，内部资源获取和外部资源获取所导致的资源整合能力提升，会进一步放大外部资源获取的绩效效应。简单地讲，就是资源整合能力强的从属企业，它从外部获取资源所产生的成长绩效往往要大于那些资源整合能力较弱的从属企业。

第四，内部资源获取、集团资源异质性和资源整合能力对从属企业成长绩效形成结构性影响。研究结果表明，当从属企业从集团网络内部获取资源的水平较高的情形下，如果集团网络的资源异质性程度高，并且接受这些资源的从属企业的资源整合能力强的话，那么内部资源获取所产生的绩效效应是最大的。这也就进一步说明，对于从属企业资源获取的绩效效应不能过于孤立地来看，而应从集团层次和从属企业层次两个层面综合来评价和讨论它们之间的相互关系。

二 从属企业合法性与资源获取的关联机制

子研究二是从制度理论的视角所做的一项研究。在子研究一中，解决了从属企业资源获取与成长绩效的关联机制，但并没有对导致从属企业资源获取利益差异的原因进行探讨。实际上，根据金等（2007）的观点，不同从属企业的资源获取利益是不同的。从制度理论的视角来看，本书认为造成这种利益不同的原因是从属企业具有的合法性（即内部合法性和外部合法性）水平的差异。研究发现可概括为以下四点。

第一，造成从属企业资源获取利益不同的关键因素是其合法性水平上的差异。从属企业的合法性具有双重属性，即有内部合法性和外部合法性之分。研究表明，内部资源获取利益的差异主要是由于从属企业所具有的内部合法性水平不同所造成的。同理，外部资源获取利益上的差异则主要是由从属企业所具有的外部合法性水平不同所造成的。通常来说，合法性与从属企业的内外部资源获取正相关。

第二，环境不确定性和环境包容性，对从属企业合法性与资源获取的关系具有调节作用，强化或弱化了从属企业合法性与资源获取的关系。当环境不确定性程度较高时，无论是内部合法性与内部资源获取的关系，还是外部合法性与外部资源获取的关系均会得到加强。正如已有研究表明的那样，随着不确定性的增强，人们更倾向于选择那些有较高社会地位［波多尔尼（Podolny，1994）］或者声誉［斯图亚特等（Stuart et al.，1999）］的公司作为伙伴。而合法性与组织声誉有类似的前因、社会建构过程和结果（迪普豪斯和卡特，2005）。也就是说环境不确定性增强之后，具有合法性的企业越容易成为合作伙伴而在资源获取方面受益。环境包容性则不然，本书的研究表明，环境包容性对内部合法性与内部资源获取以及外部合法性与外部资源获取的关系均具有反向调节的作用。

第三，从属企业合法性、环境不确定性和环境包容性对从属企业资源获取形成结构性影响。鉴于环境不确定性对从属企业内外部合法性与内外部资源获取之间的关系具有正向的调节作用，而环境包容性对两者之间的关系具有反向调节作用。因此，本书在此基础上检验了不确定性和包容性共存的环境条件下合法性与资源获取的关系。结果表明合法性、环境不确定性和环境包容性三者对从属企业资源获取具有结构性影响。这一点给从属企业实践活动所带来的启示是越是在不确定性高和包容性低共存的环境中，从属企业越是要注意内外部合法性构建。

第四，本项子研究还检验了内部合法性与外部合法性之间的关系。一般而言，内部合法性有利于从属企业外部合法性的获取，但两者的关系受制度距离的调节影响。从属企业的内部合法性对其外部合法性的获取具有积极的影响，但并不全是如此。其中，还要考虑制度距离所产生的影响。本项子研究将制度距离细分成正式制度距离和非正式制度距离两个维度，结果显示，正式和非正式制度距离均对内部合法性与外部合法性的关系具有显著的反向调节作用。也就是说，制度距离小的情形下，从属企业的内部合法性越有利于其外部合法性的获取；而当制度距离大的时候，内部合法性反而是不利于其外部合法性获取的。

三 从属企业合法性对成长绩效的作用机制

子研究三是一项整合性的研究。我们将子研究一和子研究二的研究进行整合，探讨从属企业合法性对成长绩效的影响及其作用机理。主要结论可概括如下：

第一，合法性与从属企业成长绩效关系密切。从实证的结果来看，尽管内部合法性和外部合法性均会不同程度地对从属企业成长绩效产生正向影响。但内部合法性对成长绩效的影响要显著高于外部合法性。这也就证明了对于商业集团从属企业的成长而言，集团内部合法性的重要意义。

第二，资源获取对合法性与从属企业成长绩效的关系具有中介性作用。从变量层次来看，资源获取与成长绩效的关系十分密切，从属企业合法性与成长绩效也是如此。因此，在子研究三进行过程中，先检验了从属企业合法性对成长绩效的影响，然后在其基础上观察资源获取的影响。结果发现就变量层次上讲，资源获取进入模型之后，内部合法性与外部合法性对从属企业成长绩效的作用由显著转为不显著。这一结果表明，资源获取完全中介了内部合法性和外部合法性的绩效效应。进一步从维度上，本书根据假设检验了内部资源获取与外部资源获取对内部合法性的中介性，以及外部资源获取对外部合法性的中介性。得到的结论是：内部合法性与从属企业成长之间有双重中介机制，即内部资源获取和外部资源获取均不同程度地部分中介了两者的关系；而在外部合法性与从属企业成长绩效之间，外部资源获取部分地中介了两者的关系。

四 从属企业的合法性双元、资源获取与成长绩效的关联机制

子研究四是前面三项子研究的一个深化。在分别讨论了内部合法性、外部合法性、资源获取和成长绩效的关系基础上，从组织双元性的逻辑来审视从属企业的合法性问题。子研究四首先根据从属企业合法性的特点和双元性的概念，对从属企业合法性的双元特性进行了分析，在此基础上提出了合法性双元的概念，并根据曹等（2009）的观点将其细分为平衡与联合两个维度展开讨论。研究结果得到了以下几个基本认识。

第一，就合法性双元与从属企业成长绩效的关系而言，合法性双元对从属企业成长绩效有显著的影响。本书首先运用了排除法，排除了合法性双元与从属企业绩效之间不可能存在的几种关系，然后借鉴跨国公司领域已有的研究成果，用类推的方法得出内外部合法性的平衡与联合两个维度均有利于提升从属企业成长绩效的结论。所以从理论上讲，合法性双元是有利于从属企业成长的。但实证结果并没有完全支持以上观点。实证结果表明，联合维度对成长绩效具有显著的正向影响，而平衡维度对成长绩效的影响并不显著。

第二，就合法性双元与从属企业资源获取的关系而言，本书认为合法性双元对从属企业资源获取有显著的影响。从理论上讲，平衡维度和联合维度对从属企业资源获取均有积极的影响，但实证结果并非完全如此。实证结果表明，联合维度对资源获取有显著的正向影响，而平衡维度对资源获取的影响并不显著。

第三，环境不确定性和环境包容性对合法性双元与资源获取的关系具有调节性作用。本书参照子研究二的研究框架，将环境不确定性和环境包容性引入到子研究四的分析中。从理论上讲，环境不确定性会加强内外部合法性平衡（或联合）与资源获取之间的关系；而环境包容性则会弱化内外部合法性平衡（或联合）与资源获取之间的关系。但从实证研究的结果来看并非完全如此。就联合维度与从属资源获取的关系而言，实证结果支持了环境不确定性的正向调节作用和环境包容性的反向调节作用假设。同时，联合维度、环境不确定性和环境包容性三者对从属企业资源获取形成结构性影响，即高不确定性和低包容性并存的环境下内外部合法性的联合对从属企业资源获取的积极影响是最为显著的。而对于平衡维度与从属企业资源获取的关系而言，尽管平衡维度对资源获取的影响并未达到显著水平，但平衡维度与环境不确定性的乘积项（系数为负），以及平衡维度与环境包容性的乘积项（系数为正）均显著。因此，环境不确定性和环境包容性对平衡维度与资源获取关系的调节效应是显著的。由此我们认为，高不确定性环境条件下内外部合法性平衡是不利于资源获取的，而在高包容性环境条件下内外部合法性平衡是有利于资源获取的。同时，平衡维度、环境不确定性和环境包容性三者也会对从属企业资源获取形成结构性影响，即在低不确定性和高包容性并存的环境条件下内外部合法性的平衡对从属企业资源获取的积极影响。这一结论对于规模较小的从属企业来说或许更具有参考意义。

第四，子研究四还对合法性双元对从属企业成长绩效的内在作用机制进行了研究。子研究一重点讨论了资源获取与成长绩效的关系，子研究四中分别讨论了合法性双元与资源获取，以及合法性双元与成长绩效之间的关系。综合子研究一和子研究四的这些研究结果，本书提出了合法性双元对从属企业成长绩效产生作用的内在中介机制，即合法性双元对从属企业成长绩效的影响是经由资源获取的中介而实现的。特别是就联合维度对成长绩效的作用机制而言，这一结论是稳健的，得到了实证检验的支持。而平衡维度对成长绩效的作用机制的检验未达到显著水平，有待于进一步的研究讨论。

第二节 理论贡献

一 对商业集团领域的贡献

学术界对商业集团从属关系的绩效效应的讨论由来已久。但时至今日，商业集团对从属企业经济绩效的影响无论是在理论上还是经验上都是有争议的（席尔瓦等，2006）。并且，学术界对于商业集团从属关系与从属企业绩效之间关系的讨论至今仍然保持着极高的热情（辛等，2007）。本书就是在这样两个大背景下加入了对商业集团从属关系绩效效应的讨论当中。从资源观理论、制度理论和双元性理论等多个视角，综合运用规范分析、多元回归分析和多层线性模型等定性和定量分析的方法来深入分析这一问题。正如金等（2004）所指出的那样，我们要有区别地看待商业集团从属关系对不同从属企业绩效所产生的影响。不同从属企业从集团从属关系中是否受益，以及受益大小是不一样的。因此，卡尼、夏皮罗和唐（2008）提出"谁，如何，为什么一些企业能从集团从属关系中受益？"这一问题需要更多地研究。可以说，本书所做的研究就是围绕这一核心问题而展开的。所以，总体上讲，本书的研究成果对商业集团领域的理论贡献就在于提出并论证了商业集团从属企业成长的合法性机制。不仅较好地回答了卡尼等（2008）所提出的问题，对商业集团从属关系的绩效效应给出了一些权变的解释。并且，丰富和发展了商业集团从属企业的成长理论。具体而言，本书对商业集团领域的理论贡献可以概括为以下几点。

第一，识别出了一个新的集团层面的协变量，即集团资源异质性对从属关系绩效效应的影响。以往的研究中，已有学者注意到集团层面的因素会对集团从属企业的绩效产生影响。如张和蔡（1988）的研究表明韩国最大的四个集团的从属企业比其他企业（包括那些小型集团的从属企业和非从属企业）的绩效都要好。卡纳和帕利普（1999a）运用印度集团的数据，表明以 ROA 或者 Tobin's Q 测量的企业绩效与集团多元化之间呈现出曲线关系。但在超出特定的阈值之后集团多元化边际递增会导致企业绩效边际提高。因此，大多数多元化集团的从属企业较之其他企业有更高的 Tobin's Q 值。类似的结果也能在 Chile 中找到（卡纳和帕利普，1999c）。这些研究已然证明了集团从属关系的绩效效应有赖于集团层面的一些协变量。本书在这一思路的基础上，结合子研究一所用的理论视角，提出一个新的集团层面的变量，即集团网络资源异质性。通过子研究一分析并检验了集团资源异质性对资源获取与从属企业成长绩效的调节效应。证实了集团网络资源异质性能够显著地正向调节内部资源获取与从属企业成长绩效的关系。因此，我们的研究从集团层面丰富和增强了对集团从属关系绩效效应差异性的解释。

第二，从资源观的角度回答了谁能从集团从属关系中受益更多的问题。为了更好地回答这一问题，子研究一将米勒和弗里森（1980）、米勒（1987）与米勒、兰特、米利肯和科恩（1996）等所提出的架构方法引入到研究当中来，在从属企业层次上提出了资源获取、资源整合能力、资源异质性对从属企业的结构性影响。研究结果认为，在资源观视角下，不考虑从属企业资源获取的差异，那么那些处于资源异质性强的集团网络中，且资源整合能力强的从属企业能够从集团从属关系中受益更多，成长绩效相对更为理想。

第三，从制度理论的视角回答了为什么一些从属企业能够从集团从属关系中受益更多，以及如何受益的问题。子研究二和子研究三是在子研究一的基础上，进一步回答了"谁"、"为什么"及"如何"从集团从属关系中受益的问题。研究结果认为，合法性强的从属企业从集团从属关系中受益更多，成长绩效相对更好（谁）。因为这些拥有较高合法性的从属企业将会得到更多的内部支持或外部支持（为什么）。这种支持本书将其解读为一种资源获取上的利益，其基本逻辑是：资源获取的差异会导致成长绩效的差异，而合法性的差异则会导致资源获取的差异，所以，合法性首先导致了资源获取的差异并进而影响从属企业成长绩效（如何）。

二 对合法性领域的贡献

合法性理论是本书的重要理论基础之一。因此，有关商业集团从属企业成长的合法性机制的讨论对于合法性领域的研究也有一定的贡献。

第一，探讨了合法性对成长绩效的作用机制，对合法性与后果变量之间的内在机制性研究是个有益的尝试。本书在第二章有关合法性的综述部分指出，尽管有较多关于组织合法性的前因与后果的研究，但对于合法性与结果变量之间的内在作用机制的探讨却相对较少。近年来，部分学者在此方面进行了一些推进，如姚康、宋铁波、曾萍（2011）以案例的形式解析了合法性选择对企业发展的关系，指出资本获取可作为中介两者关系的内在机制；徐二明、左娟（2010）构建了一个合法性对企业可持续发展战略及绩效的影响模型，指出企业可持续发展战略选择对合法性与企业可持续发展绩效的关系具有完全中介作用，企业可持续发展战略选择可作为合法性影响企业可持续发展绩效的内在机制。可见，本书对合法性与商业集团从属企业成长绩效的内在关联机制的探讨迎合了合法性领域内这一研究趋势，丰富了相关的研究成果。

第二，讨论了合法性与资源获取的关联机制，识别了环境不确定性和环境包容性对合法性与资源获取关系的调节性作用。已往研究中有不少关于合法性与环境不确定（阿尔斯特伦和布鲁顿，2001；巴雷托和巴登－富勒，2006）、合法性与包容性（帕克和迈兹亚斯，2005）、环境不确定性与资源获取（维克隆德和谢泼德，2005）及环境包容性与资源获取（卡斯特罗乔瓦尼，1991）的讨论。本书在这些研究的基础上，分析了合法性、环境不确定性（或环境包容性）和资源获取之间的关系，分别讨论了环境不确定性和环境包容性对合法性与资源获取关系的调节作用，并探讨了高合法性、高不确定性和低包容性共存的情形对从属企业资源获取所产生的影响。这对于合法性领域中企业资源获取的合法性机制是有益的补充。

第三，分析了制度距离对合法性传递的影响。科丝托娃和查希尔（1999）通过规范分析的方法提出了制度距离越大的情形下，跨国公司分支机构在构建和保持合法性方面所面临的挑战也就越大。他们分析了制度距离对特定组织合法性的不利影响。从某种意义上讲，子研究二是科丝托娃和查希尔（1999）所做研究的延续，在其基础上研究商业集团网络内合法性的传递效应，即内部合法性对外部合法性的积极作用。并分析了制度距离对合法性传递效果的不利影响，即制度距离反向调节内部合法性与外部合法性的关系，制度距离越大，合法性的传递效果就越差。可以说，本书的研究进一步推进了合法性溢出机制或合法性传递机制的相关研究。

三　对组织双元性领域的贡献

第一，提出合法性双元的概念，扩展了双元性研究的范畴。双元性的研究从最初聚焦于利用性创新和探索性创新两者的权衡与取舍的讨论（麦克多诺和雷夫，1983；阿德勒和博雷斯，1996），到如今广泛地应用于管理研究的多个领域，如战略管理研究中延续与变革的问题（吉普森和伯金肖，2004）以及技术创新研究中内部知识源与外部知识源的问题（罗瑟米尔和亚历山大，2009）等。这些研究极大地开阔了双元性研究的视野。本书根据从属企业合法性问题的特点，认为这一问题的分析也适用于双元性的逻辑，进而提出了合法性双元的概念，并对合法性双元的概念进行了界定。这对于进一步拓展双元性的研究范畴是有帮助的。

第二，探讨了合法性双元与资源获取的关联机制，讨论了环境不确定性和环境包容性对前两者关系的调节效应。其实，早在以往有关双元性的研究当中，已有学者注意到环境因素可能会对双元性的后果产生影响，如塞加拉－纳瓦罗和杜赫斯特（2007）在分析了组织学习、双元性情境和顾客资本之间的关系之后，也承认所构建的模型中没有抓住环境动荡性和不确定性可能的调节作用。他们认为在不确定性条件下，双元性情境可能会产生不同的结果。但未能对这一猜想进行详细的论述和检验。本书以合法性双元为例，详细地阐述了环境不确定性和环境包容性对合法性双元的后果所产生的不同影响。从某种程度上说，是对塞加拉－纳瓦罗和杜赫斯特（2007）所提设想的一种回应。

第三，讨论了合法性双元对成长绩效的影响及其内在作用机制。在组织双元性的研究中，比较常见的是将组织双元性作为中介变量（雷斯和伯金肖，2008）的研究，而对于双元性与结果变量之间的中介变量的探讨较少。子研究四以合法性双元为例，对合法性双元与从属企业成长绩效之间的中介机制进行了讨论，这对于双元性与后果变量间的中介性机制的研究是一种创新性地尝试。

四 对资源管理理论的贡献

在以往的研究中，很多学者将资源整合看做一个宽泛的构念，包括获取、发展、积累和使用资源（艾森哈特和马丁，2000；萨皮恩扎和戴维森，2006）。在这种情况下，资源获取成为资源整合的一部分，自然也就很少有将两者视为不同的变量来讨论它们之间的关系。但近年来，随着研究的深入，研究人员对变量的划分与选择也越来越细致，上述情形有被突破的迹象。西蒙和希特（2007）就曾在 AMR 上对资源管理的过程进行过详细地描述，他们认为资源管理是一个包括结构化资源组合、整合资源以形成能力及运用资源创造和保持价值的综合性过程。在描述中，我们可以清晰地看到结构化资源组合是获取企业所需资源的过程，不包含在资源整合的范畴之内。他们的观点也得到了一些学者的追随，如蔡莉、单标安、周立媛（2010）发表在《中国工业经济》上的实证性文章就完全采纳了西蒙等（2007）的观点。在本书的研究中，也追随了后面这些学者的观点，在区分资源获取和资源整合的基础上，分析了内外部资源获取与资源整合能力之间的关系，并探讨了资源整合能力对内外部资源获取与从属企业成长绩效关系的影响。这对于西蒙等（2007）的资源管理思想是一种继承和发扬。

第三节 实践启示

一 在商业集团层次上的实践启示

1. 集团层面应努力构建异质性的资源网络，重视提高集团网络资源异质性

在本书的研究中，已经从理论上论证了集团资源异质性对于从属企业的成长绩效具有重要的调节作用。这一结果要求商业集团在扩张过程中需要注意资源异质性网络的构建，以提高集团网络资源的异质性程度，从而有利于从属企业的成长。在现实经济生活中，很多企业努力聚焦于他们的核心能力，并将其他的进行外包或分拆，因此垂直分拆是一种普遍的现象。这种分拆的结果所构成的商业集团网络使得主导企业专注于核心能力的构建，这对于从属企业而言，从主导企业所获资源的不可替代性就会增

加。同时，由于主导企业与分拆出来的从属企业之间在业务活动上本来就有较高的相关性，因此核心度或中心度（centrality）也就会比较高。在这种情形下，从属企业从集团网络中获取资源的异质性程度高，对于其发展也就越有利，而集团对这样的从属企业所形成的控制力也会越强。因此，对于商业集团的发展来讲也是有利的。与此相对的是，在国内有很多是完全非相关多元化发展的商业集团，从属企业与主导企业之间在业务活动和功能上关联度极低，如果不考虑其他条件上的差异，那么对于此类商业集团中的从属企业而言，集团网络资源异质性就相对较弱，从而弱化集团网络对从属企业成长绩效的作用。

2. 集团层面上要充分考虑异地从属企业的合法性压力，对从属企业的合法化给予支持

在异地设立或加入的从属企业相对那些与主导企业同处一地的从属企业而言，会面临更大的合法性压力。由于不同区域的制度环境存在着一定的差异，使得异地从属企业内部合法性与外部合法性的不一致性增强，结果是从属企业在内部合法性和外部合法性两方面均面临较大的压力。这是每个异地从属企业不得不面对的一个问题，但也并不是没有解决的办法。首先来看从属企业的外部合法化问题。对于一个在特定区域内[①]生存的从属企业来说，最为常用的合法化策略为遵从。通常单个从属企业的规模和力量往往不足以支撑其他的合法化策略的实施。这就意味着，从属企业的外部合法化是一种比较被动的选择。其次来看异地从属企业的内部合法化问题。对于获取商业集团的内部合法性，从属企业的合法化策略是有很大可为空间的。对于一个在特定商业集团中的从属企业而言，可以通过操纵（萨奇曼，1995）或者创造（齐默曼和蔡茨，2002）策略改变集团主导企业或核心成员企业的认知基础，从而获取内部合法性，这可以大大地减轻异地从属企业内部合法化的压力。而作为集团来讲，也要充分考虑从属企业的这种合法化压力，适当地配合其操纵或创造策略，对集团内部制度环境做出适当地调整，为异地从属企业松绑，以缓解从属企业的合法化

---

① 为什么在这里强调在特定区域内？（后面还有类似的提法，如在特定的商业集团中）这是因为如果区域不是特定的情况下，商业集团在考虑从属企业合法性压力的情况下，完全有可能使用"选择"策略，选择在制度距离小的区域设立或并入从属企业，从而减轻从属企业的合法化压力。同理，如果不是在特定的商业集团中，企业也可以使用"选择"策略，选择接入内部合法化压力相对较小的商业集团网络。

压力。

二 在商业集团从属企业层次上的实践启示

1. 从属企业要借助集团内部资源获取的优势提升自身的资源整合能力，才能更好地发挥外部资源获取的绩效效应，更好地实现成长

在本书的研究中发现，从属企业资源整合能力对内部资源获取与其成长绩效的关系主要起到了中介性作用，而对外部资源获取与其成长绩效的关系则表现为中介性调节作用。可见，资源整合能力在资源获取的绩效效应中扮演了重要的角色。因此，从属企业首当其冲的是要树立起这样一种意识，重视自身资源整合能力的培养与提升，而不仅仅是"背靠大树"就可以了。在具体操作上，从属企业首先主要是通过与主导企业或核心成员企业之间的互动，依赖于内部资源获取的途径培养自身的资源整合能力。并且在外部资源获取的过程中，不断地壮大和提升这种能力。有了资源整合能力塑造意识的从属企业，会在资源整合能力培养与提升过程中更多地享受到资源获取所产生的绩效利益。因为他们自身有了较高的资源整合能力，就能更好地发挥内外部资源获取的作用。这些从属企业往往能够实现更好的成长绩效，更快地成长。

2. 对不同经营环境下从属企业的资源获取策略及合法化战略选择具有指导意义

首先，就资源获取策略而言，在环境不确定性高和环境包容性低的条件下，从属企业的外部资源获取就显得比较困难，容易导致企业发展所需的资源获取不充分等问题。特别是对于那些新创的以及小型的从属企业而言，由于其外部合法性不足，更容易出现此类问题。因此，在这种环境条件下，从属企业的资源获取策略主要是内部资源获取。相对应地，从属企业至少需要具备较好的内部合法性，并进而利用合法性溢出效应等努力构筑外部合法性。其次，就从属企业的合法化战略而言，在不确定性高和包容性低的环境中，从属企业越需要在战略上重视内外部合法性的构建。因为在这样的环境条件下，无论是内部合法性对从属企业的内部资源获取，还是外部合法性对从属企业的外部资源获取的作用均会变得更为显著。所以，越是在这样的环境中的从属企业越是要关注内外部合法性的构建。最后，从属企业还要注重内外部合法性的协调发展，特别是在高不确定性和低包容性的环境中越要如此。在这种环境条件下，其合法性的战略目标应

该是更大地发挥内外部合法性所产生的协同效果，更好地实现内外部合法性的互补性。而在不确定性低且包容性高共存的环境中，从属企业合法性的战略目标应该是能够实现内外部合法性在高水平上的平衡发展。这样才能达到较好的资源获取水平，从而实现从属企业快速成长的目标。因此，从属企业必须根据不同的环境条件灵活性地综合运用遵从、选择、操纵和创造等多种策略的组合使用以实现相应的合法性战略目标。

3. 为商业集团从属企业指出了四条利用合法性实现成长的具体路径

总体而言，本书对于商业集团从属企业成长的合法性机制的理论研究为从属企业指出了通过合法化实现成长之路。这一总的合法化成长之路可以具体分解为以下两种类型，共四条子路径。本书将这两种类型命名为平行路径和交叉路径。其中，平行路径包括了内部合法化成长路径和外部合法化成长路径。前者是指从属企业可以通过构筑内部合法性以更好地获取集团内部资源，从而推动企业成长绩效的提升，这是一条完全内部化的合法化成长之路。后者是指从属企业通过构筑外部合法性的方式更好地获取外部资源，从而推动企业成长绩效的提升，这是一条完全外部化的合法化成长之路。交叉路径包括资源获取交叉和合法性交叉两种。前者是指从属企业利用内部资源获取来更好地获取外部资源，从而实现自身的快速成长。后者则是指从属企业利用内部合法性的传递效应帮助其更好地构筑外部合法性，进而实现外部资源获取的利益，促进自身的成长。以上这些合法化成长路径，为从属企业如何利用合法性实现成长提供了思路。

第四节　局限与展望

在本章的前文部分，本书对整项研究的主要发现进行了总结，并在对比已有文献的基础上对本项研究可能的理论贡献进行了讨论，也阐述了研究发现对实践的启示性作用。鉴于本书研究能力和水平的局限性以及研究条件的约束性，本项研究也不可避免地存在一些不足之处。具体包括以下几个方面：（1）样本数量上的局限。本书的调研对象为商业集团从属企业，在样本选择时需要对调研对象进行识别和甄选，在这过程中需要投入较大的人力和时间。限于研究时间、人力、物力和财力等方面的因素，最后收集到的有效样本量为227份。样本规模能满足研究所需，未来研究可以通过增加样本数量的方式进一步验证本书的研究结果。（2）除了本书所用的控制变量之外，仍然有其他一些变量可能会对从属企业的资源获取和成长绩效产生影响，如产业因素等。本书为控制调研问卷的长度，只采用了相关研究中常用的控制变量，而没有对上述可能存在影响的其他一些变量进行测量和有效地控制，后续的研究中可以在允许的情况下尽量增加控制变量的数量以得到更为可靠的研究结论。（3）由于研究条件所限，本书所采用的研究方法主要是运用横截面数据的统计分析检验理论模型，这属于一种静态的研究。为进一步检验本书所构理论模型中的因果关系，未来的研究者可以采用更多的纵向研究设计来检验相关的理论框架。

此外，为使后续的研究有较好的连续性，本书认为未来的研究还可以从以下几个方面开展进一步的思考。

（1）未来研究可以更多地尝试跨层次的研究。聚焦于商业集团从属企业的相关研究，无论是关注其成长绩效还是创新绩效均可以从多个层次来考察，这也是近年来商业集团领域研究的发展趋势之一。在本项研究中，本书适当地考虑了跨层次的研究设计，从资源观的视角下讨论了集团网络资源异质性对内部资源获取与从属企业成长绩效关系的影响。但这只是商业集团领域内多层次研究趋势中的一个初步的尝试。未来的研究可以从以下两个方面展开。其一，跨集团和企业两个层次的研究。在关注从属企业绩效的研究当中，已有学者对集团规模（张和蔡，1988）和集团多元化（卡纳和帕利普，1999a）与从属企业绩效的关系进行了探讨，但并未运用多层次研究设计的思想和方法。未来的研究，一方面可以通过跨集团和企业两个层次的设计思想和方法讨论集团规模、集团多元化及资源异质性等对后续研究所关注的焦点问题的影响。另一方面，也可以进一步地探索除此之外的其他一些集团层次的变量，如集团所有制性质，对于后续研究所关注焦点问题的影响。这些研究可以拓展对从属企业绩效效应有影响的集团层次的协变量，对于我们认识商业集团是如何影响从属企业的问题是很有帮助的。其二，跨产业、集团和企业三个层次的研究。在条件成熟的情况下，可以开展更多层次的跨层设计。商业集团从属企业这一角色是研究人员研究多个层次变量之间相互关系的理想对象。肖特等（Short et al.，2007）曾对此进行了尝试，他们分企业、战略集团和产业三个层次探讨了相关变量对企业短期和长期绩效的影响。未来的研究可以此为鉴，进一步在本书的基础上讨论产业层次变量对从属企业成长绩效的影响。这样的研究对于人们认识产业层次的变量是如何影响企业成长的问题是很有帮助的。同时，还可以比较不同层次对企业成长影响的重要性程度。

（2）未来的研究可以进一步探索内部合法性的影响因素及构建策略。首先，本书的子研究设计中，首先从资源观视角下探讨了资源获取对从属企业成长绩效的权变影响，在此基础上又进一步从制度理论的视角讨论了从属企业资源获取差异的成因。如果再进一步地往下深入，可以继续挖掘从属企业合法性的差异问题。在本项研究的文献综述部分可以看到学者们对合法性的一般性前因进行了讨论，后续的研究没必要再去一般性地探讨合法性的前置因素了，而是需要抓住从属企业的情境特点，挖掘造成从属企业内部合法性差异的具体因素。这对于解释从属企业成长差异的问题无疑又更进了一步。其次，可以在讨论内部合法性前置因素的基础上，研究从属企业内部合法性的构建策略问题。已往的学者，如萨奇曼（1995）与齐默曼和蔡茨（2002），对合法性的构建策略已给出了一些研究结论。后续的研究可以结合商业集团的情境，对各种策略在内部合法性构建中的适用条件和具体应用做出分析。这对于从属企业成长的合法化道路具有重要的实践价值。

（3）合法性双元相关研究的推进。在本项研究中，提出合法性双元的概念，并分析了不同环境条件下合法性双元与从属企业资源获取的关系，以及合法性双元与从属企业成长绩效的关系等。由于双元性的相关研究才兴起不久，所以很多问题都有待于进一步的推进。具体而言，可以从以下三个方面进行尝试：第一，关于合法性双元前置因素的探讨。詹森（2009）指出，到目前为止，人们对于双元性前因的理解仍然是很有限的，对于合法性双元也是如此。后续的研究可以在合法性前因的相关文献及本书研究的基础上对合法性双元的前置因素做出探索，找出并分析它们对合法性双元的影响。这类研究对于推进人们对双元性前因的认识是有贡献的。第二，进一步挖掘合法性双元的其他结果变量，并探索合法性它们之间的具体关系。后续的研究可以遵循组织双元性的研究思路，在本项研究的基础上挖掘合法性双元的其他结果变量。并且可以顺此对合法性双元与其他结果变量之间的关系做出分析，还可以进一步地对可能存在的调节因素进行识别和论证。这类研究对于合法性领域及组织双元性领域的研究来讲都具有重要的理论价值。第三，还可以就跨制度距离情境下从属企业内外部合法性的协调机制展开研究。通过本项研究，指出了跨制度距离情境下，从属企业协调内外部合法性的重要性。并且还就内外部合法性协调的资源获取利益和绩效效应进行了分析。但研究并未对如何协调内外部合法性的问题进行深入的讨论。特别是在制度距离较大的情形下,从属企业内外部合法性的协调问题尤为重要。因此,未来的研究可以就跨制度情境下从属企业的内外部合法性的协调机制问题展开进一步地讨论。

参 考 文 献

[1] Acedo, F. J., Barroso, C., Galan, J. L. The Resource - Based Theory: Dissemination and Main Trends, Strategic Management Journal, 2006, 27 (7), 621 - 636.

[2] Acock, A. C., Defleur, M. L. A Configurational Approach to Contingent Consistency in the Attitude - Behavior Relationship. American Sociological Review. 1972, 37 (6), 714 - 726.

[3] Adler, P. S., Borys, B. Two Types of Bureaucracy: Enabling and Coercive. Administrative Science Quarterly, 1996, 41 (2): 61 - 89.

[4] Adler, P. S., Goldoftas, B., Levine, D. I. Flexibility versus Efficiency? A Case Study of Model Changeovers in the Toyota Production System. Organization Science, 1999, 10 (1), 43 - 68.

[5] Ahituv, N., Carmi, N. Measuring the Power of Information in Organizations. Human Systems Management, 2007, 26 (4), 231 - 246.

[6] Ahlstrorn, D., Bruton, G. Learning from Successful Local Private Firms in China: Establishing Legitimacy. Academy of Management Executive, 2001, 15 (4), 72 - 83.

[7] Ahlstrom, D., Bruton, G. D., Yeh, K. S. Private Firms in China: Building Legitimacy in an Emerging Economy. Journal of World Business, 2008, 43 (4), 385 - 399.

[8] Ajinkya, B., Bhojraj, S., Sengupta, P. The Association between Outside Directors, Institutional Investors and the Properties of Management Earnings Forecasts. Journal of Accounting Research, 2005, 43 (3), 343 - 376.

[9] Albuquerue, R., Wang, N. Agency Conflicts, Investment, and Asset

Pricing. Journal of Finance, 2008, 63 (1), 1-40.

[10] Aldrich, H. E. *Organizations and Environments*. Englewood Cliffs, NJ: Prentice Hall, 1990.

[11] Aldrich, H. E., Fiol, C. M. Fools Rush in? The Institutional Context of Industry Creation. Academy of Management Review, 1994, 19 (4), 645-670.

[12] Aldrich, H. E., Kenworthy, A. The Accidental Entrepreneur: Campbellian Antinomies and Organizational Foundings. In Variations in Organization Science: In Honor of Donald T. Campbell, Baum JAC, McKelvey B (eds). Sage: Newbury Park, CA, 1999, 19-33.

[13] Anderson, P., Tushman, M. L. Technological Discontinuities and Dominant Designs: A Cyclical Model of Technological Change. Administrative Science Quarterly, 1990, 35 (4), 604-633.

[14] Antoncic, B., Hisrich R. D. Intrapreneurship: Construct Refinement and Cross-cultural Validation. Journal of Business Venturing, 2001, 16 (5), 495-527.

[15] Appiah-Adu, K., Ranchhod, A. Market Orientation and Performance in the Biotechnology Industry: An Exploratory Empirical Analysis. Technology Analysis and Strategic Management, 1998, 10 (2), 197-210.

[16] Astley, W. G. The two ecologies: Population and Community Perspectives on Organizational Evolution. Administrative Science Quarterly, 1985, 30 (2), 224-241.

[17] Autio, E., Sapienza, H. J., Almeida, J. Effects of Age at Entry, Knowledge Intensity and Imitability on Inter national Growth. Academy of Management Journal, 2000, 43 (5), 909-924.

[18] Arora, A., Fosfuri, A., Gambardella, A. Markets for Technology: The Economics of Innovation and Corporate Strategy. Industrial and Corporate Change, 2001, 10 (2), 419-451.

[19] Ashforth, B. E., Gibbs, B. W. The Double-edge of Organizational Legitimation. Organization Science, 1990, 1 (2), 177-194.

[20] Atuahene-Gima, K. Resolving the Capability-rigidity Paradox in New Product Innovation. Journal of Marketing, 2005, 69, 61-83.

[21] Belenzon, S., Berkovitz, T. Business Group Affiliation, Financial Development and Market Structure: Evidence from Europe. 2008, Available from SSRN: http://ssrn.com/abstract = 1086882.

[22] Belderbos, R., Sleuwaegen, L. Japanese Firms and the Decision to Invest Abroad: Business Groups and Regional Core Networks. Review of Economics and Statistics, 1996, 78 (2), 214 – 220.

[23] Barney, J. FirmResources and Competitive Advantage. Journal of Management, 1991, 17 (1), 99 – 120.

[24] Barreto, I., Baden – Fuller, C. To Conform or to Perform? Mimetic Behaviour, Legitimacy – based Groups and Performance Consequences. Journal of Management Studies, 2006, 43 (7), 1560 – 1581.

[25] Batjargal, B. ComparativeSocial Capital: Networks of Entrepreneurs and Venture Capitalists in China and Russia. Management and Organization Review, 2007, 3 (3), 397 – 419.

[26] Baum, J. A., Oliver, C. Institutional Linkages and Organizational Mortality. Administrative Science Quarterly, 1991, 36 (2), 187 – 219.

[27] Baum, J. A. C., Korn, H. J. Kotha, S. Dominant Designs and Population Dynamics in Telecommunications Services: Founding and Failure of Fascimile Transmission Service Organizations, 1965 – 1992. Social Science Research, 1995, 24 (2), 97 – 135.

[28] Baum, J. R., Locke, E. A., Kirkpatrick, S. A. A Longitudinal Study of the Relation of Vision and Vision Communication to Venture Growth in Entrepreneurial Firms. Journal of Applied Psychology, 1998, 83 (1), 43 – 54.

[29] Baum, J. R., Locke, E. A. The Relationship of Entrepreneurial Traits, Skill, and Motivation to Subsequent Venture Growth. Journal of Applied Psychology, 2004, 89 (4), 587 – 598.

[30] Bee, H. J. H. S., Mohamed, H. J. N., Latiff, A., Hassan, A. Rise and Fall of Knowledge Power: An in Depth Investigation. Humanomics, 2008, 24 (1), 17 – 27.

[31] Berger, P., Ofek, E. Diversification's Effect on Firm Value. Journal of Financial Economics, 1995, 37 (1), 39 – 65.

[32] Bertrand, M., Mehta, P. Mullainathan, S. Ferreting out Tunnelling: An Application to Indian Business Groups. Quarterly Journal of Economics, 2002, 117 (1), 121-148.

[33] Bierly, P., Daly, P. S. Exploration and Exploitation in Small Manufacturing Firms. 61th Annual Meeting Acad. Management, Washington D. C., 2001.

[34] Boisot, M., Child, J. From Fiefs to Clans and Network Capitalism: Explaining Chinaps Emerging Economic Order. Administrative Science Quarterly, 1996, 41 (4), 600-628.

[35] Boyd, B. Corporate Linkage and Organizational Environment: A Test of the Resource Dependence Model. Strategic Management Journal, 1990, 11 (6), 419-430.

[36] Bradach, J. L., Eccles R. G. Markets versus Hierarchies: From Ideal Types to Plural Forms. In W. R. Scott (ed.), *Annual Review of Sociology*, Vol. 15. Annual Reviews Inc., Palo Alto, CA, 1989.

[37] Brittain, J. W., Freeman, J. H. Organizational Proliferation and Density Dependent Selection. In J. R. Kimberly, R. H. Miles, & Associates (Eds.), *The Organization Life Cycle: 291-338*. San Francisco: Jossey-Bass, 1990.

[38] Brown, A. D. Narcissism, Identity, and Legitimacy. Academy of Management Review, 1997, 22 (3), 643-686.

[39] Brown, N. Deegan, C. ThePublic Disclosure of Environmental Performance Information: A Dual Test of Media Agenda Setting Theory and Legitimacy Theory. Accounting and Business Research, 1998, 29 (1), 21-41.

[40] Brush, C. G., Greene, P. G., Hart, M. M. From Initial Idea to Unique Advantage: The Entrepreneurial Challenge of Constructing a Resource Base. Academy of Management Executive, 2001, 15 (1), 64-80.

[41] Buillen, M. Business Groups in Emerging Economies: A Resource-based View. Academy of Management Journal, 2000, 43 (3), 362-380.

[42] Cainelli, G., Iacobucci, D., Morganti, E. Spatial Agglomeration and Business Groups: New Evidence from Italian Industrial Districts. Regional

Studies, 2006, 40 (5), 507 – 518.

[43] Cao, Q., Gedajlovic, E., Zhang, H. Unpacking Organizational Ambidexterity: Dimensions Contigencies, and Synergistic Effects. Organization Science, 2009, 20 (4), 781 – 796.

[44] Cao, Q., Simsek, Z., Zhang, H. Modelling the Joint Impact of the CEO and the TMT on Organizational Ambidexterity. Journal of Management Studies, 2010, 47 (7), 1272 – 1296.

[45] Carney, M. Globalization and the Renewal of Asian Business Networks. Asia Pacific Journal of Management, 2005, 22 (4), 337 – 354.

[46] Carney, M., Shapiro, D., & Tang, Y. Business Group Performance in China: Ownership and Temporal Considerations. Management and Organization Review, 2009, 5 (2), 167 – 193.

[47] Carrera, A., Mesquita, L., Perkins G., Vassolo, R. Business Groups and Their Corporate Strategies on the Argentine Roller Coaster of Competitive and Anti – Competitive Shocks. The Academy of Management Executive, 2003, 17 (3), 32 – 44.

[48] Carroll, G. R. Hannan, M. T. Density Dependence in the Evolution of Populations of Newspaper Organizations. American Sociological Review, 1989, 54 (4), 524 – 541.

[49] Casson, M. *The Entrepreneur*. Totowa, NJ: Barnes & Noble Books, 1982.

[50] Castrogiovanni, G. J. Environmental Munificence: A Theoretical Assessment. Academy of Management Review, 1991, 16 (3), 542 – 565.

[51] Caves, R., Uekusa, M. *Industrial Organization in Japan*. Washington, DC: The Brookings Institution, 1976.

[52] Cegarra – Navarro, JG., Dewhurst, F. Linking Organizational Learning and Customer Capital through an Ambidexterity Context: An Empirical Investigation in SMEs. International Journal of Human Resource Management, 2007, 18 (10), 1720 – 1735.

[53] Certo, S. T. Top Management Team Prestige and Organizational Legitimacy: An Examination of Investor Perceptions. Journal of Managerial Issues, 2007, 19 (4), 461 – 477.

[54] Chan, C. M., Makino, S. Legitimacy and Multi-level Institutional Environments: Implications for Foreign Subsidiary Ownership Structure. Journal of International Business Studies, 2007, 38 (4), 621-638.

[55] Chang, S. OwnershipStructure, Expropriation, and Performance of Group-affiliated Companies in Korea. Academy of Management Journal, 2003, 46 (2), 238-253.

[56] Chang, S. J., Choi, U. Strategy, Structure, and Performance of Korean Business Groups: A Transactions Cost Approach. Journal of Industrial Economics, 1988, 37 (2), 141-158.

[57] Chang, S. J. Hong, J. Economic Performance of Group-affiliated Companies in Korea: Intragroup Resource Sharing and Internal Business Transactions. Academy of Management Journal, 2000, 43 (3), 429-448.

[58] Chang, S. J. Hong, J. How Much Does the Business Group Matter in Korea? Strategic Management Journal, 2002, 23 (3), 265-274.

[59] Chang, S. J., Chung, C. N., Mahmood, I. P. When and How Does Business Group Affiliation Promote Firm Innovation? A Tale of Two Emerging Economies. Organization Science, 2006, 17 (5), 637-656.

[60] Chell, E. The Entrepreneurial Personality: A Few Ghosts Laid to Rest. International Small Business Journal, 1985, 3 (3), 43-54.

[61] Chell, E. Towards Researching the "Opportunistic Entrepreneur": A Social Constructionist Approach and Research Agenda. European Journal of Work & Organizational Psychology, 2000, 9 (1), 63-81.

[62] Chen, H., Griffith, D., Hu, M. The Influence of Liability of Foreignness on Market Entry Strategies: An Illustration of Market Entry in China. International Marketing Review, 2006, 23 (6), 636-649.

[63] Cheung, E. W. L., Li, H., Love, P. E. D., Irani, Z. Strategic Alliances: A Model for Establishing Long-term Commitment to Inter-organizational Relations in Construction. Build Environ, 2004, 39 (4), 459-468.

[64] Child, J. Organizational Structure, Environment and Performance: The Role of Strategic Choice. Sociology, 1972, 6 (1), 1-22.

[65] Chittoor, R., Ray, S., Aulakh, P. S. et al. Strategic Responses to In-

stitutional Changes: "Indigenous Growth" Model of the Indian Pharmaceutical Industry. Journal of International Management, 2008, 14 (3), 252-269.

[66] Choo, K., Lee, K., Ryu, K., Yoon, J. Performance Change of the Business Groups in Korea over Two Decades: Investment Inefficiency and Technological Capabilities. Economic Development and Cultural Change, 2009, 57 (2), 359-386.

[67] Chung, C. N. Markets, Culture and Institutions: The Emergence of Large Business Groups in Taiwan, 1950s-1970s. Journal of Management Studies, 2001, 38 (5), 2322-2380.

[68] Collin, S. O. WhyAre These Islands of Conscious Power Found in the Ocean of Ownership? Institutional and Governance Hypotheses Explaining the Existence of Business Groups in Sweden. Journal of Management Studies, 1998, 35 (6), 719-746.

[69] Conner, K. R., Prahalad, C. K. A Resource Based Theory of Firm: Knowledge versus Opportunism. Organization Science, 1996, 7 (5), 477-501.

[70] Cuervo-Cazurra, A. Business Groups and Their Types. Asian Pacific Journal of Management, 2006, 23 (4), 419-437.

[71] Dacin, M. T., Oliver, C., Roy, J. P. The Legitimacy of Strategic Alliances: An Institutional Perspective. Strategic Management Journal, 2007, 28 (2), 169-187.

[72] Daft, R. L., Sormunen, J., Parks, D. Chief Executive Scanning, Environmental Characteristics and Company Performance: An Empirical Study. Strategic Management Journal, 1988, 9 (2), 123-139.

[73] Davidsson, P. Continued Entrepreneurship: Ability, Need, and Opportunity as Determinants of Small Firm Growth, Journal of Business Venturing, 1991, 6, 405-429.

[74] Davis, K. The Case for and Against Business Assumption of Social Responsibility. Academy of Management Journal, 1973, 16 (2), 312-322.

[75] Decarolis, D. M., Deeds, D. L. The Impact of Stocks and Flows of Organizational Knowledge on Firm Performance: An Empirical Investigation

of the Biotechnology Industry. Strategic Management Journal, 1999, 20 (10), 953 - 968.

[76] Deeds, D. L., Mang, P. Y., Frandsen, M. The Quest for Legitimacy: A Study of Biotechnology IPO's. Paper presented at the annual meeting of the Academy of Management, Boston, 1997.

[77] Deephouse, D. Does Isomorphism Legitimate? Academy of Management journal, 1996, 39 (4), 1024 - 1039.

[78] Deephouse, D. L., Carter, S. M. An Examination of Differences between Organizational Legitimacy and Organizational Reputation. Journal of Management Studies, 2005, 42 (2), 329 - 360.

[79] Delmar, F., Wiklund, J. Growth Motivation and Growth: Untangling Causal Relationships. Academy of Management Best Conference Paper, 2003.

[80] Demsetz, H. The Theory of the Firm Revisited. Journal of Law, Economics and Organization, 1988, 4, 76 - 115.

[81] Dess, G. G. Beard, D. W. Dimensions of Organizational Task Environments. Administrative Science Quarterly, 1984, 29 (1), 52 - 73.

[82] Dierickx, I. Cool, K. Asset Stock Accumulation and Sustainability of Competitive Advantage. Management Science, 1989, 35 (12), 1504 - 1511.

[83] DiMaggio, P., Powell, W. The Iron Cage Revisited: Institutional Isomorphism and Collective Rationality in Organizational Fields. American Socioiogical Review, 1983, 48, 147 - 160.

[84] DiMaggio, P. Interest and Agency in Institutional Theory, in Lynne G. Zucker, ed. *Institutional Pattems and Organizations*, Cambridge, MA: BalUnger PubUshing, 1988, 3 - 22.

[85] DiMaggio, P. J., Walter W. P. *Introduction to the New Institutionalism in Organization Studies*, the University of Chicago Press, 1991.

[86] Dowling, J., Pfeffer, J. Organizational Legitimacy: Social Values and Organizational Behavior. Pacific Sociological Review, 1975, 18 (1), 122 - 136.

[87] Dranove, D., Shanley, M. CostReductions or Reputation Enhancement as Motives for Mergers: The Logic of Multi - hospital Systems. Strategic

Management Journal, 1995, 16, 55 – 74.

[88] Duncan, R. B. Characteristics of Organizational Environments and Perceived Environmental Uncertainty. Administrative Science Quarterly, 1972, 17 (3), 313 – 327.

[89] Duncan, R. The Ambidextrous Organization: Designing Dual Structures for Innovation. Management of Organization, 1976, 1, 167 – 188.

[90] Dyer, J. H., Singh, H. The Relational View: Cooperative Strategy and Sources of Inter – organizational Competitive advantage. Academy of Management Review, 1998, 23 (4), 660 – 679.

[91] Eisenhardt, Kathleen M. Agency Theory: An Assessment and Review. Academy of Management Review, 1989, 14 (1), 57 – 74.

[92] Eisenhardt, K. M., Martin, J. A. Dynamic Capabilities: What are They? Strategic Management Journal, 2000, 21 (4), 1105 – 1121.

[93] Ellison, S. D., Miller, D. W. Beyond ADR: Working toward Synergistic Strategic Partnership. ASCE, Journal of Management Engineering, 1995, 11 (6), 44 – 54.

[94] Elsbach, K. D. ManagingOrganizational Legitimacy in the California Cattle Industry: The Construction and Effectiveness of Verbal Accounts. Administrative Science Quarterly, 1994, 39 (1), 57 – 88.

[95] Emery, F. E., Trist, E. L. The Causal Texture of Organizational Environments. Human Relations, 1965, 18 (1), 21 – 32.

[96] Estrin, S., Poukliakova, S., Shapiro, D. The Performance Effects of Business Groups in Russia. Journal of Management Studies, 2009, 46 (3), 393 – 420.

[97] Ettlie, J. E. *Taking Charge of Manufacturing: How Companies are Combining Technological and Organizational Innovations to Compete Successfully.* Jossey – Bass: San Francisco, CA, 1988.

[98] Fligstein, N. TheStructural Transformation of American Industry: An Institutional Account of the Causes of Diversification in the Largest Firms. In W. W. Powell & P. J. DiMaggio (Eds.), *the New Institutionalism in Organizational Analysis: 311 – 336.* Chicago: University of Chicago Press, 1991.

[99] Floyd, S., Lane, P. Strategizing throughout the Organization: Managing Role Conflict in Strategic Renewal. Academy of Management Review, 2000, 25, 154 – 177.

[100] Fombrun, C. Corporate Reputations as Economic Assets, in M. Hitt, R. E. Freeman and J. S. Harrison (eds), *The Blackwell Handbook of Strategic Management*, Malden, MA, Blackwell, 2005.

[101] Forstenlechner, I., Mellahi, K. Gaining Legitimacy through Hiring Local Workforce at a Premium: The Case of MNEs in the United Arab Emirates. Journal of World Business, 2010, 46 (4), 455 – 461.

[102] Frye, T. Original Sin, Good Work and Property Rights in Russia: Evidence from a Survey Experiment. Working Paper Series No. 811, William Davidson Institute, 2005.

[103] Galaskiewicz, J. Interorganizational Relations. Annual Review of Sociology, 1985, 11, 281 – 304.

[104] Garg, M., Delios, A. Survival of the Foreign Subsidiaries of TMNCs: The Influence of Business Group Affiliation. Journal of International Management, 2007, 13 (3), 278 – 295.

[105] Gatignon, H., Anderson, E. The Multinational Corporation's Degree of Control over Foreign Subsidiaries: An Empirical Test of a Transaction Cost Explanation. Journal of Law, Economics and Organization, 1988, 4 (2), 305 – 335.

[106] Gerlach, M. *Alliance capitalism: The Social Organization of Japanese Business*. Berkeley: University of California Press, 1992.

[107] Ghemawat, P., Khanna, T. The Nature of Diversified Business Groups: A Research Design and Two Case Studies. Journal of Industrial Economics, 1998, 46 (1), 35 – 61.

[108] Gibson, C. B., Birkinshaw, J. The Antecedents, Consequences, and Mediating Role of Organizational Ambidexterity. Academy of Management Journal, 2004, 47 (2), 209 – 226.

[109] Goll, I., Rasheed, A. A. The Effect of Environment on the Relationship between Social Responsibility and Performance. Academy of Management Proceedings, 2002.

[110] Goll, I., Rasheed, A. A. The Moderating Effect of Environmental Munificence and Dynamism on the Relationship between Discretionary Social Responsibility and Firm Performance. Journal of Business Ethics, 2004, 49 (1), 41 - 54.

[111] Goto, A. Business Groups in a Market Economy. European Economic Review, 1982, 19 (1), 53 - 70.

[112] Granovetter, M. Economic Action and Social Structure: The Problem of Embeddedness. The American Journal of Sociology, 1985, 91 (3), 481 - 510.

[113] Granovetter, M. Business Groups, in N. J. Smelser and R. Swedberg (eds.), *The Handbook of Economic Sociology*. Princeton: Princeton University Press, 1994.

[114] Granovetter, M. Coase Revisited: Business Groups in the Modern Economy. Industrial and Corporate Change, 1995, 4 (1), 93 - 130.

[115] Grant, R. M. The Resource - based Theory of Competitive Advantage: Implications for Strategy Formulation. California Management Review, 1991, 33 (3), 114 - 135.

[116] Guest, P., Sutherland, D. The Impact of Business Group Affiliation on Performance: Evidence from China's "national champions". Cambridge Journal of Economics, 2010, 34 (4), 617 - 631.

[117] Guillen, M. F. BusinessGroups in Emerging Economies: A Resource - based View. Academy of Management Journal, 2000, 43 (3), 362 - 380.

[118] Gupta, A. K., Smith, K. G., Shalley, C. E. The Interplay between Exploration and Exploitation. Academy of Management Journal, 2006, 49 (4): 693 - 706.

[119] Grant, R. M. The Resource - based Theory of Competitive Advantage: Implications for Strategy Formulation. California Management Review, 1991, 33 (3), 114 - 135.

[120] Haber, S., Reichel, A. Identifying Performance Measures of Small Ventures: The Case of the Tourism Industry. Journal of Small Business Management, 2005, 43 (3), 257 - 286.

[121] Hamilton, G. G. Asian Business Networks. New York: Walter de Gruyter, 1996.

[122] Hamilton, G. G. Biggart, N. W. Market, Culture, and Authority: A Comparative Analysis of Management and Organization in the Far East. American Journal of Sociology, 1988, 94 (Supplement), S52 – S94.

[123] Hannan, M., Freeman, J. Organizational Ecology. Cambridge, MA: Harvard University Press, 1989.

[124] Hatch, M. OrganizationTheory: Modern, Symbolic and Postmodern Perspectives, Oxford: Oxford University Press, 1997.

[125] Hawawini, G., Subramanian, V., Verdin, P. Is Performance Driven by Industry or Firm – specific Factors? A New Look at the Evidence. Strategic Management Journal, 2003, 24 (1), 1 – 16.

[126] Hawley, A. Human ecology. In Interna – tional Encyclopaedia of the Social Sciences, ed. D. Sills, pp. 328 – 337. New York: Macmillan, 1968.

[127] Hayward, M. L., Hambrick, D. C. Explaining Premiums Paid for Large Acquisitions: Evidence of CEO Hubris. Administrative Science Quarterly, 1997, 42 (1), 103 – 127.

[128] He and Wong. Exploration vs Exploitation: An Empirical Test of the Ambidexterity Hypothesis. Organization Science, 2004, 15 (4), 481 – 494.

[129] Henderson, A. Firm Strategy and Age Dependence: A Contingent View of the Liabilities of Newness, Adolescence, and Obsolescence. Administrative Science Quarterly, 1999, 44 (2), 281 – 314.

[130] Higgins, M. C., Gulati, R. Getting off to a Good Start: The Effects of Upper Echelon Affiliations on Underwriter Prestige. Organization Science, 2003, 14 (3), 244 – 264.

[131] Hill, R. C. & Hellriegel D. Critical Contingencies in Joint Venture Management: Some Lessons from Managers. Organization Science, 1994, 5 (4), 594 – 607.

[132] Hill, C. W. L., Hoskisson, R. E., Strategy and Structure in the Multiproduct Firm. Academy of Management Review, 1987, 12 (2),

331 – 341.

[133] Hitt, M. A., Ireland, R. D., Hoskisson, R. E. *Strategic Management*: *Competitiveness and Globalization*. St. Paul: West, 1995.

[134] Hitt, M. A., Dacin, M. T., Levitas, E., Arregle, J., Borza, A. Partner Selection in Emerging and Developed Market Contexts: Resource – based and Organizational Learning Perspectives. Academy of Management Journal, 2000, 43 (3), 449 – 467.

[135] Hirsch, P. M., Andrews, J. A. Y. "Administrators' Response to Performance and Value Challenges: Stance, Symbols, and Behavior". In Sergiovanni, T. J. and Corbally, J. E. (Eds), *Leadership and Organizational Culture*. Urbana, IL: University of Illinois Press, 1984.

[136] Hofstede, G. Culture's *Consequences*: *Comparing Values*, *Behaviors*, *Institutions*, *and Organizations Across Nations*, 2nd edition. Thousand Oaks, CA: Sage, 2001.

[137] Hoskisson, R. E. Multidivisional Structure and Performance: The Contingency of Diversification Strategy. Academy of Management Journal, 1987, 30 (4), 625 – 644.

[138] Hoskisson, R. E., Cannella, A. A., Tihanyi, L., Faraci, R. Asset Restructuring and Business Group Affiliation in French Civil Law Countries. Strategic Management Journal, 2004, 25 (6), 525 – 539.

[139] House, R. J., Hanges, P. J., Javidan, M., Dorfman, P. W., Gupta, V. *Culture*, *Leadership*, *and Organizations*: *The GLOBE Study of 62 Societies*. Thousands Oaks, CA: Sage Publications, 2004.

[140] Hsieh, T. J., Yeh, R. S., Chen, Y. J. Business Group Characteristics and Affiliated Firm Innovation: The Case of Taiwan, Industrial Marketing Management, Industrial Marketing Management, 2010, 39 (4), 560 – 570.

[141] Hunt, C. S., Aldrich, H. E. Why even Rodney Dangerfield has a Home Page: Legitimizing the World Wide Web as a Medium for Commercial Endeavors. Paper Presented at the Annual Meeting of the Academy of Management, Cincinnati, OH, 1996.

[142] Iacobucci, D. Explaining Business Groups Started by Habitual Entrepre-

neurs in the Italian Manufacturing Sector, Entrepreneurship and Regional Development, 2002, 14 (1), 31 – 48.

[143] Iacobucci, D., Rosa, P. Growth, Diversification and Business Group Formation in Entrepreneurial Firms. Small Business Economics, 2005, 25 (1), 65 – 82.

[144] Im and Rai. KnowledgeSharing Ambidexterity in Long – term Interorganizational Relationships. Management Science, 2008, 54 (7), 1281 – 1296.

[145] Jacoby, N. H. The Conglomerate Corporation. Financial Analysts Journal, 1970, 26 (3), 35 – 48.

[146] Jameson, M., Sullivan, M. J., Constand, R. L. Ownership Structure and Performance of Japanese Firms: Horizontal Keiretsu, Vertical Keiretsu, and Independents. Review of Pacific Basin Financial Markets and Policies, 2000, 3 (4), 535 – 556.

[147] Jansen, J. J. P., van den Bosch, F. A. J., Volberda, H. W. Exploratory Innovation, Exploitative Innovation, and Performance: Effects of Organizational Antecedents and Environmental Moderators. Management Science, 2006, 52 (11), 1661 – 1674.

[148] Javidan, M., House, R. J. Cultural Acumen for Global Managers: Lessons from Project GLOBE. Organizational Dynamics, 2001, 29 (4), 289 – 305.

[149] Jerez – Gómez, P., Céspedes – Lorentea, J., Valle – Cabrerab, R. Organizational Learning Capability: A proposal of Measurement, Journal of Business Research, 2005, 58 (6), 715 – 725.

[150] Johnson, S., Lopez – de – Silanes, F., La Porta, R., Shleifer, A. Tunnelling. American Economic Review Papers and Proceedings, 2000, 90 (2), 22 – 27.

[151] Jorgensen, J. J., Hafsi, T., Kiggundu, M. N. Market Imperfections and Organizational Structtire: The LDC Perspective. In Kindra, G. S. (Ed.), *Marketing in Developing Countries*. New York: St Martin's Press, 1986.

[152] Jourdan, Z., Rainer, R. K., Marshall T. E. Business Intelligence: An Analysis of the Literature. Information Systems Management, 2008,

25 (2), 121 - 131.

[153] Justin J. P. Jansen, Gerard George, Frans AJ. Van den Bosch, Henk W. Volberda. Senior Team Attributes and Organizational Ambidexterity: The Moderating Role of Transformational Leadership. Journal of Management Studies, 2008, 45 (5), 982 - 1007.

[154] Justin J., Jansen P., Michiel P., Tempelaar, Frans A. J. Van den Bosch, Henk W. Volberda. Structural Differentiantion and Ambidexterity: The Mediating Role of Integration Mechanisms. Organization Science, 2009, 20 (4), 797 - 811.

[155] Kao, J. The World Wide Web of Chinese Business. Harvard Business Review, 1993, 71 (2), 24 - 34.

[156] Keats, B. W., Hitt, M. A. A Causal Model of Linkages among Environmental Dimensions, Macro Organizational Characteristics and Performance. Academy of Management Journal, 1988, 31 (3), 570 - 598.

[157] Kedia B. L., Mukherjee D., Lahiri S. Indian Business Groups: Evolution and Transformation. Asian Pacific Journal of Management, 2006, 23 (4), 559 - 577.

[158] Keister, L. Engineering Growth: Business Group Structure and Firm Performance in China's Transition Economy. American Journal of Sociology, 1998, 104 (2), 404 - 440.

[159] Keister, L. *Chinese Business Groups: The Structure and Impact of Interfirm Relations during Economic Development*. Oxford University Press: Oxford, New York, 2000.

[160] Kennedy, S. The Stone Group: State Client or Market Path Breaker. China Quarterly, 1997, 152, 746 - 777.

[161] Khandwalla, P. N. *The Design of Organizations*. New York: Harcourt Brace Jovanovich, 1976.

[162] Khanna, T. Business Groups and Social Welfare in Emerging Markets: Existing Evidence and Unanswered Questions. European Economic Review, 2000, 44 (4 - 6), 748 - 761.

[163] Khanna, T., Palepu, K. Is Group Affiliation Profitable in Emerging Markets? An Analysis of Diversified Indian Business Groups. Journal of

Finance, 1997, 55 (4), 867 - 891.

[164] Khanna, T., Palepu, K. National Bureau of Economic Research. Working Paper, 1999a.

[165] Khanna, T., Palepu, K. TheFuture of Business Groups in Emerging Markets: Long - run Evidence from Chile. Academy of Management Journal, 2000a, 43, 268 - 285.

[166] Khanna, T., Palepu, K. Is Group Affiliation Profitable in Emerging Markets? An Analysis of Diversified Indian Business Groups. The Journal of Finance, 2000b, 55 (2), 867 - 891.

[167] Khanna, T., Rivkin, J. Estimating the Performance Effects of Networks in Emerging Markets. Strategic Management Journal, 2001, 22 (1), 45 - 74.

[168] Khanna, T., Yafeh, Y. *Business Groups and Risk Sharing around the World*. Mimeo. Harvard Business School and Hebrew University, 1999.

[169] Khanna, T., Yafeh, Y. Business Groups in Emerging Markets: Paragons or Parasites? Journal of Economic Literature, 2007, 45 (2), 331 - 372.

[170] Kim, H., Hoskisson, R., & Wan, W. P. Power Dependence, Diversification Strategy, and Performance in Keiretsu Member Firms. Strategic Management Journal, 2004 (25), 613 - 636.

[171] Kirzner, I. M. *Competition and Entrepreneurship*. Chicago: University of Chicago Press, 1978.

[172] Knight, F. *Risk, Uncertainty and Profit*. New York: Augustus Kelley, 1921.

[173] Knoke, D. "ThePolitical Economies of Associations". In Braungart, R. G. and Braungart, M. M. (Eds), *Research in Political Sociology*, Vol. 1 Greenwich, CT: JAI Press, 1985.

[174] Koberg C. S. Resource, Environmental Uncertainty, and Adaptive Organizational Behavior. Academic Management Journal, 1987, 30 (4), 798 - 807.

[175] Kohli, A. K., Jaworski, B. J. Market Orientation: The Construct, Research Propositions, and Managerial Implications. Journal of Market-

ing, 1990, 54 (2), 1 – 18.

[176] Kolvereid, L., Bullvåg, E. Growth Intentions and Actual Growth: The Impact of Entrepreneurial Choice. Journal of Enterprising Culture, 1996, 4 (1), 1 – 17.

[177] Kostova, T., Zaheer, S. Organizational Legitimacy under Conditions of Complexity: The Case of the Multinational Enterprise. Academy of Management Review, 1999, 24 (1), 308 – 324.

[178] Kozlowski, S. W. J., Klein, K. J. A Multilevel Approach to Theory and Research in Organizations: Contextual, Temporal, and Emergent Processes. In K. J. Klein and S. W. J. Kozlowski (eds.), *Multilevel Theory, and Methods in Organizations: Foundations, Extensions, and New Directions*: 3 – 90. San Francisco: Jossey – Bass, 2000.

[179] Kumar, R., Das, T. K. Interpartner Legitimacy in the Alliance Development Process. Journal of Management Studies, 2007, 44 (8), 1425 – 1453.

[180] Lamont, O. Cash flow and investment: Evidence from Internal Capital Markets. Journal of Finance, 1997, 52 (3), 83 – 109.

[181] Lane, P. J., Lubatkin, M. Relative Absorptive Capacity and Interorganizational Learning. Strategic Management Journal, 1998, 19 (5), 461 – 477.

[182] Lang, L., Stulz, R., Tobin's q, Corporate Diversification, and Firm Performance. Journal of Political Economy, 1994, 102 (61), 1248 – 1280.

[183] La Porta, R., Lopez – de – Silanes, F., Shleifer, A. Corporate Ownership around the World. Journal of Finance, 1999, 54 (2), 471 – 517.

[184] Laursen, K., Mahnke, V., Hansen, PV. *Firm Growth from a Knowledge Structure Perspective*. Department of Industrial Economics and Strategy, Copenhagen Business School, 1999.

[185] Lawrence, P., Lorsch, J. *Organizational and Environment: Managing Differentiation and Integration*. Boston: Harvard University, Graduate School of Business Administration, Division of Research, 1967.

[186] Lee, K., Jin, X. The Origins of Business Groups in China: An Empirical Testing of the Three Paths and Three Theories. Business History, 2009, 51 (1), 77-99.

[187] Lee, J. Y., MacMillan, I. C. Managerial Knowledge - sharing in Chaebols and Its Impact on the Peformance of Their Foreign Subsidiaries. International Business Review, 2008, 17 (5), 533-545.

[188] Lee, K., Peng, M. W., Lee, K. From Diversification Premium to Diversification Discount during Institutional Transition. Journal of World Business, 2008, 43 (1), 47-65.

[189] Leff, N. IndustrialOrganization and Entrepreneurship in the Developing Countries: The Economic Group. Economic Development and Cultural Change, 1978, 26 (4), 661-676.

[190] Lensink, R., Molen, R. Does Group Affiliation Increase Firm Value for Diversified Groups? New Evidence from Indian Companies. Journal of Empirical Finance, 2010, 17 (3), 332-344.

[191] Levinthal, D. A., March, J. G. The Myopia of Learning. Strategic Management Journal, 1993, 14 (S2), 95-112.

[192] Liao, T. J., Yu, C. M. J. Knowledge Transfer, Regulatory Support, Legitimacy, and Financial Performance: The Case of Foreign Firms Investing in China. Journal of World Business, 2010, 47 (1), 114-122.

[193] Lieberson, S., O'Connor, I. F. Leadership and Organizational Performance: A Study of Large Corporations. American Sociological Review, 1972, 37 (2), 117-130.

[194] Lincoln, J. R., Gerlach, M. L., Ahmadjian, C. L. Keiretsu Networks and Corporate Performance in Japan. American Sociological Review, 1996, 61, 67-88.

[195] Lipset, S. M. Values and Entrepreneurship in the Americas. In R. Swedberg (Ed.), *Entrepreneurship: The Social Science View* (pp. 112-113). Oxford University Press, 2000.

[196] Lounsbury, M., Glynn M. A. Cultural Entrepreneurship: Stories, Legitimacy, and the Acquisition of Resources. Strategic Management Jour-

na, 2001, 22, 545 – 564.

[197] Lu J. W. , & Xu D. Growth and Survival of International Joint Ventures: An External – Internal Legitimacy Perspective. Journal of Management, 2006, 32 (3), 426 – 448.

[198] Lubatkin, M. H. , Simsek, Z. , Ling, Y. , &Veiga, J. F. Ambidexterity and Performance in Small – to Mediumsized Firms: The Pivotal Role of Top Management Team Behavioral Integration. Journal of Management, 2006, 32 (5), 646 – 672.

[199] Luigi, M. De Luca, & Kwaku, A. G. Market Knowledge Dimensions and Cross – functional Collaboration: Examining the Different Routes to Product Innovation Performance. Journal of Marketing, 2007, 71 (1): 95 – 112.

[200] Luo, J. D. The Significance of Networks in the Initiation of Small Businesses in Taiwan. Sociological Forum, 1997, 12 (2), 297 – 317.

[201] Luo, Y. D. *Guanxi and Business*. Singapore: World Scientific Publishing, 2007.

[202] Luo, X. W. , Chung, C. N. Keeping It All in the Family: The Role of Particularistic Relationship in Business Groups Performance during Institutional Transition. Administrative Science Quarterly, 2005, 50 (3), 404 – 439.

[203] Madhok, A. , Tallman, S. B. Resources, Transactions and Rents: Managing Value through Interfirm Collaborative Relationships. Organization Science, 1998, 9 (3), 326 – 339.

[204] Mahmood, I. , Mitchell, W. Two Faces: Effects of Business Group Market Share on Innovation in Emerging Economies. Management Science, 2004, 50 (10), 1348 – 1365.

[205] Mahmood, I. , Rufin, C. Government's dilemma: The Role of Government in Imitation and Innovation. Academy of Management Review, 2005, 30 (2), 338 – 360.

[206] Maman, D. The Emergence of Business Groups: Israel and South Korea Compared. Organization Studies, 2002, 23 (5), 737 – 758.

[207] March, J. G. Exploration and Exploitation in Organizational Learning.

Organization Science, 1991, 2 (1), 71 -87.

[208] Marris, R. *The Economic Theory of Managerial Capitalism*. London: Macmillan, 1964.

[209] Martin, J. Institutional Theory: Explaining Organizational Similarity. Contemporary Psychology, 1990, 35 (3), 231 -232.

[210] Martin, J. QuestioningAssumptions of Legitimacy in Organizational Theory: Implications of "Distributive Justice Research", in K. Mumighan, ed.. *Advances in Organizational Social Psychology*, Englewood Cliffs, NJ: Prentice -Hall, 1991.

[211] Martinelli, A. "Entrepreneurship and Management" in *the Handbook of Economic Sociology*. N. J. Smelser and R. Swedberg (eds), 476 - 503. Princeton, NJ: Princeton University Press, 1994.

[212] Mayer, M., Whittington, R. Economics, Politics and Nations: Resistance to the Multidivisional form in France, Germany and the United Kingdom, 1983 - 1993. Journal of Management Studies, 2004, 41 (7), 1057 -1082.

[213] McDonough, E. F., Leifer, R. Using Simultaneous Structures to Cope with Uncertainty. Academy of Management Journal, 1983, 26 (2): 727 -735.

[214] Meyer, J., Rowan, B. Institutional Organizations: Formal Structure as Myth and Ceremony. The American Journal of Sociology, 1977, 83 (2), 340 -363.

[215] Meyer, J. W., Scott, W. R. Centralization and the Legitimacy Problems of Local Government. In J. W. Meyer & W. R. Scott (Eds.), *Organizational Environments: Ritual and Rationality* (pp. 192 - 215). Beverly Hills, CA: Sage Publications, 1983.

[216] Menguc, B., Auh, S. TheAsymmetric Moderating Role of Market Orientation on the Ambidexterity - firm Performance Relationship for Prospectors and Defenders. Industrial Marketing Management, 2008, 37, 455 -470.

[217] Miller, D., Friesen, P. H. Strategy - Making and Environment: The Third Link. Strategic Management Journal, 1983, 4 (3), 221 -235.

[218] Miller, D., Shamsie, J. The Resource – based View of the Firm in Two Environments: The Hollywood Film Studios from 1936 to 1965. Academy of Management Journal, 1996, 39 (3), 519 – 543.

[219] Milliken, F. Three Types of Perceived Uncertainty about the Environment: State, Effect, and Response Uncertainty. Academy of Management Review, 1987, 12 (1), 133 – 143.

[220] Mishra, A., Akbar, M. Parenting Advantage in Business Groups of Emerging Markets. The Journal of Business Perspective, 2007, 11 (31), 1 – 10.

[221] Montgomery, C. A, Hariharan, S. Diversified Expansion by Large Established Firms. Journal of Economic Behavior & Organization, 1991, 15 (1), 71 – 89.

[222] Montgomery, C. A. Corporate Diversification. Journal of Economic Perspectives, 1994, 8 (3), 163 – 178.

[223] Morck, R. K., Wolfenzon, D., Yeung, B. Corporate Governance, Economic Entrenchment, and Growth. Journal of Economic Literature, 2005, 43 (3), 655 – 720.

[224] Mursitama, T. N. Creating Relational Rents: The Effect of Business Groups on Affiliated Firms' Performance in Indonesia. Asia Pacific Journal of Management, 2006, 23 (4), 537 – 557.

[225] Nakatani, I. The Economic Role of Financial Corporate Grouping. In *The Economic Analysis of the Japanese Firm*, Aoki M. (ed.). North – Holland: Amsterdam, 1984.

[226] Nelson, R., Winter, S. *An Evolutionary Theory of Economic Change*. Cambridge, MA: Harvard University Press, 1982.

[227] Nonaka, I. A. Dynamic Theory of Organizational Knowledge Creation. Organizational Science, 1994, 5 (1), 14 – 37.

[228] North, D. C. *Institutions, Institutional Change and Economic Performance*. Cambridge University Press, 1990, 87.

[229] Oliver, C. SustainableCompetitive Advantage: Combining Institutional and Resource – based Views. Strategic Management Journal, 1997, 18 (9), 697 – 713.

[230] Orru, M., Biggart, N. W., Hamilton, G. G. *The Economic Organization of East Asian Capitalism*. Thousand Oaks: Sage, 1997.

[231] Ouchi, W. G. Markets, Bureaucracies, and Clans. Administrative Science Quarterly, 1980, 25 (1), 129 – 141.

[232] Parahalad, C. K., Hamel, G. The Core Competence of the Corporation. Harvard Business Review, 1990, 3, 75 – 91.

[233] Park, N. K., Mezias, J. M. Before and after the Technology Sector Crash: The Effect of Environmental Munificence on Stock Market Response to Alliance of E – commerce Firms. Strategic Management Journal, 2005, 26 (11), 987 – 1007.

[234] Parsons, T. *Structure andProcess in Modern Societies*. Glencoe, IL: Free Press, 1960.

[235] Peng, M., Delios, A. WhatDetermines the Scope of the Firm over Time and around the World? An Asia Pacific Perspective. Asia Pacific Journal of Management, 2006, 23 (1), 385 – 405.

[236] Peng, M. W., Wang, D. Y. L., Jiang, Y. An Institution – based View of International Business Strategy: A Focus on Emerging Economies. Journal of International Business Studies, 2008, 39, 920 – 936.

[237] Penrose, E. *The Theory of the Growth the Firm*. Oxford: Oxford University Press, 1959.

[238] Perotti E. C., Gelfer S. RedBarons or Robber Barons? Governance and Investment in Russian Financial – industrial Groups. European Economic Review, 2001, 45 (9), 1601 – 1617.

[239] Perrow, C. *Organizational Analysis: A Sociological View*. Belmont: Wadsworth, 1970.

[240] Peteraf, M. A. The Cornerstones of Competitive Advantage: A Resource Based View. Strategic Management Journal, 1993, 14 (3), 179 – 191.

[241] Pfeffer, J., Nowak, P. Joint Ventures and Interorganizational Dependence. Administrative Science Quarterly, 1976, 21 (3), 394 – 418.

[242] Pfeffer, J. Management as symbolic action: The Creation and Maintenance of Organizational Paradigms. In L. L. Cummings & B. M. Staw (Eds.), *Research in Organizational Behavior*, vol. 13: 1 – 52. Green-

wich, CT: JAI Press, 1981.

[243] Pfeffer, J., Salancik, G. *The External Control of Organizations: A Resource Dependence Perspective.* New York: Harper & Row, 1978.

[244] Phillips, N., Lawence, T. B., Hardy, C. Inter-organizational Collaboration and the Dynamics of Institutional Fields. Journal of Management Studies, 2000, 37 (1), 23-43.

[245] Phillips, D. J., Zuckerman, E. W. Middle-status Conformity: Theoretical Restatement and Empirical Demonstration in Two Markets. American Journal of Sociology, 2001, 107 (2), 379-429.

[246] Phua, F. T. T. Does Senior Executives' Perception of Environmental Uncertainty Affect the Strategic Functions of Construction Firms. International Journal of Project Management, 2007, 25 (8), 753-761.

[247] Podolny, J. M. Market Uncertainty and Social Character of Economic Exchange. Administrative Science Quarterly, 1994, 39 (3): 458-483.

[248] Polanyi, M. *Personal Knowledge: The Tacit Dimension.* New York: Doubleday & Company Inc, 1966.

[249] Powell, W. W., DiMaggio, P. J. *The New Institutionalism in Organizational Analysis.* Chicago: University of Chicago Press, 1991.

[250] Prieto, E., Revilla, E. and Rodriguez, B. Information Technology and the Ambidexterity Hypothesis: An Analysis in Product Development. Social Science Research Network (SSRN) Working Paper, 2007.

[251] Puffer, S. M., McCarthy, D. J. CanRussia's State-managed Network Capitalism Be Competitive? Institutional Pull versus Institutional Push. Journal of World Business, 2007, 42 (1), 1-13.

[252] Qi, Y., Lan, H. L., Jiang, L. Top Managers' Ownership and Firm Performance in Parent Companies of Business Groups: An Empirical Study on Chinese Listed Firms, International Conference on Computer Science and Software Engineering, 2008.

[253] Raisch, S., Birkinshaw, J. Organizational Ambidexterity: Antecedents, Outcomes, and Moderators. Journal of Management, 2008, 34 (3): 375-409.

[254] Raisch, S., Birkingshaw, J., Probst, G., Tushman, ML. Organiza-

tional Ambidexterity: Balanced Exploitation and Exploration for Sustained Performance. Organization Science, 2009, 20 (4), 685 – 695.

[255] Rajagopalan, N., Rasheed, A., Datta, D. K. Strategic Decision Processes: Critical Review and Future Directions. Journal of Management, 1993, 19 (2), 349 – 384.

[256] Randolph, W. A., Dess, G. G. The Congruence Perspective of Organization Design: A Conceptual Model and Multivariate Research Approach. Academy of Management Review, 1984, 9 (1), 114 – 127.

[257] Redding, S. G. *The Spirit of Chinese Capitalism*. New York: Walter de Gruyter, 1990.

[258] Reynolds, P. D. Sociology andEntrepreneurship: Concepts and Contributions. Entrepreneurship: Theory & Practice, 1991, 16 (2), 47 – 70.

[259] Rivkin, J. W., Siggelkow, N. Balancing Search and Stability: Interdependencies among Elements Organizational Design. Management Science, 2003, 49 (3), 290 – 311.

[260] Rothaermel, F. T., Alexandre, M. T. Ambidexterity in Technology Sourcing: The Moderating Role of Absorptive Capacity. Organization Science, 2009, 20 (4), 759 – 780.

[261] Rosa, P. Entrepreneurial Processes of Business Cluster Formation and Growth by "Habitual" Entrepreneurs. Entrepreneurship Theory and Practice, 1998, 22 (4), 43 – 62.

[262] Rowley, T., Behrens, D., Krackhardt, D. Redundant Governance Structures: An Analysis of Structural and Relational Embeddedness in the Steel and Semiconductor Industries. Strategic Management Journal, 2000, 21 (3), 369 – 386.

[263] Ruef, M., Scott, W. R. AMultidimensional Model of Organizational Legitimacy: Hospital Survival in Changing Institutional Environments. Administrative Science Quarterly, 1998, 43 (4), 877 – 904.

[264] Runyan, R. C., Huddleston, P., Swinney, J. Entrepreneurial Orientation and Social Capital as Small Firm Strategies: A Study of Gender Differences from a Resource – based View. International Entrepreneurship and Management Journal, 2006, 2 (4), 455 – 477.

[265] Sachs, J. D., Warner, A. M. Economic Reform and the Process of Global Integration. Brookings Papers on Economic Activity, 25th Anniversary Issue: 1 - 98. Washington, DC: Brookings Institution, 1995.

[266] Samphantharak, K. Internal Capital Markets in Business Groups. Unpublished working paper, University of Chicago, Chicago, IL, 2003.

[267] Sarkar, J., Sarkar, S. Multiple Board Appointments and Firm Performance in Emerging Economies: Evidence fromIndia. Pacific - basin Finance Journal, 2009, 17 (2), 271 - 293.

[268] Scandura, T. A., Williams, E. A. Research Methodology in Management: Current Practices, Trends, and Implications for Future Research. TheAcademy of Management Journal, 2000, 43 (6), 1248 - 1264.

[269] Scharfstein, D., Stein, J. TheDark Side of Internal Capital Markets: Divisional Rent - seeking and Inefficient Investment. Journal of Finance, 2000, 55 (6), 2537 - 2564.

[270] Schudy, C., Bruch, H. Productive Organizational Energy as a Mediator in the Contextual Ambidexterity - performance Relation. Academy of Management Meeting, Best Paper Proceedings, 2010

[271] Schumpeter, J. A. *The Theory of Economic Development.* Cam - bridge, Mass: Harvard University Press, 1934.

[272] Scott, W. R. *Institutions and organizations.* Thousand Oaks, CA: Sage, 1995.

[273] Scott, W. R. *Institutions and Organizations.* Thousand Oaks, CA: Sage Publications, 2001.

[274] Scott, W. R. Unpacking Institutional Arguments. In W. W. Powell & P. J. DiMaggio (Eds.), *The New Institutionalism in Organizational Analysis*: 164 - 182. Chicago: University of Chicago Press, 1991.

[275] Scott, W. R. *Organizations: Rational, Natural and Open Systems*, 5th ed. Upper Saddle River, NJ: Prentice Hall, 2003.

[276] Scott W. R. *Organizational Environments: Ritual and Rationality.* Beverly Hills, CA: Sage, 1983.

[277] Schumpeter, J. *The Theory of Economic Development.* Cambridge, MA:

Harvard University Press, 1934.

[278] Sebastian, R., Birkinshaw, J. Organizational Ambidexterity: Antecedents, Outcomes, and Moderators. Journal of Management, 2008, 34 (5): 334 –375.

[279] Seo, B. K., Lee, K., Wang, X. Causes for Changing Performance of the Business Groups in a Transition Economy: Market – level versus Firm – level Factors in China. Industrial and Corporate Change, 2010, 19 (6), 2041 –2072.

[280] Shane, S. *A General Theory of Entrepreneurship: The Individual – opportunity Nexus*. Cheltenham, U. K.: Elgar, 2003.

[281] Shane, S., Foo, M. D. New Firm Survival: Institutional Explanations for New Franchisor Mortality. Management Science, 1999, 45 (2), 142 –159.

[282] Shanley, M. T. Determinants and Consequences of Post – acquisition Change. In *Managing Corporate Acquisitions: A Comparative Analysis*, Von Krogh, G., Sinatra, A., Singh, H. (eds). Macmillan: London, 1994.

[283] Sherer, P., Lee, K. Institutional Change in Law Firms: A Resource Dependency and Institutional Perspective. Academy of Management Journal, 2002, 45 (1), 102 –119.

[284] Siggelkow, N., Levinthal, D. A. Temporarily Divide to Conquer: Centralized, Decentralized, and Reintegrated Organizational Approaches to Exploration and Adaptation. Organization Science, 2003, 14, 650 –669.

[285] Silva, F., Majluf, N., Paredes, R. D. Family Ties, Interlocking Directors and Performance of Business Groups in Emerging Countries: The Case of Chile. Journal of Business Research, 2006, 59 (3), 315 –321.

[286] Singh, J. V. Performance, Slack, and Risk Taking in Organizational Decision Making. Academy of Management Journal, 1986, 29 (3), 562 –585.

[287] Singh J. V., Tucker, D. J., House, R. J. Organizational Legitimacy and Liability of Newness. Administrative Science Quarterly, 1986, 31

(2), 171-193.

[288] Singh, M., Nejadmalayeri, A., Mathur, I. Performance Impact of Business Group Affiliation: An Analysis of the Diversification – performance Link in a Developing Economy. Journal of Business Research, 2007, 60 (4), 339-347.

[289] Simsek, Z., Heavey, C., Veiga, J. F., Souder, D. A Typology for Aligning Organizational Ambidexterity's Conceptualizations, Antecedents, and Outcomes. Journal of Management Studies, 2009, 46 (5), 864-894.

[290] Sirmon, D. G., Hitt, M. A., Ireland, R. D. Managing Firm Resources in Dynamic Environments to Create Value: Looking Inside the Black Box. Academy of Management Review, 2007, 32 (1), 273-293.

[291] Smith, W. K., Tushman, M. L. Managing Strategic Contradictions: A Top Management Model for Managing Innovation Streams. Organization Science, 2005, 16 (5), 522-536.

[292] Smircich, L., Stubbart, C. Strategic Management in an Enacted World. TheAcademy of Management Review, 1985, 10 (4), 724-736.

[293] Spender, J. C. Making Knowledge the Basis of a Dynamic Theory of the Firm. Strategic Management Journal, 1996, 17, 45-62.

[294] Starbuck, W. *Organization Growth and Development*. Rand McNally & Co, 1965.

[295] Starr, J. A., MacMillan, I. C. Resource Cooptation via Social Contracting: Resource Acquisition Strategies for New Ventures. Strategic Management Journal, 1990, 11, 79-92.

[296] Steier, L. P. Familial Capitalism in Global Institutional Contexts: Implications for Corporate Governance and Entrepreneurship inEast Asia. Asia Pacific Journal of Management, 2009, 26 (3), 513-535.

[297] Staw, B. M., Szwajkowski, E. The Scarcity – munificence Component of Organizational Environments and the Commission of Illegal Acts. Administrative Science Quarterly, 1975, 20 (3), 345-354.

[298] Stinchcombe, A. L. *Constructing Social Theories*. New York: Harcourt, Brace, and World, 1968.

[299] Strachan, H. W. *Family and Other Business Groups in Economic Development: Case of Nicaragua*. New York: Praeger, 1976.

[300] Stuart, T. E., Hoang, H., & Hybels, R. C. Interorganizational Endorsements and the Performance of Entrepreneurial Ventures. Administrative Science Quarterly, 1999, 44 (2): 315 - 349.

[301] Suchman, M, C. Managing Legitimacy: Strategic and Institutional Approaches. Academy of Management Review, 1995, 20 (3), 571 - 610.

[302] Thompson, J. D. Organizations in Action. New York: McGraw Hill, 1967.

[303] Thomsen, S. Business Ethics as Corporate Governance. European Journal of Law and Economics, 2001, 11 (2), 153 - 164.

[304] Thornton, P. H. TheSociology of Entrepreneurship. Annual Review of Sociology, 1999, 25, 19 - 46.

[305] Timmons, J. A. *New Venture Creation: Entrepreneurship for the 21st Century*. Homewood, IL: Irwin, 1994.

[306] Tornikoski, E. T., Scott, L. N. Exploring the Determinants of Organizational Emergence: A Legitimacy Perspective. Journal of Business Venturing, 2007, 22, 311 - 335.

[307] Trewatha, R. L., Newport, M. G. *Management: Functions and Behavior*. Texas: Business Publications (Dallas), 1979.

[308] Tsai, W., Ghoshal, S. Social Capital and Value Creation: The Role of Intrafirm Networks. Academy of management Journal, 1998, 41 (4), 464 - 476.

[309] Tseng, C - H, Tansuhaj, P., Hallagan, W., McCullough, J. Effects of Firm Resources on Growth in Multinationality. Journal of International Business Studies, 2007, 38: 961 - 974.

[310] Tushman, M. L., Anderson, P. Technological Discontinuities and Organizational Environments. Administrative Science Quarterly, 1986, 31 (3), 439 - 465.

[311] Tushman, M. L., O'Reilly, C. A. Ambidextrous Organizations: Managing Evolutionary and Revolutionary Change. California Management Review, 1996, 38: 8–30.

[312] Ulrich, D., Barney, J. B. Perspective in Organizations: Resource Dependence. Academy of Management Review, 1984, 9 (3), 471–481.

[313] Uzzi, B. TheSources and Consequences of Embeddedness for the Economic Performance of Organizations: The Network Effect. American Sociological Review, 1996, 61, 674–698.

[314] Uzzi, B. SocialStructure and Competition in Interfirm Networks: The Paradox of Embeddedness. Administrative Science Quarterly, 1997, 42: 35–67.

[315] Venkatraman, N., Lee, C. H. and Iyer, B. Strategic Ambidexterity and Sales Growth: A Longitudinal Test in the Software Sector. Paper presented at the Annual Meeting of the Academy of Management, Honolulu, HI, 2007.

[316] Volberda, H. W. Toward theFlexible Form: How to Remain Vital in Hyper Competitive Environments. Organization Science, 1997, 7 (4), 359–374.

[317] Voss, G. B., Voss, Z. G. Strategic Orientation and Firm Performance in An Artistic Environment. Journal of Marketing, 2000, 64 (1), 67–83.

[318] Weber, M. *The Protestant Ethic and the Spirit of Capitalism*. Scribners, New York, 1958.

[319] Weber, M. *Economy and Society: An Interpretive Sociology*. (First published in 1922.) Guenther Roth and Claus Wittich, eds. New York: Bedminister Press, 1968.

[320] Weidenbaum, M. The Chinese Family Business Enterprise. California Management Review, 1996, 38 (4), 141–156.

[321] Wernerfelt, B. A Resource – Based View of the Firm. Strategic Management Journal, 1984, 5 (2), 171–180.

[322] Westphal, J. D., Gulati, R., Shortell, S. M. Customization or Conformity? An Institutional and Network Perspective on the Content and

Consequences of TQM Adoption. Administrative Science Quarterly, 1997, 42 (2), 366 – 394.

[323] Westney, D. E. Institutionalization theory and the multinational corporation. In S. Ghoshal & D. E. Westney (Eds.), *Organization Theory and the Multinational Corporation*. New York: St. Martin's, 1993, 53 – 76.

[324] Whitley, R. D. Eastern AsianEnterprise Structures and the Comparative Analysis of Forms of Business Organization. Organization Studies, 1990, 11 (1), 47 – 74.

[325] Wiklund, J. TheSustainability of the Entrepreneurial Orientation – performance Relationship. Entrepreneurship Theory and Practice, 1999, 24 (1), 37 – 48.

[326] Wiklund, J., Shepherd, D. Knowledge – based Resources, Entrepreneurial Orientation, and the Performance of Small and Medium – sized Businesses. Strategic Management Journal, 2003, 24 (13), 1307 – 1314.

[327] Wiklund, J., Shepherd, D. Entrepreneurial Orient ation and Small Business Performance: A Configurational Approach. Journal of Business Venturing, 2005, 20 (1), 71 – 91.

[328] Wiklund, J., Shepherd, D. A. The Effectiveness of Alliances and Acquisitions: The Role of Resource Combination Activities. Entrepreneurship Theory and Practice, 2009, 33 (1), 193 – 212.

[329] Williamson, O. E. *The Economic Institutions of Capitalism*. Free Press: New York, 1985.

[330] Wilkinson, B. Culture, Institutions and Business in East Asia. Organization Studies, 1996, 17 (3), 421 – 447.

[331] Xin, K. R., Jone, L. P. Guanxi: Connections as Substitutes for Formal Institutional Support. Academy of Management Journal, 1996, 39 (6), 1641 – 1658.

[332] Yaprak, A., Karademir, B. TheInternationalization of Emerging Market Business Groups: An Integrated Literature Review. International Marketing Review, 2010, 27 (2), 245 – 262.

[333] Yan, A., Duan, J. Interpartner Fit and its Performance Implications:

A Four – Case Study of U. S. – China Joint Ventures. Asia Pacific Journal of Management, 2003, 20, 541 – 564.

[334] Yang, H. and Atuahene – Gima, K. Ambidexterity in Product Innovation Management: The Direct and Contingent Effects on Product Development Performance. Paper presented at the Annual Meeting of the Academy of Management, Philadelphia, PA, 2007.

[335] Yeung, H. W. *Transnational Corporations & Business Networks: Hong Kong Firms in the ASEAN Region*. New York: Routledge, 1998.

[336] Yiu, D., Bruton, G. Lu, Y. Understanding Business Group Performance in an Emerging Economy: Acquiring Resources and Capabilities in Order to Prosper. Journal of Management Studies, 2005, 42 (1), 183 – 206.

[337] Yiu, D. W., Lu, Y., Garry, D. B., Hoskisson, R. E. Business Groups: An Integrated Model to Focus Future Research. Journal of Management Studies, 2007, 44 (8), 1550 – 1579.

[338] Yu, H., Van Ees, H., Lensink, R. Does Group Affiliation Improve Firm Performance? The Case of Chinese State – Owned firms. Journal of Development Studies, 2009, 45 (10), 1615 – 1632.

[339] Zahra, S. A., Hitt, M. A. International Expansion by New Venture Firms: International Diversity, Mode of Market Entry, Technological Learning, and Performance. Academy of Management Journal, 2000, 43 (5), 925 – 950.

[340] Zahra, S. A., Sapienza, H. J., Davidsson, P. Entrepreneurship and Dynamic Capabilities: A Review, Model and Research Agenda. Journal of Management Studies, 2006, 43 (4), 917 – 955.

[341] Zeitz, G., Mittal, V., McAulay, B. Distinguishing Adoption and Entrenchment of Management Practices: A Framework for Analysis. Organization Studies, 1999, 20 (5), 741 – 776.

[342] Zimmerman, M. A., Zeitz, G. J. Beyond Survival: Achieving New Venture Growthby Building Legitimacy. The Academy of Management Review, 2002, 27 (3), 414 – 431.

[343] Zingales, L. InSearch of New Foundations. The Journal of Finance,

2000, 55 (4), 1623 – 1653.

[344] Zott, C. Dynamic Capabilities and the Emergence of Intraindustry Differential Firm Performance: Insights from a Simulation Study. Strategic Management Journal, 2003, 24 (2), 97 – 125.

[345] Zott, C., Huy, Q. N. How Entrepreneurs Use Symbolic Management to Acquire Resources. Administrative Science Quarterly, 2007, 52 (1), 70 – 105.

[346] Zucker, L. G. Institutional Theories of Organizations. Annual Review of Sociology, 1987, 13, 443 – 644.

[347] 阿尔弗瑞德·马歇尔：《经济学原理》，商务印书馆1991年版。

[348] 蔡莉、单标安、周立媛：《新创企业市场导向对绩效的影响》，《中国工业经济》2010年第11期。

[349] 党兴华、李雅丽、张巍：《资源异质性对企业核心性形成的影响研究》，《科学学研究》2010年第28卷第2期。

[350] 杜运周、任兵、陈忠卫、张玉利：《先动性、合法化与中小企业成长》，《管理世界》2008年第12期。

[351] 高丙中：《社会团体的合法性问题》，《中国社会科学》2000年第2期。

[352] 葛宝山、董保宝：《动态环境下创业者管理才能对新创企业资源获取的影响研究》，《研究与发展管理》2009年第21卷第4期。

[353] 韩太祥：《企业成长理论综述》，《经济学动态》2002年第5期。

[354] 贺小刚、李新春：《资源异质性、同质性与企业绩效关系研究》，《南开管理评论》2004年第2期。

[355] 黄平：《企业集团财务管理与实务研究》，西南财经大学硕士学位论文，2001年。

[356] 贾生华、邬爱其：《企业成长的知识结构模型及其启示》，《科研管理》2003年第24卷第2期。

[357] 库伯：《体验学习：让体验成为学习和发展的源泉》，华东师范大学出版社2008年版。

[358] 蓝海林：《经济转型中国有企业集团行为的研究》，经济科学出版社2004年版。

[359] 蓝海林：《中国企业集团概念的演化：背离与回归》，《管理学报》

2007 年第 4 卷第 3 期。

[360] 粟勤：《我国经济转轨时期"市场失灵"的特征与治理》，《中央财经大学学报》2006 年第 3 期。

[361] 李新春、梁强、宋丽红：《外部关系—内部能力平衡与新创企业成长——基于创业者行为视角的实证研究》，《中国工业经济》2010 年第 12 期。

[362] 李烨、李传昭、罗婉议：《战略创新、业务转型与民营企业持续成长——格兰仕集团的成长历程及其启示》，《管理世界》2005 年第 6 期。

[363] 罗志恒、葛宝山、董保宝：《网络、资源获取和中小企业绩效关系研究》，《软科学》2009 年第 23 卷第 8 期。

[364] 孙学敏：《中小企业成长的实质及成长路径》，《郑州大学学报》（哲学社会科学版）2004 年第 7 期。

[365] 汤文仙、李攀峰：《基于三个维度的企业成长理论研究》，《软科学》2005 年第 19 卷第 1 期。

[366] 王珺：《产业集群升级的类型与选择》，http：//news.sina.com.cn/o/2006-11-14/092710492196s.shtml。

[367] 魏江、郑小勇：《关系嵌入强度对企业技术创新绩效的影响机制研究——基于组织学习能力的中介性调节效应分析》，《浙江大学学报》（人文社会科学版）2010 年第 40 卷第 6 期。

[368] 魏江、郑小勇：《文化嵌入与集群企业创新网络演化的关联机制研究》，《科研管理》2012 年第 12 期。

[369] 许庆高、周鸿勇：《资源需求、企业家能力与民营企业成长研究》，《经济理论与经济管理》2009 年第 12 期。

[370] 杨杜：《企业成长论》，中国人民大学出版社 1996 年版。

[371] 杨林岩、赵驰：《企业成长理论综述——基于成长动因的观点》，《软科学》2010 年第 7 期。

[372] 杨瑞龙、刘刚：《企业的异质性假设和企业竞争优势的内生性分析》，《中国工业经济》2002 年第 1 期。

[373] 姚小涛、席酉民：《企业联盟中的知识获取机制：基于高层管理人员个人社会关系资源的理论分析框架》，《科学学与科学技术管理》2008 年第 6 期。

- [374] 易朝辉:《资源整合能力、创业导向与创业绩效的关系研究》,《科学学研究》2010年第28卷第5期。
- [375] 于洋:《企业成长理论中资源观与能力论的反思》,《经济研究导刊》2008年第10期。
- [376] 詹也:《战略联盟与企业创新的辩证关系分析》,《自然辩证法研究》2008年第24卷第3期。
- [377] 张婧、段艳玲:《市场导向均衡对制造型企业产品创新绩效影响的实证研究》,《管理世界》2010年第12期。
- [378] 张君立、蔡莉、朱秀梅:《社会网络、资源获取与新创企业绩效关系研究》,《工业技术经济》2008年第27卷第5期。
- [379] 张方华:《资源获取与技术创新绩效关系的实证研究》,《科学学研究》2006年第24卷第4期。
- [380] 张国平:《关联企业的法律特征及其与企业集团的关系》,《南京师范大学学报》(社会科学版)2007年第4期。
- [381] 张瑾:《基于企业家能力的企业成长研究综述》,《产业经济评论》2007年第6期。
- [382] 赵康、陈加丰:《制度理论:多样性、对话和未来的挑战》,《经济研究》2001年第7期。
- [383] 赵孟营:《组织合法性在组织理性与事实的社会组织之间》,《北京师范大学学报》2005年第2期。
- [384] 郑小勇:《集群企业外生性集体行动的影响因素效度检验》,《科研管理》2009年第30卷第1期。
- [385] 郑小勇、魏江:《Business Group、企业集团和关联企业概念辨析及研究范畴、主题、方法比较》,《外国经济与管理》2011年第32卷第10期。
- [386] 周少岐:《是劳动"雇佣"资本还是资本雇佣劳动——与毛蕴诗和李新家两位先生商榷》,《电子科技大学学报》(社会科学版)2000年第3期。
- [387] 朱秀梅、费宇鹏:《关系特征、资源获取与初创企业绩效关系实证研究》,《南开管理评论》2010年第13卷第3期。
- [388] 朱秀梅、李明芳:《创业网络特征对资源获取的动态影响》,《管理世界》2011年第6期。